中国鸦片史

|全景插图版|

[法]包利威 著

袁俊生 译

中国画报出版社·北京

图书在版编目（CIP）数据

中国鸦片史／（法）包利威著；袁俊生译.
—北京：中国画报出版社，2019.4
ISBN 978-7-5146-1696-5

Ⅰ.①中… Ⅱ.①包…②袁… Ⅲ.①毒品–历史
–中国–1750–1950 Ⅳ.①D669.8

中国版本图书馆CIP数据核字（2018）第242955号

著作权合同登记号：图字01-2014-8487
Opium, une passion chinoise（1750—1950）
Copyright ©2011，Editions Payot & Rivages
All rights reserved.

中国鸦片史　　　　　　　　　　［法］包利威　著　袁俊生　译

出 版 人：于九涛
责任编辑：田朝然
封面设计：詹方圆
责任印制：焦　洋
供　　图：盛世华章图书策划中心

出版发行：中国画报出版社
地　　址：中国北京市海淀区车公庄西路33号　邮编：100048
发　行　部：010-68469781　010-68414683（传真）
总编室兼传真：010-88417359　版权部：010-88417359

开　　本：16开（710mm×1000mm）
印　　张：20.25
字　　数：220千字
版　　次：2019年4月第1版　2019年4月第1次印刷
印　　刷：天津久佳雅创印刷有限公司
书　　号：ISBN 978-7-5146-1696-5
定　　价：88.00元

从乾隆时代起，中国开始推行全面闭关锁国政策，其对外交流的窗口只剩下广州一处。清政府规定，所有涉外贸易的商行均由广州地方政府和中国买办商人主持管理。这些商行共13个，史称"十三行"。这大大损害了洋人的利益。在这种背景下，鸦片走私贸易发展起来。上图为19世纪30年代前的十三行；下图为正在十三行交易的中外商人

在鸦片走私贸易中,英国东印度公司最为猖獗。该公司将在印度种植的鸦片,用船走私至中国销售,获取暴利。上图为托马斯·霍斯默·斯皮尔德(1792—1864)绘于1817年的扩建后的东印度公司伦敦总部大厦;下图为英国东印度公司的商船

由于鸦片贸易严重危害中国的安全,中国推行了禁烟政策。英国利益受到严重损害后,发动了战争,史称"鸦片战争"。上图为中英第二次穿鼻海战时,英国东印度公司的一艘鸦片走私船被击毁;下图为英军打败清军,开始进攻广州

威廉·查顿（1784—1843），苏格兰人，早年曾是一艘鸦片走私船上的外科医生，后来创办了怡和洋行。他是推动鸦片战争爆发的关键人物。图为其油画像

鸦片战争以英国的胜利而告终,从此鸦片迅速进入中国市场。期间,一大批毒枭起了极坏的作用,杰姆赛特吉·杰吉布霍(1783—1859)就是其中之一。图为杰姆赛特吉·杰吉布霍与他的中文秘书

到了清末和民国，中国许多城市烟馆林立。上图为清末一家高档烟馆；下图为民国吸食鸦片的妓女

目 录
CONTENTS

序言 / 001
中文版序 / 001
引言 / 001
第一章　从制作烟膏到吸食鸦片 / 001
　　第一节　从罂粟到鸦片制品 ……………………………………002
　　　　一、罂粟种植 …………………………………………………002
　　　　二、生鸦片 ……………………………………………………006
　　　　三、熬制 ………………………………………………………009
　　第二节　吸食鸦片烟 ……………………………………………011
　　　　一、烟具 ………………………………………………………013
　　　　二、吸食鸦片的方式 …………………………………………016
　　　　三、吗啡和海洛因 ……………………………………………021
　　第三节　用途与危害性 …………………………………………027
　　　　一、特性 ………………………………………………………027
　　　　二、依赖性、成瘾性以及危害性 ……………………………033
第二章　处于外交关系旋涡中的鸦片 / 041
　　第一节　在强行打开中国国门时印度鸦片所发挥的作用………043

  一、19世纪之前的鸦片贸易渠道……………………………043
  二、印度鸦片在中国确立优势地位……………………………046
  三、两次鸦片战争……………………………………………054

 第二节 **中英两国之间达成的条约**……………………………064
  一、1907年《中英禁烟条约》…………………………………064
  二、1911年《中英禁烟条件》…………………………………068
  三、1913年后清除存药的问题…………………………………071

 第三节 **中国融入国际大社会**…………………………………074
  一、战前国际禁烟会议：中国的外交胜利……………………074
  二、国际联盟与鸦片……………………………………………076

 第四节 **日本人"毒化"过中国人吗？**………………………081

第三章 宏观经济影响 / 089

 第一节 **鸦片对外贸盈余的影响**………………………………092

 第二节 **鸦片生产及农村经济**…………………………………096
  一、罂粟种植的广度与地域……………………………………099
  二、罂粟种植是粮食作物减少的主因吗？……………………105

 第三节 **易货交易的催化剂**……………………………………108
  一、复杂的销售网络……………………………………………108
  二、地区及区域间贸易平衡……………………………………120
  三、鸦片及资本主义的发展……………………………………123

 第四节 **加强税收的有力工具**…………………………………125
  一、一种传统上很轻的税负……………………………………126
  二、鸦片税及其作用……………………………………………129

第四章 鸦片：内政的关键筹码 / 133

 第一节 **1729—1842年：问题的源头**…………………………133
  一、早期的禁毒诏令……………………………………………133

二、1836—1838年的辩论 136
　第二节　1842—1906年：清廷优柔寡断 145
　第三节　1906—1916年：十年计划，社会总动员的创举 150
　　一、指导性意见 151
　　二、计划的执行与结果 152
　第四节　1912—1935年：革命者与军阀 160
　　一、对军阀的一把双刃剑 163
　　二、共产党和国民党的做法 168
　第五节　1935—1940年：六年禁烟计划获得局部成功 169
　　一、总原则 172
　　二、管理机构的组织结构 175
　　三、禁烟计划的结果与收效 178
　第六节　1937—1949年：国民党的最后努力 181
　第七节　最后的斗争？中国共产党的禁烟运动 182

第五章　烟民：变化过程及特征 / 187
　第一节　1800—1890年：毒品蔓延势头难以阻挡 188
　　一、地域蔓延 189
　　二、社会蔓延 193
　第二节　1890—1916年：衰退与宣传 203
　　一、鸦片消费量减少以及烟民的变化 203
　　二、认知方面的变化 206
　第三节　1916年后鸦片"死灰复燃"的问题 214
　第四节　20世纪烟民透视 216
　　一、年龄、类别及职业 216
　　二、民族与宗教 225

第六章　吸食鸦片的场所 / 233

第一节　赌场、妓院和茶肆 ……………………………… 233
第二节　鸦片烟馆的龌龊传说 …………………………… 236
　　一、禁烟斗争首选的攻击目标 ………………………… 237
　　二、对鸦片烟馆的描述 ………………………………… 239
第三节　苦力烟馆、豪华烟馆及街区烟馆 ……………… 246
　　一、苦力烟馆 …………………………………………… 247
　　二、豪华烟馆 …………………………………………… 250
　　三、街区烟馆 …………………………………………… 255
第四节　烟馆里的日常生活 ……………………………… 258

结论 / 267

与鸦片相关的纪年表 / 277

参考文献和参考书目 / 279
　　一、参考文献 …………………………………………… 279
　　二、参考书目 …………………………………………… 285

译后记 / 289

序言

卜正民

鸦片在中国的历史是如此恢宏，如此波澜壮阔，它为各种各样骇人听闻的叙述提供了丰富的素材，让公众回想起旧时代卑鄙的罪恶，回想起可怕的堕落行为，大部分明智的历史学家对此题材宁愿避而远之。人们总是赋予鸦片更多的意义，因此鸦片看起来似乎更适合于用来撰写难以置信的故事，而非用来做学术研究课题。尽管如此，假如我们不对此类奇特的行为进行研究的话，那么也就没有哪门学科可以让人更自然地去探讨现代社会形成的题材了。鸦片是在当时全世界唯一被商业化的高价值商品，细心的历史学家可以从此商品入手，去勾画现代社会的发展进程：包括越洋贸易的发展，现代国家的形成，财政管理集权化，公民社团问世以及奢侈品消费文化的发展等。还是让我们把新闻媒体所说的毒品成瘾以及世风日下统统抛在脑后吧。鸦片实实在在所带给我们的，恰好是让我们得以勾勒出一部浓缩的现代世界史，包利威正是通过这部鸦片在中国的编年史，倾心将一部浓缩的世界史奉献给读者。

当然所有的历史都有一个开端，作者开篇也是追溯到鸦片历史的源头：在18世纪，英国东印度公司的商人们把大英帝国各地出产的商品列成清单，然后将这些商品卖给潜在的客户。有一种商品在初次列入商品清单时并不是很赚钱的产品，它不过是一种从罂粟汁液里提取的药物，它的名字很快就成为欧洲最流行的词汇，但其效用却极为有害，其危害程度超出人们的想象。英国东印度公司深知为获得欣悦感而吸食鸦片并不是什么好事，于是便明令禁止其销售员在英国推销鸦片。东印度公司甚至曾一度扪心自问，向有些国家比如大清国推销鸦片是不是有正当的理由，因为在这些国家里，鸦片的各种用途均遭明令禁止，无论是鸦片消费，还是进口鸦片；无论是批发销售，还是零售，都是非法的。

不过生意毕竟是生意，东印度公司面临一个极特殊的问题。与其他所有同亚洲国家做生意的公司一样，东印度公司在从事欧洲与中国的贸易活动中并未赚到太多钱，但在整个销售网各不同点之间推销商品时却能赚到不少钱，这就是所谓的"港脚贸易"，即区域间的贸易活动。欧洲公司从中国购买的东西总比卖给中国的要多，因为中国商品在欧洲很受欢迎，丝绸、茶叶、瓷器，甚至连大黄都非常抢手，为购买这些商品，欧洲贸易公司要付出很高的代价：在往返于欧洲—中国的航线上，他们要穿越急流险滩，避开险礁暗石，经过一个个港口，才能将货物运抵目的地。而在运往中国的诸多商品当中就有鸦片。

说起19世纪的鸦片，欧洲人把那段历史讲述得惊心动魄，而到了20世纪，中国人也把那段历史描述得波澜壮阔，但这段历史的起源似乎讲解得并不清楚。一开始，鸦片贸易只是用来弥补欧洲人对华贸易的巨大逆差，1840年，经英国议会批准的鸦片战争只是厚颜无耻的资本家精心策划的阴谋，目的是为了打破东印度公司对华贸易的垄断权。但鸦片贸易获取的利润如此丰厚，以至于欧洲帝国主义的捍卫者们最终将鸦片当作一种商品推销到全球市场上，即便是最正派的商人竟也获许去推销这一商品，在面对道德素养差的民族时，这些商人在推销鸦片的过程中居然还带着一种优越感，让毒品去肆意伤害这些人民而无动于衷。鸦片贸易的巨额利润被肆无忌惮地美化为欧洲文明最崇高的价值，让人感觉欧洲的一切都比中国的优越。双方的卫道士没想到会面临一种令人难堪的现实：要想把东西卖出去，还真得仰仗擅长做生意的中国商人，欧洲商人在把鸦片卖给中国方面显得无能为力，甚至连批发生意都做不来。

序言

为了打破东印度公司对华贸易的垄断权,英国悍然发动鸦片战争。上图为英军攻占舟山群岛后,清政府官员与英国军官接洽;下图为在吴淞战役中,英军一名指挥官被击毙

中国人很快就对某些贸易公司做生意的方式感到不爽，这些公司仗着财大气粗，竟然妄自尊大，一手遮天。他们颠倒黑白，居然一再声称，做鸦片生意并没有什么致命的缺陷，只是让人受点儿损害。在中国推行一种非法商品经济则引起两种截然不同的说法，两种说法相互效法：一种说法称这是欧洲奸商损人利己，只顾赚钱的闹剧；另一种说法认为这是无辜的中国人民饱受毒品摧残的悲剧，国家的外汇储备也被掠夺走了。一些人认为帝国代表着善，善良的人们为自身致富，为改善劣等文明而去促成这种善；另一些人则认为帝国代表着恶，是坏人让毫无戒备的善良人蒙受羞辱的恶。虽然是同一种局面，但却有两种说法。

鸦片让人蒙受损害的说法很快就占了上风，接着又在20世纪取得决定性的转折：晚清在20世纪的最初十年里发动禁烟运动，随后国民党在20世纪30年代也推行禁烟运动，最后共产党在20世纪50年代发动禁绝鸦片运动，所有这些运动都是为了让中国摆脱毒品灾祸。若从这一角度来讲述，鸦片的历史就会孕育出一系列其他的说法：一方面，国家的能力日渐强盛，让其他国家接受自己的意愿，同时也让本国人民去接纳这一意愿；另一方面，社会精英参与社会活动的能力也在提升，他们已初步学会该如何向国家施加压力，但又置身于其体系之外。这两种说法是真实可信的，但却有许多漏洞。而包利威的论著恰好弥补了这些漏洞，并为这些说法起到有益的改进作用。包利威的论著并非仅仅依照国家的论点去作评述，或以供求关系为切入点去展开自己的论述，他向读者揭示出毒品对于每一个使用者究竟意味着什么。他还给我们描绘出鸦片消费方方面面的差异，这本身就是一部完整的历史。

包利威对各地方的鸦片消费很感兴趣，他就这个课题作了许多很有特色的研究，正是这一课题促使作者提出两个问题，而这两个问题看起来似乎相互矛盾，他在引言当中提出这两个问题：为什么鸦片会在19世纪的中国令人吃惊地成为红极一时的毒品呢？同样令人感到惊奇的是，为什么中国人会在20世纪短短几十年内便彻底根除了这一毒品呢？这显然是中国鸦片史当中最大的悖论：一种外国商品能很快融入这个社会之中，以至于被外国人认作是地道的"中国货"，接下来它又很快被淘汰掉了，尽管它在人际关系当中是最难以撼动的当红商品，要是送给来访的客人一支烟枪，那可是盛情款待的表示。我们可以尝试着将这一变化过程归结于所有毒品和令人上瘾食品的致命缺陷：由克制消费转入过度消费的过程过于轻松，由无害的娱乐转变为危险社会问题的过程过于容易。不过，对社会习俗作出任何微小的改变都不是一件容易事，这一改变将会引起当时社会、经济、政治及文化的连锁反应。关于中国，我们所知道的是，有些外国人将中国人的鸦片瘾描绘成一种民族道德沦丧的象征，而改良主义者和革命者对外国人的侮辱性指责十分恼怒，因此他们联手发动禁烟运动，并取得了骄人的成果。在20世纪，如果不对鸦片采取零容忍的政策，那么任何一届中国政府都不能声称自己是合法的政府。这样一个结果在当今的中国依然有效，尽管毒品在暗地里又呈死灰复燃之势。

这只是历史学家所采取的几种研究方法，通过这些方法，有才华的历史学家就可以无穷尽地讲述中国在最近三百年当中所经历的变化。这种变化促使一个帝国以自己的方式与世界经济合作，展现出一个现代国家的风采，如今中国与和世界资本主义紧密联系在一起，如果没有中国，世界经济体系就有可能遭遇崩溃。包利威以鸦片这一主题为出发点，探讨了问题的方方面面，我们对此并不感到意外。总之，我们生活在这样一个时代：非法毒品交易的规模已让作者在本书中所描述的那个世界变得黯然失色，而且非法毒品已渗透到各个领域，无论是时尚界，还是恐怖主义组织，人们都能看到非法毒品的踪迹。我们之所以为清白无辜作辩护，或许是出于人自身的愿望，本着这一愿望，我们不会去对前辈作道德评判，而我们往往会拿旧时代刻板的影像、拿当下简单化的影像来描绘他们，这会让当今时代的捍卫者们对这种极赚钱的商品（它当然还在害人）依然流行于世而感到痛心疾首；更不会去暗示最好别用鸦片来充当资本流动的润滑剂。不过，这个要求倒不像是提给本书所描绘的鸦片吸食者的，难道这不正是给我们提出的要求吗？因为鸦片吸食者是某一时代、某一特定地域内的奴隶，而时间和地域恰好是他们所不能左右的。

（原文为英文，法文本由奥迪勒·德芒热翻译）

中文版序

包利威

很长时间以来，中国历史学家对鸦片在中国近代史中所发挥的作用做了大量的分析，但毫不夸张地说，这些分析只是以外交及军事层面上所发生的事件（即两次鸦片战争）这一视角去观察而做出的。最近十几年来，中国学者发表了多篇出色的研究专著，其中有刘增合先生的《鸦片税收与清末新政》（北京：三联书店，2005年），有肖红松先生的《近代河北烟毒与治理研究》（北京：人民出版社，2008年）以及尚季芳先生的《民国时期甘肃毒品危险与禁毒研究》（北京：人民出版社，2010年），这些研究专著表明中国史学界刮起一股清风，以更清晰的手法去重新审视鸦片这一历史问题。本书《鸦片在中国：1750—1950》中文版正是在这一背景下出版的。

本书的宗旨在于在研究鸦片历史问题的同时，对这个问题作一个概述，鸦片毕竟在两个世纪里发挥出了重要的作用。单就鸦片本身而言，本书并未刻意偏重于从政治及外交视角去看待这个问题，而是从各个视角、各个层面上去观察分析这个问题。在阅读过本书的各个章节之后，读者就会发现，中国社会各阶层一时嗜食鸦片，但它既没有给中国的公共健康带来灾难性的后果，也没有让国家穷得难以为继，更没有让国家行政机构彻底瘫痪。

本书用了很长的篇幅来论述鸦片给中国社会带来的影响，中国读者也许会对这一问题感到格外吃惊。2000年年初，在读到中国历史学家就鸦片问题所作的研究专著时，我就对历史学家的研究成果感到震惊，因为灾难性的社会影响只是一种公设，而从未被证实过。况且有些作者只满足于讲述一些东摘西抄的奇闻逸事，却并不注重这些事件的代表性，比如有些抽大烟的人因吸食鸦片而家破人亡，也有人卖儿卖女，还有人逼迫自己老婆去卖淫等。有些说法甚至是不加分析，直接从清末及民国初期反毒品出版物上摘抄下来的，比如有些说法声称"烟馆多于米店"。在20世纪20—30年代，中华国民拒毒会总是公布一些危言耸听的数据（完全不合实际的数据），但这些数据却经常被人引用。有些估计出来的数据也就以讹传讹，被一本接一本的专著所引用，但引用者却从未对这些数据提出过疑问，比如《申报》在1872年的报道中称上海拥有1700家烟馆，而那时候，上海还只是一个微不足道的小城市。

研究清末及民国时期鸦片对社会的影响并不是一件简单轻松的事情。尽管如此，只要挖掘各种不同的信息来源，查阅各种新开放的原始资料，就完全有可能证明。由此展现出的图像是，鸦片就是一种类似烈性酒一样的东西，如今无论在法国还是在中国，酗酒者也是大有人在的。鸦片本身就是一种产品，而滥用鸦片会让人身体衰弱，精神萎靡，但吸食者很快就得出教训，甚至琢磨出一套行之有效的方法，来降低吸食鸦片的风险，因此在大多数情况下，吸食者认为这是一种乐趣，他们的健康状况不会受到影响，而且也不会影响到周围亲近的人，更不会让他们倾家荡产。

然而，有一点十分清楚：我们依然还有很多研究工作要做，才能以更客观的方式去评价鸦片在中国近代史中所发挥的作用。毫无疑问，在中国或在国外发表的最新研究成果将会推翻本书所作出的结论，地方专著或针对鸦片问题中某一特殊题材的深入研究将是这类最新研究的主要表现形式。

2017年1月10日于法国

引 言

在一个晴空万里的日子里，当飞机飞抵香港上空时，即使最麻木不仁的旅行者也会对第一次鸟瞰港岛周围的景色难以忘怀，香港岛静静地躺在中国南海那绸缎般的海面上，迷人的景色如同人间仙境，给人一种虚无缥缈的感觉，而一座座金属柱子则耸立在整个岛屿那满目苍翠的山岗上。几个小时过后，当旅行者漫步于港岛街头时，街道上散发着咖喱的味道，这股味道又与中式茶点的香味融合在一起，随处都能听到粤语

第一次鸦片战争结束后，香港沦为英国殖民地。殖民者兴建了许多条中英建筑密集的街道。图为1865年的皇后大道

那抑扬顿挫的腔调，高耸入云的建筑物总是吸引人抬眼向高空望去，最终让旅行者感觉仿佛是在探索现代巴比伦塔。

然而，在200多年前，这里还只是一个小岛，一个仅有渔民在此居住的小渔村，但英国走私船已开始频频出现在这一海域。这一带是天然的深水锚地，进出远海极为便利，况且距离珠江口又不远，英国人被港岛这得天独厚的地理位置所吸引，他们可以沿珠江一直上溯到广州。他们把烟土隐藏在船的底舱里，普普通通的木箱里装着微不足道的黑色膏状体：鸦片，从而使英帝国主义在几十年时间内，神奇般地让香港摆脱了贫困。

1824年，广州伶仃洋外的英国鸦片船

在西方，当有人提起鸦片时，他们所想的并不是那种让帝国得以开拓疆土的物品，而是那种适合于在浪漫主义时代里让想象自由驰骋且又有点儿卑鄙的消遣活动。鸦片那暧昧的魔力还与一种冒险及异国情调的氛围搭上瓜葛。罗兰·巴特在其《神话学》里并未照搬已被公众广为认知的意见，而是把鸦片烟枪看成是"外人强加给中国的，但又颇具中国文化特点的象征"。①实际上，鸦片之所以有时会与东方联系起来，那是因为有人以更隐蔽的手法将鸦片与中国和中国人等同起来。这绝对是一个巨大的谬误，然而从某种程度上看，这倒不失为一个相对准确的缩影。

说那是一个谬误，是因为鸦片也曾登上其他许多文明史的舞台。这个毒品曾给许多文明打下深深的烙印，最早就曾给我们西方文明打下过烙印，自从远古时代起，它就被人所熟知（"鸦片"一词正是从希腊语opion一词演变过来的）。中国之外的所有文明，尤其是波斯文明和印度文明都曾让鸦片占据了相当重要的地位。

著名汉学家高罗佩以狄仁杰为人物原型，创作出一系列脍炙人口的侦探小说，为了让西方不熟悉唐代（618—907）的读者去了解更多的历史背景，他特意撰写一篇序言，在序言当中，他谨慎地提醒读者，那个时代的中国人是不吸食鸦片的。②鸦片的历史其实很晚才在中国拉开序幕，而且仅仅持续了不到300年的时间。更准确地说，如果我们只计算全社会浸淫于鸦片之中的那一段历史，那么这一时段也就只有50来年（1860—1910），同中国几千年璀璨的文明史相比，这恐怕只能算是秘史类的小插曲。

不过，我们还是想强调指出，把鸦片说成是一种"中国"毒品，在中国人看来极为荒唐。鸦片本身既没有文学内涵，又没有风流韵事的情调，它首先被人看作是一种舶来品，一种被帝国主义用来征服中国的工具，中国由此饱受帝国主义的屈辱。如今在中国，无论是政府机构，还是教科书；无论是博物馆，还是传播媒体，当然还有鸿篇巨制的影视作品，全都异口同声地表达同样的观点，这一观点是以下述两点作为依据的：清朝国力趋于衰竭，西方众列强趁虚而入，大肆蹂躏中国；除此之

---

① 罗兰·巴特：《神话学》，巴黎：瑟伊出版社，1957年，第147页。
② 高罗佩：《狄仁杰历险记》，巴黎：科学发现出版社，2009年，第一卷，第29页。

外，鸦片是西方列强强加给中国人民的毒品。在19世纪初叶，确实是英国商人将印度产鸦片输入到中国，而且输入量每年都呈增长趋势。满清政府于1839年在广州第一次采取强有力、有组织的行动，查扣并销毁不法商人贮存在广州地区的鸦片，以此来打击鸦片走私贸易。英国人以此为借口，发动了第一次鸦片战争（1839—1842），这场战争被看作是英帝国主义发动的侵华战争，其目的是要迫使中国去接受这种祸国殃民的毒品。在中国人看来，鸦片实际上就是一种"外来的"毒品。

另外一件事也让中国人坚定了自己的信念：鸦片在中国从未获得一种合法的地位，即便鸦片受公众喜爱达到巅峰时，也未获得合法地位，这与其他刺激性饮用品，如烟草、烧酒以及茶叶所获得的地位有着天壤之别，烟草、烧酒及茶叶这三种物品都曾博得文学家的颂扬。从古代时起，烧酒一直是文人所讴歌的主题之一，而且烧酒还被看作是文学创作的原动力。中国古典文学的著名文豪或诗人，如唐朝的李白（701—762），不但酒量很大，而且以能豪饮为荣。烟草虽然很晚才被引入到中国，但也曾博得文人的广泛颂扬。清代有个名叫陈琮的文人，他模仿唐朝陆羽所撰写的《茶经》（760—780），于1805年编写了《烟草谱》，将歌咏烟草的诗、词、赋汇编成集。[①]然而鸦片呢，虽然也有一些吹捧鸦片的文字，但这类随笔真是少得可怜，根本无法在文学界里占有一席之地。更有甚者，在评论鸦片时，绝大多数文字都对它抱有敌意，只不过有些文字表达得比较含蓄，而有些文字则措辞强烈，猛烈抨击鸦片的弊端。

然而，我们常常习惯于将中国与鸦片联系在一起，之所以这样做也是有一定道理的，因为我们可以断言，在人类历史上，吸食鸦片的大部分人都是中国人。有一点我们要说清楚：这件事和人口数量没有任何关系，世界上没有哪个民族曾让这个毒品深深地侵蚀到每一个社会细胞

---

① 包捷：《清朝吸烟考》，《大亚细亚》杂志，第16卷，第1期（2005年），第233—234页。

引言

清政府在广州打击鸦片走私贸易后,英国发动了第一次鸦片战争。上图是英国舰队出现在厦门海面;中图是英军第二次进攻定海;下图是英军在镇江登陆

里，这也正是让人作出如此断言的根本原因。在世界的任何一个地方，鸦片都不曾像19世纪末叶的中国那样，成为一种举足轻重的政治筹码，成为一个经济及社会的焦点问题，而沉重地压在人民的头上。到了19世纪末叶，在经过200来年难以抵挡的蚕食之后，鸦片最终在生产、进口以及消费层面上都变得合法化了。它对推动某一地区的经济发展发挥着极其重要的作用，许多人都是靠鸦片过活的：内地乡下的农民靠种植罂粟养活全家，城里的手艺人靠做各种烟具维持生活，也有人指望着能在烟馆里谋得一份差事，当然还有靠组织贩卖鸦片而发了大财的众多商号。在中国的许多城市里，到处都开着鸦片烟馆，有些烟馆的规模甚至开得很大。这些烟馆往往都开在城市的热闹场所，就像在商铺云集的地方再开一间茶肆一样。虽然有些烟馆看上去像一个肮脏龌龊的下流场所，恰如有些常见的图片所展示的那样，但实际上真正的烟馆与图片所展示的大相径庭。恰恰相反，大部分烟馆的环境都很优雅，而且也很舒适，来自各阶层的烟民到烟馆里来聊天，或者放松一下（因为吸食鸦片要躺在床榻上），还有的人专门来烟馆和朋友碰面。当然，还有一些烟馆装饰得富丽堂皇，极为豪华，凭借典雅的环境和优质的服务来竞争，以便把高贵的客人都吸引到自己的烟馆里来，这些高贵的客人不乏大地主以及有钱的大商贾，他们往往在烟馆里洽谈生意。那个时候，在大城市里，吸食鸦片者的数量已超过城市人口总数的10%。出于各自不同的原因，有些社会阶层的人已越来越沉湎于吸食毒品，其中有黑社会的枭雄，有职业军人，有较低级的官吏，有罂粟种植地的居民，还有一些少数民族人士，而女子和乡下人则被排除在烟馆之外。尽管如此，喜食鸦片的烟民已遍及全中国，而且遍布于社会的各个阶层。

  总之，到19世纪末叶，吸食鸦片的嗜好看起来已逐渐演变成一种持久的、根深蒂固的现象。尽管如此，在短短几十年时间内，中国人竟然彻底摆脱了鸦片。这其中有多种多样的原因，即使在这诸多原因当中政治因素显得至关重要。率先采取决定性行动的是清政府：在新旧世纪交替之际，由于社会各界达成广泛的共识，要求把清除鸦片看作当务之急，清政府于1906年推出一项禁止鸦片的庞大计划，这一计划取得了良好的成果。但1911年推翻清朝的辛亥革命则让这项计划付之东流，况且一个中央集权政府被推翻之后，也让彻底根除鸦片的希望由此破灭了。

辛亥革命之一役：革命军进攻南京太平门

在蒋介石的领导下，国民党又撑起禁烟运动的大旗，并于1934—1940年间推出一项大规模计划，旨在将禁烟运动当作全民动员的一种工具。然而，由于当时国内的局势以及抗日战争（1931—1945）的爆发，国民党未能达到原本设想的目的。只是到了20世纪50年代初期，彻底根除鸦片的目标才最终得以实现：共产党以前所未有之势控制了中国社会的各个阶层，而且在此前的革命斗争中，共产党积累了丰富的群众运动经验，从而让毛泽东在1951年发起的禁烟运动得以取得决定性的成果。

如果说鸦片与中国有一种特殊的亲和性，那么此时鸦片在中国倒呈现出一种被彻底埋葬的局面，这一局面出现得既难以置信，又遽然而至。因此，鸦片在中国的历程就出现了两个难解之谜：为什么鸦片只是在19世纪的中国而非在其他国度成为红极一时的毒品呢？为什么鸦片在几年之内便一落千丈，从而丧失其强势地位呢？

只有在对吸食鸦片的大趋势作出最基本的观察之后才能提这样的问题，然而研究鸦片的史学家们似乎并未选择这条道路。相反，他们看问题所采用的视角却让他们将这两个问题掩盖起来。从某种程度上讲，这与许多人将此问题与帝国主义的殖民战略联系起来有关。19世纪初叶，英国人肆无忌惮地将印度鸦片走私到中国，接着又挑起鸦片战争，有关这些历史事件的文字已经多得数不胜数。如果只是过多地关注猖獗的鸦片走私活动，关注英帝国主义的入侵，那么就会忽略鸦片在当时的中国为什么会成为当红毒品的原因，这是一个极其重要的问题。

20世纪无疑是中国国内各种政治势力较量的世纪。许多史学家都把注意力放到先后发起的三次禁烟运动上。但如果只关注政治因素，或鉴于共产党那无以比拟的效率，只把最后一次禁烟运动看作是一个奇迹，那么人们是不是又在固守狭隘的决定论定律呢？我们确实意识到，应该格外重视那种要求彻底禁绝鸦片的政治运动，这一运动不但表达了社会各界谋求变革的愿望，而且也表达了那些吸食鸦片民众求变的心声。

因此，在诸多研究文章的启发下，有些作者针对中国鸦片史撰写出极佳的"经典"论述，比如王宏斌的《禁毒史鉴》就以令人信服的手法，阐述了鸦片在政治及外交层面上所引发的问题，[1]看到这样的文章，

---

[1] 有关鸦片编年史最后50年的详尽描述，可参阅包利威：《一种垂危的毒品史：1906—1936年间广州的鸦片》，巴黎：法国社会科学高等研究院出版社，2010年，第13—18页。

人们也就不会感到惊奇了。然而，当需要去理解鸦片现象的复杂性，尤其是要阐述鸦片在中国所占据的地位时，不管人们愿意不愿意，鸦片在当时的中国社会确实扮演着一个举足轻重的角色，这类经典论述往往却会走入歧途。诚然，这类论述也对当时的经济状况有所关注，比如鸦片的进口趋势、罂粟的种植面积以及毒品的价格水平等，这一点还是值得肯定的。不过从总体上来看，论述文章的作者都认为鸦片给中国社会带来深重的灾难，这毕竟是一种大家都认可的事实。鸦片消费的总体势头在20世纪初叶已趋于放缓，在各个时期里，抨击鸦片危害的报道屡见报端，公众由此知道，许多人因吸食鸦片而遭遇家破人亡的凄惨结局，这些事实都对遏制鸦片的消费势头起到一定作用。要把鸦片危害性扩大化的意愿是如此强烈，以至于这些论述文章的作者都不想去面对这样一个事实：在民国时期，鸦片的消费量已明显低于19世纪末叶的消费水平。

最近20年来，无论是中国，还是西方都出版了许多有关鸦片史的研究著作，本书就是以这些研究著作为参考依据而撰写的，但为了准确地描绘出鸦片在中国社会的地位以及民众吸食鸦片的发展过程，我们还是要做一些特殊的研究工作。我们的研究以中文、法文、英文以及日文史料为参考依据，随着本书的论述逐渐展开，各种史料都会派上用场，其中有外交史料、清朝高官的回忆录、政府颁布的法令、报刊文摘、西方人士的旅行笔记，自19世纪下半叶起，许多西方人到中国各地去旅行，当然还有抗击鸦片斗士的文章。

关注鸦片在中国社会的地位促使我们去研究那200年间的历史。然而，这一时段恰好与中国开始步入现代社会的进程叠合在一起，而中国是在清朝、中华民国以及中华人民共和国初期与西方世界的接触过程中开始走向现代社会的。本书包含六个章节，通过这六个章节我们会看到，鸦片的发展历程对中国迈入现代社会的进程造成极大的破坏，对现代性的方方面面造成极恶劣的影响，因此从这个角度来看，鸦片所扮演的角色并不应仅局限于因鸦片战争而迫使清朝洞开国门的层面上。在清朝统治时期,中国的疆土变得更为辽阔,某种商品会加快国家经济的整合,而这种商品又能顺应当时不太便利的运输条件,尤其是此商品体积不大,但价值却很高(有些地方甚至拿鸦片当作货币来使用)。在某些极为贫困的省份,当地人种植罂粟,生产鸦片,并将毒品大肆贩卖到其他富庶的地区,鸦片成为当地人难以替代的谋生手段,他们拿鸦片来同其他省份进行物资交换。在少数民族地区,中央政府通常都会管得比较松,鸦片也就成为中央政府施展影响力的一种工具,并逐渐由汉人去接管当地的行政管理权。同样,从更广泛的层面上来看,在税收方面,对这种商品所征收的税款已成为振兴国势的重要经济来源。至于说积极推行的禁烟运动,许多行动都是由地区协会组织的,不过全国性的协会很快也组织起类似的行动,但他们既不知道这些商品产自何地,也不知道这一商品背后的家族关系,更不知道行会所关注的焦点,这些行会里充满了大大小小的同业公会及传统协会。因为较之于其他商品,鸦片更能体现各行业间该如何发挥协同作用,因此禁烟运动也让公民社会在20世纪上半叶得以发展壮大。最后还有一个例子,我们在本书里将会看到,装饰奢华的鸦片馆在多大程度上向民众推介了来自西方的现代物质文化,比如电灯。

因此,鸦片并不是在200年间中国一直甩不掉的包袱,它在中国历史上留下的烙印是极其含糊的。

第一章
从制作烟膏到吸食鸦片

　　鸦片罂粟（Papaver somniferum）通常被人称为罂粟，这种植物的野生物种早已在地球上销声匿迹了。与众多植物的传播路径所不同的是，罂粟最早起源于欧洲，随后才传入亚洲。有关罂粟传播途径的研究虽然尚处于起步阶段，但似乎有迹象表明，罂粟最古老的种植地是在当今瑞士境内，到了古罗马时代，这一植物已开始在地中海沿岸传播开来。[①]阿拉伯人和波斯人是在中世纪时认识罂粟的，是阿拉伯商人在唐代（618—907）时将罂粟引入中国的。在引入中国的初期，罂粟并非拿来做镇静剂用。实际上，只是到了10世纪，鸦片罂粟才被纳入中医药典的著作里，在此后的几个世纪里，许多药方开始采用罂粟的蒴果和种子。[②]罂粟花极为美丽，其茎株亭亭玉立，花朵优美，色彩鲜艳，颇像美艳的虞美人花，这也让罂粟花成为一种受人喜爱的装饰花，[③]台北"故宫博物院"里展出的一只康熙年间（1662—1722）制作的红釉碗就是明证，碗上所绘

[①] 马克·梅林：《古代鸦片问题探索》，伦敦/多伦多：卢瑟福，麦迪逊，蒂内克：弗尔莱狄更斯大学出版社，载于卡尔·特罗基：《鸦片、帝国与全球政治经济，1750—1950年间亚洲鸦片贸易之研究》，伦敦/纽约：劳特利奇出版社，1999年，第13—17页。
[②] 马士：《中朝制度考》，纽约朗曼出版社，格林公司，1913年，第325页。
[③] 苏智良：《中国毒品史》，上海：上海人民出版社，1997年，第32—35页；冯客：《毒品的文化：中国毒品史》，芝加哥大学出版社，2004年，第75—78页。

精美图案正是美丽的罂粟花。①

然而让罂粟名声大噪的并不是它那艳丽的花朵，而是其蒴果的汁液。②在经过简单加工之后，汁液就变成一种物品，这一物品如今依然让若干文明社会想入非非，它就是鸦片。

在明朝（1368—1644）初期，有人已开始从罂粟蒴果里提取汁液，并以水烟方式吸食。鸦片最初只是当作药物来使用，但此时它已成为一种消遣的乐趣。到了17—18世纪，有人搞出一项技术革新，让鸦片能像烟草那样去吸食，从而为19世纪的民众大规模吸食鸦片拉开序幕。

第一节　从罂粟到鸦片制品

一、罂粟种植

罂粟能适应不同类型的土壤，即使在高海拔地带也能生长，在中国有人曾在海拔约2000米的土地上种植罂粟，甚至在靠近热带地区，即使在海拔2300米的土地上，③它也能生长，因为热带气候可以降低高海拔对罂粟生长所造成的不利影响。罂粟是一年生草本植物，在北方地区是春季播种，每年4—5月份播种，到秋季时收获，这样在一年当中，这块耕地只能种植罂粟，就不能再种植其他农作物了。但中国南方地区则和印

---

① 台北"故宫博物院"，台北：文物编号：故瓷14137院1506。
② 金文泰：《古代及现代文学作品与插图当中有关鸦片的描绘》，香港：啰郎也印字馆，1908年，第7页。
③ 英国议会文件：第22卷（探险卷），《滇西大理至腾越旅途笔记（1876年）》由巴伯撰写，第218—250页；香农：爱尔兰大学出版社，1971年；艾梅-弗朗索瓦·勒金德：《中国西南考：西昌及倮倮人聚居区》，巴黎-本地治里，凯拉什出版社，1993年，第137，256页。

第一章　从制作烟膏到吸食鸦片

一本19世纪80年代的德文书中的罂粟花插图

度一样，是每年冬季播种。①作为鸦片最大供应地之一的云南省，通常都是在11月初播种，这样在同一块耕地上，还可以种植夏季作物，比如水稻或者玉米。②我们在前文说过，罂粟花开得非常美艳，除此之外，它的花茎也很高，这让它难以隐藏。在罂粟种植被视为非法的地区，监察机构会在罂粟开花的季节加大监察力度。而农民则在必要时设法去遮掩罂粟，比如将罂粟与其他农作物混种在一起，以掩人耳目。在东北地区，农民就用高粱或玉米来遮掩罂粟，而在南方地区，农民就选择适应当地气候的高大农作物，如甘蔗等来遮掩罂粟。罂粟是一种喜肥料的植物，需要大量施肥。③比如在安徽阜阳地区，每年起码要施两次肥：一次是在播种之前，即中秋节前后；另一次是在清明节前后。在种子出苗之后，还要做两到三次的中耕除草工作。④而收获一般需要好几天时间，这是一件令人感觉枯燥乏味的活计，因此不论是女人、孩子，还是上年纪的老人，往往都会到田里去帮忙。⑤为了填补收获季节人手不足的缺口，有些季节工便涌向罂粟种植地区，以求能在那里找份差事做。⑥

在罂粟花瓣凋落之后，待蒴果尚未完全成熟，依然呈青绿色时，就要把它采摘下来。蒴果呈宽倒卵形，由于产地不同，蒴果的大小也不同，在土质好的产地，蒴果大如鸭蛋，而土质差的，蒴果只有鸡蛋大。人们用针或刀片在蒴果皮上划一切口，切口要划得很快，而且刀法要灵

---

① 《国际反鸦片委员会报告》，上海：《字林西报》出版社，1909年，下卷，第54页。
② 《1910—1941年间的鸦片贸易》，威尔明顿学术资源，1974年，第6卷，《驻云南腾越总领事的报告，1930年4月15日》；路易·皮雄：《云南之旅》，巴黎：普隆出版社，1893年，第91页。
③ 朱庆葆、蒋秋明、张士杰：《鸦片与近代中国》，南京：江苏教育出版社，1995年，第19—20页。
④ 《拒毒月刊》，第83期（1934年），第9页。
⑤ 张集馨：《道咸宦海见闻录》，载于马模贞所编《中国禁毒史资料，1729年—1949年》，天津：天津人民出版社，1998年，第260页。
⑥ B.W.斯克沃佐夫：《关于中国农业、植物学及动物学的特征》，皇家亚洲文会北中国支会会刊，第52期（1921年），第82页。

巧，切口绝不能划得太深，否则汁液会流到罂粟籽里。相反，如果切口划得太浅，汁液是不会流出来的。人们往往是在晚上给蒴果划切口，到第二天早上，再用刮刀将流出的汁液取走，放入一个空竹筒里。在接下来的三五天内，他们会连续在蒴果上划切口，如果蒴果很大的话，就能划许多切口。收集起来的汁液因与空气接触而变得很黏稠，在接下来的几个星期之内，采集的汁液会一直晾着阴干。在汁液晾干以后，就形成固体的鸦片，然后再制成各种形状以便于携带，因产地不同，鸦片所做成的形状（块状、砖状、球状等）及其重量也会有所不同，①这就是所谓的生烟，又称烟土。因出产地的土质不同，鸦片的颜色也略有差异，有的呈黑色，有的则呈深褐色。②至于说鸦片的质感，随着时间的推移，它逐渐由膏状体转变为硬土块状。为适合长途运输，生烟被制成鸦片球，装入带隔板的木箱里。

因各地区土壤气候不同，鸦片的亩产量差别也很大，东北地区的辽宁及黑龙江，亩产量仅为15两（600克），而在西南省份，亩产量会比东北地区的高很多，比如贵州的荔波县，亩产量可高达800两。不过，如此大的差距是拿极限值数据作对比后得出的，假如不把东北地区列入统计，那么在全国范围内平均亩产约为30至70两。③气候条件也是影响鸦片产量和质量的重要因素。罂粟在生长期内若遇干旱，产量就会非常低。④倘若

---

① 法国外交部档案：1918—1929亚洲案卷，一般事务分卷，第55号卷宗，雅尔朗医生的报告：《云南土药及其社会后果》，写于1924年10月25日；《中国评论周刊》：1930年5月24日，第493页。
② 《中国各通商口岸1869年度贸易报告》，上海：通商海关总税务司，1870年，汉口贸易报告，第29—31页；《十年期报告：1882—1891》，上海：海关总税务司署统计科，1893年，《烟台口岸十年报告》，第51页。
③ 《拒毒月刊》，第23期（1928年7月），第19页；第36期（1929年12月），第25—55页；第47期（1931年3月），第6页；《国际反鸦片委员会报告》，前引书，下卷，第54页。
④ 法国外交部档案：1930—1940亚洲案卷，一般事务分卷，第109号卷宗，法国派驻云南的外交代表写给法国驻华大使的信，1933年9月7日；英国外交部档案 编号228/3281，截止于1926年3月18日，厦门地区半年情报报告。

收获季节又遇上连绵不断的阴雨天，整个收成就会变得更加雪上加霜，因为雨水会把蒴果的汁液冲刷掉，狂风同样会造成巨大的损失。①

虽然单从数量上看，亩产量并不可观，但鉴于鸦片那巨大的经济价值，种植罂粟还是很赚钱的。由于经济大环境时好时坏，鸦片的最终价格也会随经济大环境起伏波动，但总体来看，种植罂粟还是比种粮食赚钱，甚至比种其他经济作物（如棉花或烟草）划算。只要农民不被鸦片税压垮，罂粟就比任何一种农作物的价值都高，不过鸦片税高得让农民无钱可赚的局面还是鲜有见闻。然而，对于农民来说，即使罂粟籽远不如蒴果汁液的价值高，他们还是能挖掘出植物其他部位的价值，罂粟茎杆晒干后可做柴禾；罂粟叶子可以喂猪，人也可以食用（根据旅行家伊莎贝拉·伯德的描述，罂粟叶子的味道有点儿像菠菜）；罂粟籽可以榨油，既可食用，也能拿来当灯油用。②

二、生鸦片

鸦片是一种很复杂的物质，它含有大量的水分（12%～25%），除此之外，还含有糖分、亚硫酸、乳酸以及树脂等物质。鸦片当中四分之一的物质是由二十来种不同类型的生物碱组成的，其中最主要的是吗啡，当然还有那可汀、可待因、罂粟碱以及蒂巴因等。生鸦片所包含的成分不仅与产地的气候及土壤有关，而且还与收获时所使用的采集手法

---

① 法国外交部档案：新案卷，中国分卷，第590号卷宗，法国驻重庆领事于1911年3月20日签署的电报；《中国各通商口岸1880年度贸易报告》；上海：海关总税务司署统计科，1881年，《1880年新昌贸易报告》，第4页；朱庆葆：《鸦片与近代中国》，前引书，第152页；伊莎贝拉·伯德：《扬子江流域及其腹地》，纽约：普特南森出版公司，1900年，下册，第285页。
② 《中国之友》：第四卷，第9期（1881年2月），第236—237页；伊莎贝拉·伯德：《扬子江流域及其腹地》，前引书，下册，第280—281页；法国外交部档案：1918—1929亚洲卷，中国分卷，第123号卷宗，薄岱写给法国驻重庆总领事的信函，1921年9月17日。

有关，比如划破蒴果青皮的刀法，晾晒汁液的器皿等，因此生鸦片的成分差异会非常大。因产地不同，鸦片的味道也会有很大差异，对于鸦片烟民来说，决定鸦片质量的恰好是味道，而非鸦片当中吗啡的含量，被视为鸦片"功效"的吗啡不过是作用于精神的药物罢了。拿葡萄酒来作对比最能说明问题：葡萄可以酿出葡萄酒，而葡萄酒的有效成分就是乙醇，但喜饮葡萄酒的爱好者绝不会认为酒精含量是决定葡萄酒品质的因素。同样，生鸦片不但可以贮存很长时间，而且放得时间越久越好。有经验的鸦片吸食者更喜欢享用陈年鸦片，而不愿意吸食当年出产的"新土"，因此所有的烟馆都会拿陈年鸦片去招揽烟客，有的烟馆甚至夸口说他们的鸦片是"贮存了三冬的上等好烟"。①

还有一件事情值得特别提出来，无论是哪个年代，几乎所有喜好吸食鸦片的人都认为，品质最好的烟土当属印度出产的鸦片。印度罂粟种

19世纪50年代印度出产的鸦片

---

① 英国外交部档案：编号228/111：驻厦门总领事于1850年4月26日写的信函；施美夫：《1844、1845、1846年英国圣公会调查访问中国各设领事馆城市及香港和舟山群岛记事》，伦敦：西莱，博恩塞德与西莱出版社，1847年，第435页。

植者掌握着一定的诀窍,当地的气候条件又非常适合罂粟的生长,除此之外,自1793年起,鸦片生产就严格受英国东印度公司控制,该公司垄

19世纪初东印度公司伦敦总部大楼,托马斯·马尔顿绘

断了印度恒河河谷地区的鸦片生产及贸易。因此,当地出产的鸦片品质一直很稳定。在19世纪和20世纪,中国也从波斯和土耳其进口鸦片,但烟民们并不喜欢波斯和土耳其出产的鸦片。在中国境内,云南出产的鸦片品质最佳,尽管如此,整个云南省内各地区所出产的鸦片还有些微小的差别。比如丘北县所出产的鸦片,其品质就享誉全国。[①]

在此,我们还要强调指出,鸦片品质上的差异也反映在价格水平上,就全国范围内来说,整个价格差异非常大。比如在20世纪30年代的成都,四大类型的鸦片在争夺当地的市场,价格差异竟然能达四倍以上。当地出

---

① 朱庆葆:《鸦片与近代中国》,前引书,第161页。

产的生鸦片售价约为每两1元，要比相邻省份贵州出产的（每两1.2元）以及云南出产的（每两1.4元至2.2元）便宜很多。至于印度出产的生鸦片，它的售价约为每两3元至4元。①价格的差异并不仅仅因为这款鸦片受人青睐，那款鸦片不受人追捧。实际上，某款鸦片的价格之所以被抬得很高，是因为在价格里还要加上运输成本和关税，鸦片产地距离越远，价格就会越高。在1916年（那一年鸦片价格相对较高），云南产鸦片在运入广西百色时，价格为每两3美元，运抵南宁时，价格提升至每两4.5美元，再运至梧州时，价格攀升至每两5.5美元，最终运到广州时，价格已高达每两7美元。②进口鸦片的价格走势几乎完全相同，唯一的差别就是运输成本变得更加昂贵，尤其是逆流而上从下游运到上游，路途艰险，十分不易，价格上涨的幅度也就更大了。在19世纪80年代，公班土运抵福州时每两价格为19美元，沿闽江上溯几十公里，运至延平时，价格就攀升至每两24美元，再往上游走上几公里，价格就能涨到每两25美元。③

我们在后文还会看到各地区之间的价格差异，这类价格差异会直接影响到吸食鸦片者的消费习惯。

三、熬制

鸦片通常有两种形态，最好将其区分开来：一种是生鸦片，另一种就是烟膏。中文对这两种形态不加区分，将其通称为鸦片。我们在前文已经介绍过，生鸦片呈固态，而烟膏的质感很像废糖蜜。

将生鸦片熬成可以吸食的烟膏通常是在靠近烟馆的地方制作。熬

---

① 李秉新、徐俊元、石玉新：《近代中国烟毒写真》，石家庄：河北人民出版社，1997年，上下册，下册，第108页。
② 《南华早报》：1916年1月13日。
③ E.H.帕克：《由福州经闽中至温州之旅见闻》，皇家亚洲文会北中国支会会刊，第19期（1884年），第76页。

制方法略有不同，但总体来说，制作烟膏的工艺还是相当简单的，而且制作过程也是大同小异。首先要把生鸦片放入铜锅里，凭借其本身所含的水分，用文火融化开。然后按每块鸦片（600克）添加5升水的比例来煎熬，这时再把鸦片残渣掺进去，鸦片残渣是鸦片吸食过后留下的烟灰渣，残渣里依然含有吗啡。熬制时要不停地搅动，以免制剂粘在锅底上。待水熬掉三分之一以后，就把铜锅从火上拿下来，把制剂过滤一下，再把过滤好的制剂放到文火上慢慢熬，直到熬成稠糖浆状。鸦片一定要熬透，如果熬得不够火候，那么在吸食时，就很难用针挑起来。① 相反，倘若熬得过火了，那么鸦片的口味就会受影响。熬出来的鸦片制品就被称作"烟膏"。由于熬制方法多少有些差异，可以根据需要，把制剂多过滤几次。② 熬好的烟膏通常都装在小瓷盒里。很多人都喜欢陈放烟膏，陈放多年的烟膏品质更佳。③

熬制烟膏有三点需要特别注意：

1.生鸦片经熬制之后，总量会减少很多，一般会减少三分之一左右。换句话说，100千克生鸦片经熬制后，只能出66千克烟膏。因此，正是由于这个原因，当提到鸦片数量的时候，一定要明确说明，这一数量是指生鸦片，还是指烟膏；

2.有些熬制烟膏的奸商想方设法投机取巧、弄虚作假，在熬烟膏时往往找些便宜的辅料添进去，比如猪油、植物树胶等。④ 掺了过多辅料的鸦片无论是口感，还是色泽，甚至连味道都变了。相反，仅掺有少量辅料的

---

① 朱庆葆：《鸦片与近代中国》，前引书，第162页。
② 法国外交部档案：1918—1929亚洲案卷，一般事务分卷，第55号卷宗，雅尔朗医生的报告：《云南土药及其社会后果》，前引文。
③ 《近代中国烟毒写真》，前引书，上册，第505页。
④ 国际联盟档案：S196卷宗，1930年1月13—16日进出口局长约翰·丹尼尔·劳埃德访谈录；皇家鸦片委员会：《皇家鸦片委员会报告》，第五卷，《皇家鸦片委员会报告公报》，伦敦：埃尔和斯波蒂斯伍德出版社，1894年，第231页；《近代中国烟毒写真》，前引书，上册，第68页。

假货一般人是分辨不出来的,只有挑剔的鸦片吸食者才能品尝出来;

3.虽然熬制烟膏的方法极为简单,但还是需要一定的技巧,有些熬烟膏的师傅手法极为灵巧娴熟,即使选用同样的生鸦片,可熬出来的烟膏就是比其他同行做的味道好。①手工熬制烟膏的品质确实要仰仗师傅的诀窍,不过有些商号即便采用工业化方法也做得很棒:有些烟膏品牌甚至享誉全国,比如澳门的红狮牌,因为他们不仅选用上等的原料,而且熬制烟膏的师傅都很有经验。香港出产的烟膏也很有名气,他们采用产自印度的优质鸦片,包装也做得很精美,烟膏盒都用黄铜丝来包封。这些著名品牌的烟膏卖得非常好,也让许多造假者跃跃欲试,去做冒牌货。我们还注意到,尽管鸦片绝大部分是以生烟形态运抵消费场所,再熬制成烟膏,但少量著名品牌的烟膏依然会运到很远的地方,比如运往美国的加利福尼亚以及澳洲、东南亚的华人聚集地。②

第二节　吸食鸦片烟

鸦片最初引入中国时只是拿来做药用,但到15世纪时,鸦片便逐渐转变为消遣娱乐的工具,明朝的皇室成员甚至用液体鸦片来兴助阳事,壮精益气,以图金枪不倒。15—16世纪的著名药典也注明鸦片的这种特

---

① 印度支那总督府档案:编号43019,罗杰写于1907年10月12日的报告,标题为"远东鸦片问题之研究"。
② 国际联盟档案:S196卷宗,1930年1月13—16日进出口局长约翰·丹尼尔·劳埃德访谈录,前引书;国际联盟档案:S197卷宗,澳门消费税监察官胡塞·蒙代斯·西尔韦斯特与鸦片署行政官员佩德罗·胡塞·洛博的访谈录,1930年1月24日;英国外交部档案:编号371/14759,香港进出口业务主管与1929年12月9日撰写的报告。

性,当然还注明其他众所周知的药用特性。①

200年过后,印度尼西亚人有了一项重要创新,即把鸦片转化成烟来吸食。其实就是将鸦片与烟草(马达克)混在一起吸食。这项创新有两个好处:一是几乎彻底根除了过量服用液体鸦片的风险;二是毒品的效果可以即刻显现出来。

鸦片烟是在17世纪中叶经由台湾传入中国大陆的。台湾所媒介作用也是地缘政治几经变迁的结果。1624年,荷兰人占领了台湾,由此便加

自1624年开始,台湾落入荷兰殖民者的魔爪。图为荷兰殖民者在台湾兴建的热兰遮城,这里是荷兰殖民者统治台湾的大本营

强了台湾与爪哇的贸易往来(早在几年前荷兰人就在爪哇设立了巴达维亚商行的分行)。从那时起,荷兰人便雇用由大陆来台湾的居民,以发

---

① 郑扬文:《中国的鸦片社会史》,剑桥:剑桥大学出版社,2005年,第19—20页。

挥台湾西部平原的优势。第一批吸食鸦片的人很有可能是刚从福建来台湾的烟民。1661年，郑成功收复台湾，他也是最后一批反清复明的支持者之一。①然而这并不意味着台湾与大陆之间的联系会就此中断，郑成功及其后裔在台湾海峡所建立起的短暂海上霸权可以确保两岸交流畅通无阻。郑成功的孙子郑克塽于1683年臣服于清朝，从而将台湾纳入清朝的管辖，这让两岸的交流变得更加密切，两岸的人员来往也更加频繁，贸易关系更加紧密。

到18世纪下半叶，又出现一种吸食鸦片烟的新方法，即吸食纯鸦片（也就是说不掺烟草），有迹象表明这一方法于1765年开始在台湾盛行，②而且很快就盖过了鸦片掺烟草的混吸法，到19世纪初叶，鸦片掺烟草的混吸法已逐渐被淘汰掉了。在中国，吸食纯鸦片是流行最广的鸦片吸食法，在19世纪和20世纪，几乎所有的烟民都吸食纯鸦片，也正是在这一时期，吸毒现象已蔓延至社会的各个阶层。我们在后文提到吸食鸦片时，也是指纯鸦片，有关这个话题，我们将进一步详细描述。

一、烟具

吸食鸦片就要有工具，这种工具相对还比较复杂，烟枪就是主要的工具。

鸦片烟枪由一根烟管和一个烟锅（烟斗）组成，烟管和烟锅是可以分开的，这样出门的时候携带方便，③烟枪就是指一支完整的吸烟工具。

烟管为细长型，长约50厘米，直径约为3厘米，放烟锅那一段的顶端

---

① 欧阳泰：《福尔摩沙如何变为台湾府？》，纽约：古登堡书屋，哥伦比亚大学出版社，2008年，第240—245页。
② 许宏彬：《从吸烟者到成瘾者：台湾的鸦片及其烟民史》，博士论文，伦敦大学亚非学院（伦敦），2008年，第59—61页。
③ 《时事画报》：第36期（1907年1月），第3b页。

被封死。整支烟枪看上去还是显得很粗大,因为鸦片烟在被吸入之前没有任何隔断,长烟管就起到了冷却的作用。烟管通常都是用竹子(湖南斑竹即湘妃竹极为抢手)①或木头制作的,但也有用象牙、犀牛角制作的,甚至还有用宝石或玉镶嵌的。②

烟锅一般为陶瓷制,与竹烟管衔接的部位要密封得非常严。烟管与烟锅之间若有缝隙,烟民就要花费很大的力气才能把烟吸进去。为此,要用薄布条或纸片来做密封。③由于烟具所能采用的材料并不丰富,那么有名望的手艺人所打造的烟葫芦不但珍稀,而且价格昂贵。有些品牌,比如"寡妇"牌或"八家"牌,就成为驰名全国的烟锅。这些烟锅不仅在北京受人青睐,而且在陕西及云南同样受烟民们追捧。④

长年使用过的烟具虽已熏得发黑,但却愈加为烟客们所喜爱。⑤哪家烟馆要是有这样的烟枪,那在烟民看来它就是镇馆之宝(还真没听说过哪杆烟枪是享誉全国的镇馆之宝)。⑥这一现象也足以证明,烟枪并不是一种可互为替换的辅助工具,有些老烟枪有时还能博得一个名号。汉口有一家著名烟馆,馆中许多烟枪都有名号,这些名号给人带来无限的遐想:狮子头、千里香、沁人香等。⑦一般来说,排场大的鸦片烟馆都把著名的老烟枪挂在显眼处,来招揽那些喜欢寻求刺激,爱炫耀、讲

---

① 《粤华报》:1930年7月9日,1930年11月16日。
② 《拒毒月刊》:第89期(1935年6月),第4—7页;《近代中国烟毒写真》,前引书,第356页;《百年烟痕:鸦片烟具遗珍》,台北:"历史博物馆",2004年。
③ 法国外交部档案:1918—1929亚洲案卷,一般事务分卷,第55号卷宗,雅尔朗医生的报告:《云南土药及其社会后果》,前引文。如今在有些博物馆里还能看到这些薄布条,比如里昂自然博物馆就收藏着用在烟枪上的薄布条(藏品号:7001 0454 3069)。
④ 《拒毒月刊》:第71期(1933年),第13页;第77期(1934年),第26页;第89期(1935年6月),第4—7页。
⑤ 林则徐于1837年7月10日呈递的奏折,载于马模贞所编《中国禁毒史资料》,前引书,第67页。
⑥ 《拒毒月刊》:第71期(1933年12月),第20页。
⑦ 《拒毒月刊》:第92期(1935年9月),第5页。

第一章　从制作烟膏到吸食鸦片

排场的烟民。

在吸食鸦片烟的全套工具里还有一根铁针和一盏烟灯,这两件工具是吸鸦片时必备的,因为烟民就是用它把烟膏小球挑到烟锅里吸食。那根铁针一端细尖,另一端扁平,长约20厘米。一般来说,烟灯里放一根棉花灯芯,用花生油做燃油,因为花生油在燃烧时不会产生异味,这样

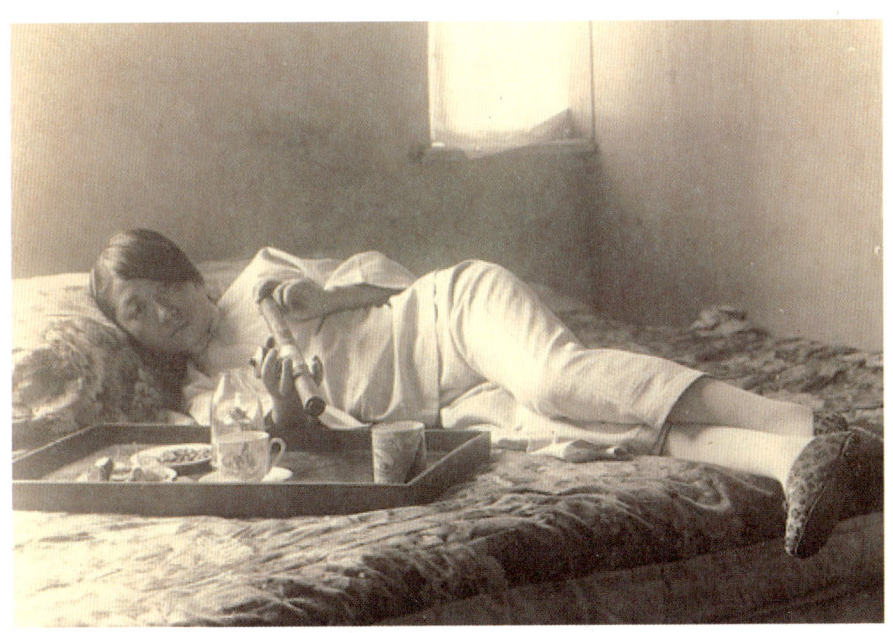

20世纪20年代上海的一名鸦片吸食者。从图中可以看到烟枪和烟灯等烟具

就不会破坏鸦片本身的味道。烟灯还配一盏椭圆形玻璃灯笼,灯笼造型奇特,其作用就是要确保烟灯出口端的温度不会忽高忽低。①灯座则用金属或用陶土来制作。和制作烟锅一样,有些手艺人擅长做烟灯,甚至还弄出点儿名气来。

---

① 法国外交部档案:1918—1929亚洲案卷,一般事务分卷,第55号卷宗,雅尔朗医生的报告:《云南土药及其社会后果》,前引文。

清洗烟锅的工具也是必备的。除了抹布之外，还有铁条，把烟锅从烟管上摘下来时，就要用铁条把烟锅里的烟垢都刮掉。铁条长约12厘米，形状略弯曲，以便于刮烟垢。①刮下来的烟垢都放到一个专用的器皿里。全套烟具都放在一个托盘上，这样拿给烟客时比较方便，而且还能避免鸦片烟灰及刮下来的烟垢弄脏烟客的衣服。

二、吸食鸦片的方式

吸食鸦片有两个很重要的限定条件：一是要卧在床榻上，二是吸烟的地方要能挡风。②烟民最典型的姿势就是身体左侧卧在床榻上，头枕在一个瓷制枕头上。这样他就可以用左手拿烟枪，右手拿铁针去挑烟泡。

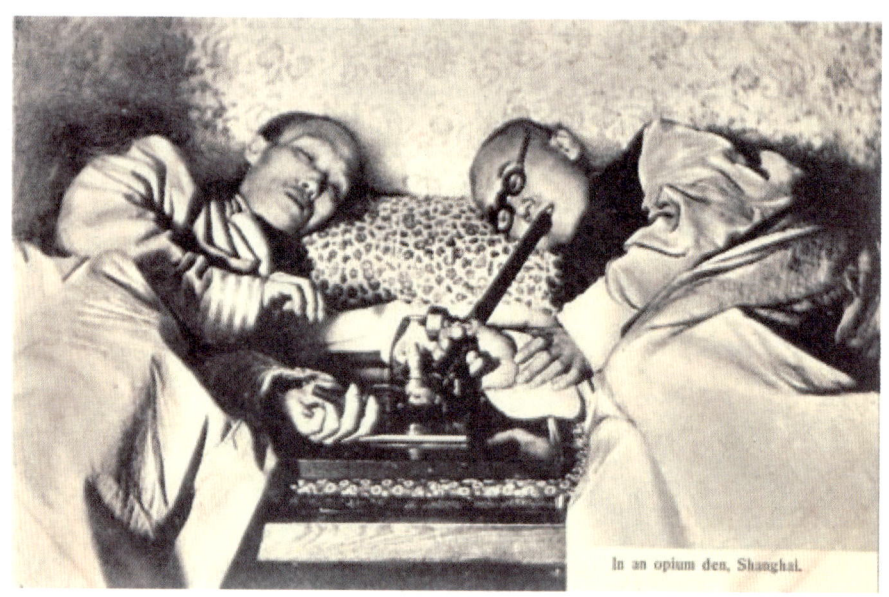

20世纪初上海的两名烟友，他们身卧床榻，头枕瓷枕

① 《近代中国烟毒写真》，前引书，第356页。
② 《论语》杂志：第80期（1936年1月），第408页。

第一章　从制作烟膏到吸食鸦片

有的床榻就是土炕，上面铺着一篾席子，有的是用木板搭起来的床榻，还有的则是一套床具，被称为罗汉床（有人将其简称为罗汉）。

烟膏通常都放在烟盒里（有的小烟盒做得很漂亮），在准备吸食时，先用铁针端头上的抽管把烟膏从烟盒里挑出来。挑出来的烟膏先放到烟灯的火焰上烧。在火焰上加热时，烟膏就变得十分黏稠，并开始膨胀起来。软化的烟膏随时都有可能流出去，于是烟民便不停地用烟针去转动烟膏，以免烟膏流到外面去。当烟膏逐渐变得比较硬时，他就把这烟膏放回到烟盒里，再从中取另一些烟膏，放到火焰上去烧，直到把烟膏做成豌豆大小的小球。这时，他拿烟锅去揉拌小球，或者用手搓揉，将烟膏搓揉成圆锥体状，恰好能装入烟锅里。在用烟针把小球装入烟锅的同时，他要在小球中间扎一个孔，然后迅速把烟针抽出去。①装上烟膏球的烟枪这时就可以吸了。吸食一烟锅究竟得用多少烟膏呢？人们估计的用量差别很大，当然这与烟膏球的大小有关。根据各地区海关官员的估算，一钱（约合3.78克）烟膏少的能吸食三锅，多的能吸二十几烟锅，②这个差别确实让人感觉疑惑不解。至于说烟民吸食鸦片的频次，美国记者霍尔多·汉森在20世纪30年代曾到福建的烟馆里看过烟客们吸食鸦片，根据他的描述，一个烟客在半小时之内就吸了六泡烟，《论语》杂志当时所刊载的一篇文章也印证烟民大致会吸食这么多量。③

烟锅装好烟膏之后，就放到烟灯的火焰上烧，烟膏受热后开始气化。这时烟客便一口一口地用力去吸，弄出很大的声响。然后，他便将吸进去的鸦片烟一点一点地吐出来，尽量让烟气在胸腔内滞留很长时

---

① 法国外交部档案：1918—1929亚洲案卷，一般事务分卷，第55号卷宗，雅尔朗医生的报告，前引文。
② 海关稽查总局：特刊第9期；领事事务局：《由菲律宾问题委员会委任的服用鸦片调查委员会报告》，美国陆军部，华盛顿，政府印刷办公室，1905年，第76页。
③ 《中国评论周刊》：1936年11月28日，第458页；《论语》杂志：第80期（1936年1月），第406—440页。

间。在那个时代所描绘的图片里，人们看到鸦片榻前往往会放一盏痰盂，这难免让人猜想，烟民在吸食鸦片烟的同时，也把烟垢的微小颗粒（中国人将此称为烟屎、鸦片屎或烟灰）吸到肺里，从而迫使他们常常去咳痰。烟民在吸食鸦片的同时，还会沏上一壶茶，一边吸烟，一边饮茶，茶水既能解渴，也能漱口。①

如同鸦片掺烟草的混吸法一样，上述鸦片吸食法不会有吸食过量的风险。有意思的是人们注意到，个别因过量吸食鸦片致死的案例也只是发生在19世纪上半叶，人们由此猜测几乎所有的鸦片烟民很快就掌握了吸食要领。②

烟膏在烟灯上烘烤的火候是吸烟过程中最难掌控的，要是烘烤的火候不够，鸦片有可能把烟锅的气孔堵住；相反，要是烘烤的火候太大了，鸦片当中的吗啡含量就会白白地流失掉。③因此，整个吸食过程还是需要一定的技巧，人们很容易就能辨别出，哪位烟民是出入烟馆的老手，哪位是才入道的新手，新手往往是独自一人，而且很快就会闹出种种笑话。④况且整个吸食过程既枯燥乏味，又循环反复，于是有些烟民便去光顾那些能提供专项服务的烟馆，让那里的专职侍烟者为他们备好烟泡，烟客们管这些侍烟者叫"扦子手"。⑤有些大财主或有钱人甚至把侍烟者请到家里来为他们准备烟泡。⑥在准备烟泡的过程中，有些人的技巧确实十分精湛，他们竟夸口能做出各种形态的烟泡，能做出形如"佛之

---

① 《拒毒月刊》：第40期（1930年6月），第18页；《中国评论周刊》1936年11月28日，第458页。
② 赵汝珍于1848年编写的诗集，题为《祝哀集》，诗集中提到一起类似的死亡事件。转载于卜正民的《维米尔的帽子：从一幅画看全球贸易化的兴起》，巴黎：帕约出版社，2010年，第176—177页。
③ 朱庆葆：《鸦片与近代中国》，前引书，第163页。
④ 马克梦：《晚清小说中有关鸦片与性的描写》，《男女》杂志1999年第2期，第147页。
⑤ 《拒毒月刊》：第92期（1935年9月），第12页。
⑥ 《粤华报》：1930年7月1日。

神阙"的烟泡。而那些手艺高超的"扦子手"还为自己做出的烟泡起了富有诗意的名字，如"八仙过海""七星揽月""双龙戏珠"等。①在汉口的一家著名烟馆里，有一位侍烟者大言不惭地吹嘘自己能做出36种不同形状的烟泡。②

在吸完一泡烟之后，烟民接下来要做的事情可就没有那么轻松了，他要用铁条把烟锅仔仔细细地清理干净。

总而言之，在吸食鸦片的过程中，有许多限定条件，其中有三个条件最为重要。首先，吸食鸦片的一道道流程极为复杂，而且不断循环反复，即使是吸鸦片的行家也会在这上面花费很多时间。反对吸鸦片的人总是反复强调，吸食鸦片的人每天白白浪费好几个小时的时间，他们的说法不无道理。③其次，在吸毒会招致处罚的大环境下，暗地里吸食鸦片还是很容易被人发现，因为烟客在吸鸦片时会弄出很大的声响，而且鸦片的味道很冲。最后，烟民在午休时，侧卧在床榻上，抽上一泡鸦片，感觉浑身都放松了，但这也招来种种批评。反对吸鸦片的人借机抨击烟民，声称他们是好吃懒做，甚至是在自暴自弃。

然而，鸦片吸食后所产生的残渣会让这个问题变得更为复杂。烟灰渣绝不会被丢弃，因为烟灰渣里依然残留有吗啡。在街头上，人们总能看到回收烟灰渣的流动商贩，他们走街串巷收购烟灰渣，④一边慢慢地走着，一边沿街吆喝："收烟屎！"⑤在查阅粤英字典之后，外国人才明白他们吆喝声的意思。有钱人当然不屑于去吸食烟屎，但生活不富裕的人

---

① 《拒毒月刊》：第89期（1935年6月），第8页；第92期（1935年9月），第13页；存实：《烟花血泪话陈塘》，载于《广东风情录》，香港：中原出版社，1987年，第270页。
② 朱庆葆等：《鸦片与近代中国》，前引书，第163页；罗澧铭：《塘西花月痕》，香港：明报出版社，1994年，下册，第253页；存实：前引书，第270页；《拒毒月刊》：第92期（1935年9月），第13页。
③ 《论语》杂志：第80期（1936年1月），第406—409页。
④ 在西安就有这样的流动烟贩，《拒毒月刊》：第90期（1935年7月），第19页。
⑤ J.查尔姆斯：《英粤词典》，香港：别发印书局，1907年。

却把这烟屎当作宝贝，有些人甚至从未吸过纯正的鸦片，只能靠吸烟屎来满足自己的嗜好。

烟屎有时不经处理，直接再供给烟民们吸食，不过那味道确实非常糟糕，但烟屎也可以和鸦片掺在一起吸食。在昆明的某些烟馆里，有些烟民自带烟屎，再掺上一半鸦片，将残渣和鸦片烟膏掺和在一起吸食，直到把烟屎耗尽为止。①

在民国时期的广州，有些低档烟馆专门经营一种名为"烟条"的混合鸦片。烟条是用少量烟膏加大量鸦片残渣制成的，并被搓成长条形状（"烟条"的名字由此而来）。但对于喜好吸鸦片却财力不济的拥趸，尤其是对于那些苦力来说，烟条还是很有诱惑力的。首先，烟条很便宜，除了低廉的价格外，烟条可以用比烟枪短的烟袋来吸，烟枪上要必备一个烟锅，而烟袋则不需要装烟锅，只需在烟袋前端装一个更粗些的烟管即可，这样一款烟具要比烟枪便宜多了。其次，吸食烟条还会节省很多时间，因为烟条已做成随时可吸食的形状，只需几秒钟就能将其装到烟袋里。这样，吸食者也就不必用烟灯去烧烟泡。此外，烟条的味道也比烟膏要冲，一般只要吸上两三分钟，就可以满足烟瘾了，而吸食鸦片烟膏的人从挑好烟泡再到吸食起码得花上半个小时。有利就有弊，烟条的缺点就是味道极为苦涩。②但是有一点，无论是烟民、反鸦片者，还是医生及专家，大家的看法是一致的，鸦片残渣以及类似烟条那样的衍生物，其毒性更大。③

估量烟民究竟吸食了多少鸦片真是一件伤脑筋的事，因为吸食鸦片残渣的人为数不少。实际上，即便这一估量数据存在误差，且误差是在

---

① 《拒毒月刊》：第89期（1935年6月），第8页。
② 包利威：《一种垂危的毒品史：1906—1936年间广州的鸦片》，前引书，第33—34页。
③ 《异国病理学学会公告》，1913年，《由让塞尔姆、马丁、波特万、蒂鲁和贝尔纳先生组成的委员会所提交的有关鸦片问题的报告》，第387页。

允许的范围之内，那么最终的结果在很大程度上依然取决于该用什么方法将吸食残渣的量都统计到数据当中去。

三、吗啡和海洛因

吸食鸦片本身有许多限定条件，况且自从其问世以来亦鲜有变化，由此便引发出毒品的问题，这些毒品也是从罂粟里提炼出来的，不过直到很晚才出现，但却很实用，而且"效果"更佳，这些毒品当中就有吗啡和海洛因。

到了19世纪，欧洲的化学研究取得突破性进展，吗啡和海洛因正是这一研究的具体成果，这两种毒品是用比熬制鸦片更复杂的工艺制作出来的，鸦片只能算作是一种"手工作坊"捣鼓出的毒品。因此，在谈起吗啡和海洛因时，人们便说这是一种合成毒品。这类毒品的效果显然更猛烈、更迅速，与鸦片所不同的是，这类毒品从化学角度看属于高纯度物质，当然这也只是指理论值。吗啡的化学分子式为$C_{17}H_{19}NO_3$，海洛因的化学分子式为$C_{21}H_{23}NO_5$，而鸦片则是一种把各种不同物质混合在一起制成的毒品，因此要是去侈谈鸦片的化学分子式，那真是一点儿意义都没有。

鸦片当中最主要的生物碱就是吗啡，它是继鸦片之后最先出现的毒品。吗啡在中国最初是拿来做戒除鸦片瘾的药物使用，在19世纪末叶的中国，来自西方的传教士一直在推荐使用这种药物。到了20世纪10年代中期，来自日本的吗啡大量涌入中国，进口量达几百吨。[1]越来越低的价格也让吗啡传播得更快，在1924年至1935年，上海地区的吗啡价格就下

---

[1] 冯客：《毒品的文化：中国毒品史》，前引书，第121—122，147—154页。

降了近六成。①在民国时期，吗啡已开始争夺鸦片的消费群体，尤其是在中国北方地区。在1930年7月至1931年6月，北平警察局共处理了140起消费吗啡的案子，而同一时期吸食鸦片的案子为825起，这表明吗啡在毒品市场上已占据相当重要的地位。②

1898年，海因里希·德雷瑟在对吗啡进行双乙酰化处理后合成出海洛因。海洛因最初在医学界被拿来当作镇痛药使用，但在20世纪20年

德国化学家海因里希·德雷瑟与同事在实验室里的合影，右数第二位是海因里希·德雷瑟

代，它被确认为是一种新型毒品，其发展势头非常迅猛。许多证据表明海洛因不但会取代鸦片，而且还会取代吗啡，因为吗啡在20世纪30年代末期已呈现出消费量萎缩的趋势。③

对于烟民来说，合成毒品是一种外表无定型的物质，它或呈粉末

---

① 《拒毒月刊》：第94期（1935年11月），第37页。
② 《禁烟委员会公报》：第12期（1931年12月）。
③ 《拒毒月刊》：第71期（1933年12月），第23页。

第一章 从制作烟膏到吸食鸦片

状,或呈药丸状,或呈药水状;服用方式也不同,它既可吸食,又能吞服,还能注射。比如20世纪30年代在天津日租界里,人们能找到多种形态的海洛因:有与香烟同时吸食的粉末,有用烟袋吸食的药丸,甚至还有蘸上海洛因的圆筒,将圆筒放在手心里用力搓揉。①

但吗啡和海洛因最常见的形态是一种小红药丸,烟民们尤其是在北方地区吸毒者所见到的吗啡及海洛因就是这种小红丸。小红丸出现于20世纪10年代,它只有一颗黄豆粒大,被制成红色或粉色。它的吗啡或海洛因含量差别很大,除此之外,它还含有其他物质,最常见的物质有咖啡因、奎宁、糖分(葡萄糖、乳糖等)以及其他植物型辅料。小红丸里往往还要添加香草或玫瑰的香味。我们在此有必要着重指出,小红丸通常还是像吸食鸦片那样服用。不过所需烟具已简化为一根针、一盏烟灯和一支短烟袋,烟袋是用竹子做的,也有用回收的旧材料制作的。有些红丸的外包装盒还打上商标,在最著名的商标当中有"三桃"牌和"金钱"牌。②

不管用什么样的方法去服用,吗啡和海洛因还是和鸦片有很大的差别,与鸦片相比,这两种毒品服用起来更方便,而且既不需要复杂的烟具,也不需要娴熟的吸食手法,而娴熟的手法则需靠频繁吸食才能掌握。况且,服用吗啡或海洛因也不需要耗费大量的时间,因为吗啡和海洛因对烟民所产生的效果更迅速、更猛烈。此外,在服用吗啡或海洛因时,不会像吸食鸦片时会弄出那么大声响,而且也不会散发出明显的味道,因此吸食的隐蔽性更强。尽管如此,如今在伊朗仍然有人大量吸食

---

① 玛格丽特·戈德史密斯:《尝试鸦片:第十一个瘟疫》,伦敦:罗伯特·黑尔出版社,1939年,第233页。
② 《1933年港府关于危险毒品走私(除鸦片外)的年度报告》,香港:啰郎也印字馆;《1934年港府关于鸦片走私及其他危险毒品的年度报告》,香港:啰郎也印字馆;《人间世》:第20期(1935年1月20日),第12—13页;冯客:《毒品的文化:中国毒品史》,前引书,第156—160页。

鸦片，这似乎是在提醒人们注意，吸食鸦片的消亡过程并非是不可避免的。还有一种说法认为，合成毒品会"自然而然"地取代鸦片，因为合成毒品是更现代性的产物，这种说法也是站不住脚的。除了服用方式之外，还有其他许多因素也要加以考虑，尤其是吸食的合法性、价格、风险，当然还有各种反对的呼声。

一方面，从本质上来说，鸦片的复杂性并未让人感觉是一种约束。鸦片有可能获得人们的好评，甚至博得人们的赞赏，因为吸食鸦片要经历一道道复杂的步骤，还要依赖于各式烟具去展现，其中有些烟具堪称是珍贵的艺术品，况且鸦片本身也是一种复杂的物质，要想掌控它还真不容易，只有真正掌握其中的秘诀，才能把它驯得服服帖帖的。科克托曾绝妙地描写过鸦片，新物质的临床纯度并非只有诱惑力："我给新细胞喂养鸦片，在戒掉5个月之后，新细胞又生长出来，我要拿各种不被人所熟悉的生物碱去喂养这些细胞，而一个吗啡上瘾者只往血管里注射一种毒品，不去追求那种神秘的过程，这种做法确实让我感到吃惊。"[1]显然，要是只注重毒品的功效，而不去考虑毒品的趣味，那也真是太狭隘了，正如我们在前文所描述的那样，真正的行家肯定会关注毒品的方方面面。[2]另一方面，新型毒品不但毒性更大，更容易成瘾，而且过量服用的风险也更大，而鸦片则不会有任何过量服用的风险。

在中国南方的几个省份，如福建、广东、广西、云南或贵州，那里的情况表明，假如吸食鸦片是合法的，而且价格适中的话，那么鸦片就能有效地阻挡新型毒品的传播。在福建省，鸦片价格直线下跌，在20世纪10年代中期，鸦片每盎司跌了8美元至13美元；到20世纪20年代初期，

---

[1] 让·科克托：《鸦片：戒毒日记》，巴黎：斯托克出版社，1999年再版（1930年第1版），第19页。
[2] 迈克尔·威森：《表象掩盖之下：香港的吸毒问题》，香港：南华早报出版社，1965年，第104页。

第一章 从制作烟膏到吸食鸦片

每盎司跌了4美元;1923年,每盎司跌了3美元;1924年,每盎司跌了2美元,价格降到这个水平上,所有的烟民都能买得起了,因此也就没有人再去服用吗啡了。① 同样,在20世纪20年代,合成毒品在成都地区几乎不被人所熟知,因为那一带的鸦片供应充足,且价格便宜。② 相反,在20世纪30年代的香港,合成毒品的传播势头很猛,尽管贩卖鸦片是合法的。1937年,香港警方查获了400万粒小红丸。出于政治上的原因,合法鸦片的价格被定得很高,从而为走私鸦片及合成毒品创造了有利条件。③

阎锡山像。他统治山西期间严禁吸食毒品

在山西省,当地军阀阎锡山果断推行禁烟政策,从而让吗啡及海洛因的衍生品大行其道。这类衍生品更容易躲过当地严格的检查,除此之外,还有另外一个重要因素:鸦片已逐渐不受烟民们喜欢,仅仅相隔一代人的时光,鸦片竟沦落为"过时的毒品"。④

虽然年轻人已厌弃鸦片,转而去追求时髦的吸毒效果,但合成毒品还是遭到许多人的谴责,其中的原因我们将在下一章里作详尽描述。自从20世纪10年代起,日本人尤其是朝鲜人利用其治外法权地位,大肆向

---

① 法国外交部档案:1918—1929亚洲案卷,一般事务分卷,第55号卷宗,《法国驻福州和厦门总领事写于1924年6月21日的报告》。
② 同上,《有关重庆领事管辖区域内鸦片局势的公文》(无署名、无日期,约为1924年5月)。
③ 《1937年港府关于鸦片走私及其他危险毒品的年度报告》,香港:啰郎也印字馆;法国外交部档案:1930—1940亚洲案卷,一般事务分卷,第115号卷宗,法国驻香港总领事于1936年8月20日写给法国驻英国大使的报告。
④ 沈艾娣:《中国的毒品、民族主义及阶级:20世纪初山西省由吸食鸦片转变为服用吗啡和海洛因》,《东亚历史》,第32/33期(2006年12月—2007年6月),第168页。

华北及福建省走私毒品。日本人占领东三省后，也在其占领区内竭力推销毒品。从吗啡及海洛因里衍生出的那可汀很快便成为日本占领者毒化中国人的工具，因为日本人一直在设法削弱中国人的战斗力。日本人试图利用合成毒品，以实现其帝国主义野心，这一说法不仅刊载在禁毒刊物及报刊上，而且官员在正式场合讲话时也会引用这一说法，因此，无论是吸食毒品的人，还是贩卖合成毒品的商贩，都被看作是为日本人效劳的汉奸。①这也许就是为什么中国各地方政府始终不想让合成毒品合法化的原因，让合成毒品合法化的政治代价太昂贵，因为这让人感觉是在犯叛国罪。然而有些地方政府却依然在暗地里参与合成毒品的交易，正如湖南省的两位铁腕人物所做的那样，在20世纪30年代初期，何健与陈渠珍联手在凤凰城地区创办了一家生产吗啡的工厂，其产品全部销往武汉和上海市场。②不过值得注意的是，他们俩对此还是十分谨慎，不想冒被牵涉进去的风险。这件事还是有必要提出来，因为当时没有任何人敢于公开参与合成毒品的交易，更不敢突破合法化的底线，即使是最专横的军阀也不例外。

不过，我们应当承认，虽然鸦片销量在20世纪20—30年代似乎一直在萎缩，而合成毒品的市场前景更广阔，但事实上，整个局面却恰好相反，鸦片在一点点收复失地，具体原因我们在前文已作过描述。共产党掌管政权之后，严令禁止各类毒品交易，而且取得巨大的成功，那种毒品交易越禁越猖獗的局面从此一去不复返了。

---

① 包利威：《禁毒斗争，国民党的灵丹妙药？》，《20世纪》杂志，第95期（2007年7—9月），第213—215页。
② 朱庆葆：《鸦片与近代中国》，前引书，第37页。

第三节 用途与危害性

鸦片的所谓用途往往都是服用者内心的感受，把这感受用文字描写下来是很棘手的事情，历史学家要想在这个领域里去探个究竟，那将是困难重重，因为这个领域可谓是荆棘丛生。更为困难的是，中国的烟民很少会把鸦片带给他们的感受讲述出来。鸦片往往被看作是一种影响心理活动的物质。甚至会影响人对外部世界的感知。不过，考虑到吸入量的多寡，鸦片种类的差异以及吸食者本身的差别，比如他自身的体质状况，其体内的耐毒性等，鸦片并不会产生相同的效果。基于这些原因，有些大规模的争论就要从源头入手，还要去分析研究专著，专著不但论述了鸦片的危害性，而且还分析了吸食者轻易对毒品形成依赖性的原因。有一点很明确：千万不要把吸食者和吸毒者混淆在一起，有些历史学家一直把鸦片看作是"洪水猛兽"。[①]一旦成为吸毒者，就会上瘾，对鸦片形成依赖性。尽管如此，要是能说出吸毒者在吸食者当中占多大比例，还真是挺难的。

一、特性

鸦片的另一个名称叫"洋药"。实际上，正如我们在前文所讲述的那样，鸦片在最初引入中国时，只是被当作一种药品使用，只是到了清末及民国时期，鸦片才真正成为一种全民接受的万能药。要说起鸦片能治疗的疾病，人们能开出长长的一份清单，诸如风湿病、胃痛、发烧、

---

① 罗凯玲：《反鸦片的十字军战士：1874—1817年间在中国的新教传教士》，列克星敦：肯塔基大学出版社，1996年。

鼠疫、霍乱等，此外它还有止泻功效，鸦片当中所含的生物碱具有止咳作用，如今生物碱依然被当作止咳药来使用。不过，鸦片用途最广的功效是做止痛药用。其实，人们很容易把治愈疾病与病症暂时消失混淆在一起，尤其是会把疼痛（或疲劳感）消失看作是疾病被治愈了。换句话说，鸦片的止痛作用会给人一种疼痛缓解的感觉，这种缓解感在有些人看来就是疾病被治愈了。有些地区缺医少药，人们只好拿鸦片当作治疗各种疾病的万能药。① 因此，在20世纪30年代的西北偏远地区，当地农民生病时，也就只有两种方法去治病：要么喝上一碗热汤，蒙上厚被子发汗；要么就去服用鸦片。②

很多地方的人都拿鸦片当药物作自我治疗，地方报纸也曾对此作过多篇报道，即便有关这一问题的研究并不深入，可人们还是注意到，那些精通中医的行医者往往也会给病人开出鸦片药方。在19世纪末，一位广东人曾解释说："对于有些医生不太了解的疾病，他们不知道开什么药能治疗这病，于是索性就给病人开点儿鸦片。"③ 作为万能药，鸦片起到很重要的作用，许多人遇到一点儿小病，就自作主张去服用鸦片，况且中医对此又持一种默许的态度，从而让鸦片成为已逐渐壮大的利益集团之最难对付的敌手，这个利益集团的成员就是实行西医疗法的医生。他们当中许多人都是西方传教士的学生，因此他们采取反鸦片的立场也就不会让人感到吃惊了，因为西方传教士无一例外全都反对鸦片。在20世纪初期，他们的人数还非常少，但在民国时期至少在大城市里，他

---

① 严景耀在其《中国的犯罪问题与社会变迁的关系》中列举了许多例子，《美国社会学杂志》，第40期（1934—1935年），第170—175页。
② 那一地区当时为共产党所控制，位于陕北、甘东及宁夏，《新华日报》：1938年6月3日。
③ 皇家鸦片委员会：第五卷，前引书，第223页；柏乐文：《在中国一百名以上内科大夫对服用鸦片的鉴定》，上海：美华书馆，1899年，第37—40页。

第一章 从制作烟膏到吸食鸦片

们所提供的医疗服务已占相当大的比例。①虽然他们人数不多,但许多人已承担起很重要的责任。②通过一个个有影响力的人物,比如著名医生伍连德(他代表中国出席了于1911—1912年在海牙举办的第二届麻醉药会议),他们宣扬根除地方病的策略,甚至毫不犹豫地去划定地方病的界限,在国民党于20世纪30年代开设的戒毒所里竭力推行西医疗法。③西医医生最终还是让公众接受了他们的设想:他们的鉴定应该成为整个辩论的核心内容。他们首次积极要求参加针对鸦片所组织的辩论,这样的

伍连德(1879—1960),马来西亚华侨,公共卫生学家,医学博士,1935年的诺贝尔生理学或医学奖候选人

辩论他们毕竟已经有200年没有参加过了。通过参与其他运动,比如推行卫生保健运动,他们让新观念在中国取得长足进步,这一观念就是应把民众的健康列入公共政策的范畴。他们以此为契机,去推行另外一种社会标准,即成立合法的、独立自主的职业团体。

虽然从明朝时起,有人便开始拿鸦片当性药使用,但各国似乎都认为鸦片有壮阳作用。在这些国度里,鸦片往往被当作壮阳的神药。在生育率很高,且又吸食鸦片的原住民地区,比如老挝、越南、泰国及缅甸山区的原住民,有关罂粟起源的神话在那里流传很广,这些神话故事就把鸦片的壮阳功效夸得神乎其神。在那里还能听到其他版本的故事,说

---

① 1929年武汉仅有161位西医医生,而中医医生有1000人左右,海关总署,《1922—1931,汉口海关十年报告》,卷一,第576页。
② 有关中国西南部的状况,可参阅弗洛朗斯·布勒泰勒-埃斯塔布莱:《1898—1928年中国南方的卫生状况》,巴黎:法国国家科研中心出版社,2002年,第160页。
③ 伍连德:《鼠疫斗士——伍连德自述》,剑桥:赫菲父子出版社,1959年,第470—499页。

有一个非常漂亮的姑娘,性欲极强;在和男人疯狂云雨之后,突然大泄身,不治而亡。在姑娘被埋葬之后,她的坟前长出一株美艳的花朵,这就是罂粟花。①在波斯帝国萨法维王朝时期(1501—1736年),鸦片丸还有一个寓意十足的名字:快乐丸。②如果总是联想鸦片具有种种壮阳的特性是不准确的,因为使用鸦片并非是为了增加刺激,而是为了舒缓刺激,延长性交时间。在连续吸食一段时间鸦片之后,人的性欲反而会被彻底消磨掉了。③

当服用量过大时,鸦片就变成一种毒药。误服过量也会中毒,其中就有儿童因误服鸦片而中毒的案列,因此要格外关注鸦片的这种特性,因为当鸦片在民间广为流传时,有些人就拿鸦片当作自杀的工具。吞食鸦片据说是一种无痛苦的自杀方式,如果自杀者鸦片吞食得足够多,且被发现得太晚,那么此人很难被抢救过来。电影明星艾霞就是吞食鸦片自杀的,她于1934年2月12日在其上海寓所结束了自己的生命,当时的媒体对这一事件作了连篇累牍的报道。④

根据鸦片吸食者的描述,吸食鸦片的乐趣并不在于它能给人带来梦幻般的感觉,而在于它能让人忘却当下的苦楚。在20世纪30年代,广东地区有些吸大烟的人曾作过这样的描述:"头搁两枕佟谈笑,烟灯一亮

---

① 阿米-雅克·拉潘:《殖民前及殖民期间老挝的社会及鸦片》,巴黎:阿尔玛唐出版社,2008年,第27—39页。
② 鲁迪·马特:《追求快乐:1500—1900年间伊朗的毒品与兴奋剂》,华盛顿:麦芝出版社,2005年,第101页。
③ 皇家鸦片委员会:第五卷,前引书,第223—224页;马克梦:《财神爷的堕落:19世纪中国吸食鸦片现象》,兰哈姆:罗曼和利特菲尔德出版社,2002年,第203页;让·科克托在接受戒毒治疗时写道:"耽于声色的感觉又回来了,这是戒毒后第一个明显的征兆",《鸦片:戒毒日记》,前引书,第31页。
④ 高郁雅:《阮玲玉"新女性"事件与上海新闻界》,发表于"小报文化与中国城市性"工作坊,台北,"中央研究院"近代史研究所,2010年8月26—27日。

烦恼消"，类似这样的话在全国各地都能听得到。①而吸食鸦片的西方人则描述得更为详尽，其中有两位著名人物甚至坦言宣称，鸦片根本就没有让人产生幻觉的特性。科克托说得更明确："我们应该了结鸦片产生幻觉的说法。鸦片只是给人一种似梦非梦的感觉。它麻痹人的感觉，让人内心变得昂奋，并缓解人的精神压力。"②皮埃尔·洛蒂在20世纪初期曾在北京尝试过吸食鸦片，他以惊人的手法描述了自己的感受，甚至拿自己的感受去纠正其他人的说法："失望及焦虑情绪，无论走到哪儿都好像难以摆脱似的，就像压在心头沉重的负担，但吸过鸦片后，失望及焦虑情绪确实得到缓解。"他接着补充道："至于说当下的小烦恼及烦心事，转眼间也就消失得一干二净了。"③鸦片给人带来的感觉颇像人自身分泌的内啡肽所产生的愉悦感，人在付出极度努力之后，就会分泌出内啡肽，实际上鸦片生物碱就是让人的机体产生同样的效果。④

有一种说法流传很广，认为鸦片会让人平静下来，在吸食几泡大烟之后，人会逐渐沉睡下去，⑤其实这一说法完全不对。有一位英国人曾在香港走访过大大小小各类鸦片烟馆，他从未见过烟客在吸食鸦片后呈现出昏昏欲睡的状态。⑥当好几位烟民一起去烟馆时，在吸过鸦片之后，他们会兴奋地谈天说地。⑦当然也有吸过几泡烟后感觉昏昏沉沉的烟民，不过他们往往是利用烟馆舒适的环境，借着卧在床榻上的机会，休息一下。

---

① 岭南社会研究所：《沙南疍民调查报告》，广州：1934年，第103页；朱庆葆：《鸦片与近代中国》，前引书，第159—160页。
② 让·科克托：《鸦片：戒毒日记》，前引书，第111页。
③ 皮埃尔·洛蒂：《北京的最后时光》，载于《旅行杂记》（1872—1913），巴黎：罗伯特·拉封出版社，"史书"丛书，1991年，第1101页。
④ 爱德华·斯莱克：《鸦片、国家与社会：1924—1937年国民党与贩毒经济》，檀香山：夏威夷大学出版社，2001年，第36—37页。
⑤ 《中国之友》：第七卷，第11期（1884年11月），221页。
⑥ 《中国之友》：第五卷，第1期（1882年1月），30页。
⑦ H.H.凯恩：《在美国与中国吸食鸦片》，纽约：普特南森出版公司，1882年，第61—63页。

就在人们针对鸦片的危害性展开辩论的同时,另外一场辩论则再次拉开帷幕,这场辩论就是要探讨究竟是什么原因促使人们去吸食鸦片。人们吸食鸦片或出于治疗目的,或出于消遣娱乐,有人往往会把吸大烟归结于这两种原因,这种说法值得怀疑。这两种原因可以轮流发挥作用,如果吸食鸦片的人是个重度烟瘾者的话,甚至还可以一起施展功效,因此这两个原因的界限并不十分明显:有些苦力试图通过吸食鸦片去消除自己的疲劳感,以积蓄更大的力量,难道他们吸烟也是"为了消遣娱乐"吗?在调查吸烟者的动机时,得出的结果竟会截然不同,而上述理由恰好可以让人对此作出合理的解释。[1]有些人是为治病而吸食鸦片的,社会各界通常对这类人持比较宽容的态度,不像谴责为贪图享乐而抽大烟的人那样去抨击他们,因此这让整个局面变得尤为复杂。不过,那个时候有关这方面政策的连贯性还是执行得极为出色。在19世纪中叶,那些因吸食鸦片而有可能被判死刑的人,都想竭力证明自己是为了治病才抽大烟的。[2]19世纪末,一位在汕头行医的英国医生曾指出,为治病而吸食鸦片的人最能得到社会的谅解。[3]在翻阅20世纪30年代的社会新闻报道时,你会发现那些因在暗地里偷吸鸦片而被警察抓个正着的人,都为自己辩解,求警察网开一面,因为他们是为治病才吸食的,这往往让警方所获得的情报大打折扣。[4]当然,有些人的话不应轻易去相信,因为以肯定的语气去诉说吸食鸦片的种种理由是根本不可能的。

---

[1] 林满红:《清末本国鸦片之替代进口鸦片(1858—1906)》,载中央研究院近代史研究所集刊,1980年,第9期,第424页。
[2] 贝杜维:《鸦片与帝国之界限:1729—1850年中国内地之禁烟活动》,剑桥:哈佛大学出版社,2005年,第138页。
[3] 柏乐文:《在中国一百名以上内科大夫对服用鸦片的鉴定》,前引书,第55页。
[4] 《粤华报》:1931年10月26日。

二、依赖性、成瘾性以及危害性

这些问题比任何一个问题都更能促使人们去采取极端主义立场，去促使他们寻根溯源，而这也正是历史学家们所研究的课题。最典型的例子当属皇家鸦片委员会于1894年所做的调查，在英国首相威廉·尤尔特·格莱斯顿主导下的议会任命该委员会去做调查，就结束鸦片贸易提出看法。该委员会发表了一份七卷本的《皇家鸦片委员会报告》。调查报告的第五卷刊载了调查人员在中国所搜集的证言。大家对这种毒品的看法分歧极大。一方是医生和传教士，这两组人员在某些方面有交结，因为许多传教团都在中国开设了医院，以图更好地博得当地民众的信任。他们对鸦片一直持反对态度：无论是天主教传教士，还是新教传教士，他们都把鸦片灾害看作是宣讲福音的最大障碍，因此只要有机会，他们就会去夸大鸦片的种种弊端。另一方则是外交官，当然还有从事鸦片贸易的商人，他们通常是去淡化，甚至否认吸食鸦片所带来的恶果。因此，我们要突破这种极端的立场分歧，以确定鸦片都有哪些不良作用。

为此，最好将与鸦片有关的三个问题区别开来，这三个问题是：依赖性、成瘾性和危害性。

毫无疑问，鸦片就是一种毒品，它可以让人产生依赖性，也就是说，让人陷入一种对某种物质或做法上瘾的状态而不能自拔。依赖性的判定条件就是，人要想戒掉这种物质或这一做法，不但非常困难，而且要花费很长时间，在这段期间里，吸食鸦片的人就要完全抛弃自己的习惯。有一点需要特别指出，弄懂这一机制并不像人们想象的那么简单。这或许正是旧时代遗留下来的产物，而在那个时代里，鸦片所引发的依赖性机制并未得到广泛的理解，中文描绘这种状态的词汇是"上瘾"，它既用来表示对毒品本身所形成依赖性，也用来表示人依赖鸦片的状

威廉·尤尔特·格莱斯顿(1809—1898),曾作为自由党人四次出任英国首相。图为其油画像,罗伯特·理查·斯坎伦绘

态，也就是说，人的毒瘾症状开始发作。毒瘾发作时，人会流眼泪，不由自主地打哈欠，甚至还会流鼻涕。任何人都不会怀疑这种毒品会让人上瘾，即使那些坚定支持鸦片无害论的人也认为，鸦片这种毒品会让人产生依赖性。争论的焦点在于要吸食多久，每天吸食多少次，人才会上瘾。显然，这就需要把种种因素都考虑进来，除了鸦片本身的特性（吗啡含量多寡、稀释程度高低等）之外，吸食者的身体状况也是很重要的因素。尽管如此，还是应该明确指出，一般来说，一个人仅仅吸食几天鸦片是不会上瘾的，吸食几口就更不会上瘾了，最低限度起码要吸食一个月才会上瘾，以上这些说法还是很靠谱的。①其实要解决这个问题，倒不如去确定每天吸食多少量，那么超过这个量的就算是上瘾了。即使所吸食的鸦片种类不同，吸食者的身体状况也有差异，这些都不是什么障碍，人们完全有可能提出更好的方案，尤其是去分析一下各戒毒所统计的数字，在19世纪70—80年代，传教士在各地陆续开办了许多戒毒所，戒毒所接纳志愿者、毒瘾很大的吸食者以及想戒毒的烟民，一个没上瘾的吸毒者很容易就能把烟戒掉，而且不必住院治疗毒瘾，这是明摆着的道理。然而，有些住院戒毒者声称每天只吸很少的量，如果仔细分析这些数据，那么一钱鸦片似乎应该是一个决定性的量。1879年，中国医药会广州医院接纳了50位戒毒者，其中只有两个人声称每天吸食不到一钱鸦片，有6个人确认每天要吸一钱鸦片。②1882年，温州的一家戒毒所接纳了213位戒毒者，其中只有7个人声称每天吸不到一钱鸦片，有23个人每天要吸两钱鸦片。③在福州的一家戒毒所里，共有984人前来接受戒毒治疗，其中只有51人每天吸食不到一钱鸦片。④因此，每天起码得吸食

---

① 皇家鸦片委员会：第五卷，前引书，第221页。
② 通商海关总税务司，特刊，第4期，《鸦片》，上海，1881年。
③ 《中国之友》：第五卷，第7期（1882年7月），第205—207页。
④ 《中国之友》：第四卷，第1期（1879年10月），第10页。

一钱或一钱多，才能成为鸦片瘾君子。这个数据尤为重要，因为根据所有吸食者（不要仅关注那些需治疗毒瘾的人）每天吸鸦片的总量，人们就会发现他们当中的大部分人每天只吸很少的量，这个量往往会低于一钱。广州有一家戒毒所，在那里接受治疗毒瘾的人大部分都是在烟馆里被警察抓来的，其中绝大部分人每天吸食鸦片的剂量不足一钱。①

依赖性和成瘾性还是有区别的。当吸食者感觉只有逐渐增加剂量才能达到以往的效果时，他就已经陷入成瘾性的境地。需要增加剂量问题的起因是源头信息混乱造成的。反对吸毒的人总把增加剂量看作是不可避免的，并坚持认为人一旦染上鸦片，要想让他偶尔吸上一口，或让他少吸一点儿是不可能的。②我们可以断言这种观点是错误的。在后面第六章里我们将会看到，许多人以亲身经历表明，吸食者完全可以在很长时间内将吸烟剂量控制在同一水平上，而且希望只是适度地吸入一点点（以不形成依赖性为限度）。许多人的证言都表明，至少在19世纪末至20世纪初那段时间，适度吸入一点儿鸦片是普遍现象，而滥用鸦片只是个别案例。③

我们所说的鸦片的危害性，是指鸦片给吸食者的身体造成不良后果，甚至会造成过早死亡的恶果。描述抽大烟者饱受鸦片折磨的场景已成为19世纪传教士及医生笔下永恒的主题。实际上，没有哪种显而易见的不良健康状况，或反映出吸烟者身心遭受损害的症状，可以用来描述鸦片吸食者。尽管如此，我们还是应该承认，身体消瘦，牙齿黄黑，弯腰驼背，目光呆滞，往往是鸦片吸食者最常见的状态。西方最早介绍中国的杂志上曾发表过一篇描述鸦片吸食者的文章："他面色如僵尸，额

---

① 广州市禁烟委员会：《广州市戒烟医院年报》，广州：1937年，统计数据部分。
② 柏乐文：《在中国一百名以上内科大夫对服用鸦片的鉴定》，前引书，第18—19页。
③ 可参阅《中国之友》：第七卷，第11期（1884年11月），第221页；皇家鸦片委员会：第五卷，前引书，第216，223—227页，以及冯客在其《毒品的文化：中国毒品史》中所收录的证言。

头布满皱纹，与其他人相比显得格外消瘦。"①西方传教士施美夫曾于1847年到一家烟馆里去观察抽大烟的人，他对这些人的描述同样具有代表性："这是一群形形色色很怪异的人，他们面容枯槁，脸色蜡黄，目光呆滞，泪眼蒙眬，狂笑起来身体不停地颤抖，脸上露出傻乎乎的表情。他们乐于把自己如何堕落的过程统统告诉我们。"②一位法国传教士

一位西方艺术家绘制的中国鸦片吸食者。不难发现，他们大都憔悴不堪

在20世纪初期写过一段文字，50年过后，这段文字所描述的场景依然栩栩如生："沉溺于这种嗜好的人很快就变得脸色苍白，枯槁消瘦，憔悴不堪，身体各处都显现出过早衰老的症状。"③这幅图像一直流传至今，而且深深地嵌入中国人及西方人的想象当中，不过我们还是应该客观地看到，鸦片的极端危害性只是一种预先假定的条件，但许多科学刊物却

---

① 《中国丛报》：第9卷（1840年9月），第189—229页。
② 施美夫：《访问中国各设领事馆城市及香港和舟山群岛记事》，前引书，第432页。
③ 《传播信仰》：第79卷（1907年11月），第415页。

未对此提出过质疑。

至于说外交官及鸦片商人,他们则一直在弱化鸦片的影响,而有些历史学家如R.K.纽曼以及冯客①也步其后尘,坚持认为那些出于治病目的而吸食鸦片的人之所以瘦弱,并非是吸食鸦片造成的,而恰好说明他们患了重病,要靠鸦片来缓解病痛。他们趋于把鸦片吸食者描绘成是和其他人一样的健康人,甚至还兴奋地列举一些老年人的例子,说这些老年人吸了几十年鸦片,但身体依然很硬朗。在20世纪中期,他们还在香港走访了一些吸食鸦片者,其中一个人的说法很有趣,他声称烟民也像普通人一样,过着正常的生活,同时为了自身的乐趣每天还吸上几泡大烟,有人甚至宣称这些有节制的吸烟者竟然比不吸鸦片的人活得还长久,因为不吸鸦片的人无法躲避他们每天所面临的问题。②

就危害性本身而言,我们注意到一种相当客观的观点,正是凭借美国菲律宾问题调查委员会的调查,我们得以了解这一看法。1903年,调查委员会萌生一个巧妙的想法,要去调查上海的一家保险公司(纽约人寿保险公司上海分公司),看他们如何接待想要投保的吸毒者。保险公司肯定会采取注重实效的对策,这样去看待保险公司也是合情合理的。过高地估量鸦片的危害性会让保险公司失去潜在的客户,因为保险公司会把鸦片吸食者排斥在外。相反,如果过于草率地估量鸦片所带来的后果,那么保险公司就有可能为过早去世的吸毒投保者家属支付大量的赔偿金。这家保险公司的医生将吸食鸦片当作对投保人身体状况评估的一项内容,评估只是以投保人所提供的信息为基础,再额外观察一下投保人的外表,看其是否呈现出深度依赖鸦片的症状。除此之外,就不再做任何特殊的检查了。至于投保人就调查问卷所作的答复,假如投保人宣

---

① R.K.纽曼,英国历史学家;冯客(Frank Dik·tter),荷兰籍历史学家,曾在伦敦大学亚非学院任教,现为香港大学人文学院讲座教授。
② 迈克尔·威森,《表象掩盖之下:香港的吸毒问题》,前引书,第118页。

第一章 从制作烟膏到吸食鸦片

称每天吸食超过两钱的剂量,那么这份投保单就被认为不合格。①因此人们可以略微不同的方式得出结论,大量吸食鸦片有害健康,但绝大部分烟民并未大量吸食鸦片。我们在后文将会看到,烟民对过量吸入鸦片还是持警觉的态度,他们特意将吸入量维持在呈现依赖性症状之下,这样就能防止出现不良后果。

在19世纪30年代末期,朝廷高官林则徐受命钦差大臣,前往广州查处禁烟(参阅本书第二章),在写给皇帝的奏折中,他力荐可以让吸食者减轻烟瘾痛苦的药物,以便让他们能最终戒掉鸦片烟。这些药物通常就是一剂汤药,里面有一种鸦片(或烟灰渣)的代用品,还有几种滋补身体的辅药,辅药的剂量将逐渐减少。②70年过后,当清政府于1906年再次掀起戒烟运动时,让民众服用的药物与林则徐所推荐的药物没有什么差别,采用的还是中草药汤剂。其中有一剂药是用4克烟灰渣、3克苦杏仁、4克生人参以及1克酒泡生姜熬制的,生姜需放入一升烈性酒里炮制。烟民想抽大烟时,就喝上一杯汤剂。每喝完一杯药,就往汤剂里倒一杯烈性酒,待整个汤剂都变成烈性酒时,人的烟瘾也就戒掉了。③

虽然采用西医疗法的医师对中国人这种戒烟法不屑一顾,况且中国人也不找他们治疗,但有一点还是应该讲清楚,他们其实也没有更好的办法,能让想戒烟的人去减轻痛苦。在那段时间里,大家就渐进戒烟与立即戒烟的优劣一直争论不休,却始终拿不出一个令人信服的结论。他们在为戒毒者实施治疗时,采用的也是根据相同原理拟定的方案:让戒

---

① 领事事务局:《由菲律宾问题委员会委任的服用鸦片调查委员会报告》,前引书,第75—76页。
② 1838年7月10日写给皇帝的奏折,载于马模贞所编《中国禁毒史资料》,前引书,第69—71页。
③ 印度支那总督府档案:编号43019,罗杰于1907年10月12日撰写的报告,前引文。

毒者服用鸦片代用品（鸦片酊剂），并逐渐递减服用剂量。①

罂粟是一种相当难种植的植物，而鸦片正是从这种植物里提炼出来的，其制作工艺较为复杂，鸦片的吸食过程倒更像是一种礼仪，因此复杂性便成为鸦片的特征。鸦片不但成分复杂，且种类繁多，品质参差不齐，档次有高有低，服用方法亦有很大差别，鸦片逐渐走向衰落也就成为必然趋势。况且，那些喜好吸鸦片的人还真得花些工夫才能学会挑烟泡，把这烟顺畅地吸到肚子里去。显然，正是这种复杂性让人在对鸦片的作用、危害性及其所引发的毒瘾进行评估时，才会产生如此大的分歧。我们在后文还会看到更多的实例，正是这种复杂性引发出一系列巨大的变化，这些变化不仅体现在社会及政治层面上，而且体现在鸦片原有的象征层面上。

纵观鸦片的整个发展过程，人们发现鸦片亦曾借力于其他物质：鸦片吸食法之所以得以问世，是和烟草的技术进步分不开的，因为鸦片最初就是同烟草掺在一起混吸的。几百年过后，香烟变得越来越方便，这个起源于西方的嗜好被罩上现代化的光环，香烟本身也是为满足于卫生要求而问世的产物，香烟所产生的生理学作用与鸦片的相比虽有很大差别，但它毕竟已成为鸦片的强劲对手。随着药性更猛烈的毒品如吗啡及海洛因的问世，这些毒品的服用方式不但花样繁多，而且简单快捷，鸦片最终走向衰落已不可避免。

---

① 包利威："1839—1952年间广州的戒毒机构"，《历史杂志》，第647期（2008年7月），第627—656页。

第二章
处于外交关系旋涡中的鸦片

在西方，自从毒品作为一个极特殊的类别出现在公众视野里之后，它主要展现出两方面的问题：首先是集体的堕落（出现在19世纪），接着在20世纪，越来越多的个人走上歧途。毒品从未被当作是一种来自海外的擅入者，只有当激进的民族主义盛行时期，才会出现这种局面。比如在第一次世界大战期间，法国国内的抨击声甚嚣尘上，公众纷纷谴责德国人使用麻醉剂毒化法国人，以削弱法国人的战斗力。[1]

中国的局面则截然不同。自18世纪以来，人们一直把鸦片视为一种来自海外的毒品。在19世纪50年代末期，自从鸦片进口合法化之后，在中国与外国签署的条约当中，"洋药"这个词就取代了"外国鸦片"一词，要知道"外国鸦片"这个词在此前一个世纪还出现在各种诏书及敕令里，但改名之后，"洋药"这个词也就失去原名称所包含的意义了。[2]在1878年前后，清人张昌甲撰写了一篇题为《烟话》的文章，描述自己吸食鸦片的经历，在文章的开篇，他对"烟"这个字作了解释（"烟"用来指代鸦片），他发现"烟"[3]字是由火、西、土组成的，因此这个字就蕴含着西方人的意思。[4]

---

[1] 让-雅克·伊沃莱尔：《精神毒药》，巴黎：伏尔泰沿河道出版社，1992年，第219页。
[2] 王宏斌：《禁毒史鉴》，长沙：岳麓出版社，1997年，第189—190页。
[3] 此指烟的繁体字："煙"。
[4] 张昌甲：《烟话》，载于马模贞所编《中国禁毒史资料》，前引书，第252页。

到了20世纪，鸦片被看作是帝国主义侵略中国的工具，想借鸦片来入侵中国的既有老牌帝国主义，也有新生帝国主义；既有西方帝国主义，也有日本帝国主义。因此在中华人民共和国宣布成立几个月之后，政务院便于1950年2月24日发布《严禁鸦片烟毒的通令》，通令指出："自帝国主义侵略我国，强迫输入鸦片，危害我国已有百余年。由于封建买办的官僚军阀的反动统治，与其荒淫无耻的腐烂生活，对于烟毒，不但不禁止，反而强迫种植，尤其在日本帝国主义侵略下，曾有计划的实行毒化中国，因此戕杀人民生命，损耗人民财产，不可胜数。"①

禁烟英雄林则徐的油画像

鸦片在中国对外关系中所占据的地位已成为编年史上的一个焦点问题，这一问题已远远超出鸦片毒品本身的历史范畴：中国人不是把第一次鸦片战争视为中国迈入近代社会的标志性事件吗？如今参观天安门广场的游客，在瞻仰人民英雄纪念碑时就会看到，纪念碑上那组浮雕的第一幅画面就是林则徐于1839年在虎门销毁英商囤积的走私鸦片烟。因此，鸦片与中国的对外关系这个问题看似简单，但其背后所牵涉的却是整个民族的世界观，是中国与其悠久历史之间的纽带。

本章将向读者展示，虽然在西方强行打开中国国门时，鸦片起了重

---

① 这段文字摘自苏智良：《中国毒品史》，前引书，第454—455页。

要作用，在中国与外国列强交往的过程中，鸦片也深涉其中，但鸦片并不是帝国主义突破中国防线的单方面手法。

第一节　在强行打开中国国门时印度鸦片所发挥的作用

一、19世纪之前的鸦片贸易渠道

在那个时候，中国依然同周边国家发展睦邻友好关系，并把这些国家当作整个世界秩序当中的一员，只要他们愿意接受一种不平等的组织结构，而这种组织结构恰好是凭借其自身的文化优势建立起来的。中国依照这一原则同邻国建立起宗藩国关系，自唐朝时起，这一宗藩国体系一直支配着中国的对外关系。各藩属国在承认中国宗主地位的同时，还要定期派遣使团向宗主国朝贡，并将随行带来的本国特产献给皇帝。各藩属国派来的使臣要依照中国的礼仪给皇帝行三个磕头礼，以表示臣服于宗主国，皇帝也拿出名贵物品如瓷器和丝绸来赏赐朝贡者，赏赐的价值往往高于朝贡者所带来的礼物，朝贡者回国时，便将皇帝的赏赐带回去。①宗藩国只满足于这种频繁的外交活动，仍未建立起常驻外交代表体系。随着宗主国朝代更迭，藩属国的地位也会有所变化，藩属国名单有增有减。在明朝时期，臣服中国的藩属国就有暹罗、安南、爪哇、

---

① 路易·德尔米尼：《中国与西方：18世纪广州的对外贸易》，巴黎：塞弗潘出版社，1964年，第293—302页。实际上，这种朝贡体系也只是象征性地送些礼物，但在有些年代里，比如在唐朝和清朝，这种体系已经陷入歧途，贡品不过是一种虚构的东西，其背后所隐藏的目的是建立追求利润的商贸关系。

日本和朝鲜。实际上，当有些藩属国变得强大时，也试图将这一体系强加给其他邻国，比如越南就曾这样对待老挝和柬埔寨，这让宗藩国体系变得极为复杂。然而，模仿宗主国的做法恰好表明藩属国完全赞同宗藩模式，并接受中国处于优势地位的原则。正是在宗藩国的交往过程中，鸦片出现在藩属国进贡的贡品里，实际上，当时好几个国家（暹罗和爪哇）都曾在15—16世纪明朝统治时期向中国贡奉过鸦片。当时进贡给明朝皇室的鸦片名为"乌香"。①

不过，这个门还是开得太小了。宗藩国贸易交往所起的作用对于划定鸦片的贸易渠道更有意义。贸易交往是在国家划定的范围内进行的，至少从理论上讲是如此。在1661年至1685年间，清朝明令禁止海上贸易。待禁令解除之后，华南沿海地区的贸易一下子变得极为活跃。②欧洲人非常喜欢中国出产的丝绸、瓷器以及茶叶，于是便在华南沿海地区积极从事贸易活动。广州当时已成为重要的商业中心，于是从17世纪末叶起，朝廷便任命一位海关监督（西方人称其为"户部"），在广州监管贸易活动，让其只听命于朝廷。③这位官员的职责就是把海上贸易所产生的各种赋税直接交纳给朝廷的银库。1720年，中国在广州设立公行体系，将与西方人做生意的特权授予一个由16家大商行（商行的数目后来发生很大的变化）组成的垄断集团，不过实际上，各大商行都是各行其是，独自做自己的生意。④到了18世纪中叶，清政府为西方商人设定了种种限定条件，只向他们开放广州口岸就是诸多限定条件之一。⑤

---

① 郑扬文：《中国的鸦片社会史》，前引书，第16—17页。
② 弗朗索瓦·吉普鲁：《亚洲的地中海：13—21世纪中国、日本、东南亚商埠与贸易圈》，法国国家科研中心出版社，2009年，第111及128—131页。
③ 路易·德尔米尼：前引书，第312页。
④ 同上，第321—325页。
⑤ 罗威廉：《最后的帝国：大清王朝》，剑桥：哈佛大学贝尔纳普出版社，2009年，第142—144页。

第二章　处于外交关系旋涡中的鸦片

1665年的广州，约翰·芬伯翁绘

那时候，印度早已开始向亚洲的贸易网供应鸦片了，这种贸易活动已持续了将近100年。在整个17世纪及18世纪上半叶，印度次大陆的鸦片是通过葡萄牙商人（经果阿港）及常住东南亚（爪哇、马来西亚、锡兰）的荷兰商人卖出去的，整个销售量还不是很大。鸦片就像其他许多产品一样成为地区贸易的商品，这些产品当中有棉布、香料、食糖和大米。当时中国进口鸦片还是合法的，因此鸦片也就被列入大清帝国的关税税则里。① 不过，那个时候，中国还不是鸦片的重要市场。1729年，雍正皇帝颁布诏令，宣布禁止进口鸦片，西方人冷静地接受了这一诏令，况且鸦片交易的数额也并不大。于是东印度公司在1733年宣布禁止其旗下的商船贩运鸦片。②

因此直到18世纪末叶，鸦片在亚洲还只是一种很普通的商品。从印

---

① 朱庆葆：《鸦片与近代中国》，前引书，第310页。
② 路易·德尔米尼：前引书，第387页。

度出口到亚洲其他地区的销量也非常少,中国当时尚不是值得关注的特殊市场,在1730—1740年,荷兰东印度公司销往巴达维亚的鸦片要比卖给中国的多得多。①

1762年,荷兰东印度公司的鸦片船

二、印度鸦片在中国确立优势地位

在18世纪末叶,几个不同因素促使鸦片在亚洲市场上出现新的转机,鸦片贸易将以印度—中国为核心展开,鸦片销量很快就突破前一时期的销售总量。

首先,自从欧洲人与中国发展贸易以来,欧洲人尤其是自17世纪起享受与东方从事贸易活动特许权的公司都面临一个难题:为了扭转与中

---

① 冯客:《毒品的文化:中国毒品史》,前引书,第22及32—34页。

国的贸易逆差,他们不得不用银元去支付从中国购买的商品,这些银元是在西班牙美洲殖民地(主要是在墨西哥)打造的,这种银元在中国很受欢迎,因此中国要求所有买家在做生意时都用这种银元来支付。[1]由于欧洲对中国产品尤其是茶叶的需求量增长得很快,这个问题就变得越来越严重了。银元通过不同渠道流入亚洲,其中最重要的渠道就是从欧洲启航,经加迪斯、伦敦、圣马洛或阿姆斯特丹,绕道好望角,最后运抵中国。对于贸易公司来说,这样一条流转线路既昂贵,又不方便。他们只好想方设法去寻找产自欧洲或亚洲其他地区的产品,以便实现贸易平衡。但无论是印度的棉布、欧洲的钢铁制品,还是东南亚的香料都不足以弥补贸易逆差。在短短几年当中,大家把希望寄托在人参贸易上,因为人参重量轻,便于运输,而且能以很低廉的价格从加拿大购入,但卖到广州时,其售价堪比金价。不过,人参市场似乎远不如人们想象得那么好,大量贩入的人参很快就令参价跌入谷底。[2]

对于东印度公司来说,这个问题变得尤为严峻。虽然东印度公司较晚才开始同中国做生意,但其营业额很快就超过其他竞争对手,这主要得益于茶叶贸易的增长,尤其是自1784年"传播法案"颁布以来,英国的茶叶进口关税得以大幅下降,税额从117%降至12.5%,这极大地刺激了茶叶的需求量。[3]在东印度公司看来,整个局势已变得越来越紧迫了,一定要尽快找到弥补贸易逆差的办法。其实,东印度公司自18世纪60年代起就控制了孟加拉地区,因此也就控制了这一地区的鸦片出口生意,于

---

[1] 万志英:《19世纪中国市场文化中的外国银币》,《国际亚洲研究学刊》,第4卷,第1期(2007年1月),第53—57页。
[2] 路易·德尔米尼:前引书,第384—387页。
[3] 迈克尔·格林堡:《鸦片战争前的中英通商史:1800—1842》,剑桥:剑桥大学出版社,1951年,第3—4页。

是便着手从事鸦片贸易。①那时候,英国商人已成为亚洲地区最主要的鸦片供应商。1793年,东印度公司垄断了恒河平原出产的公班土,与此同时,他们还将根本性的变革引入到公班土的生产中。从那以后,所有经

在印度的英国东印度公司官员,迪普·昌德绘于18世纪60年代

① 卡尔·特罗基:《鸦片、帝国与全球政治经济,1750—1950年间亚洲鸦片贸易之研究》,伦敦/纽约:劳特利奇出版社,1999年,第54页。

加尔各答出口的鸦片都应接受严格的检验,以确保每一批次的品质都是优良的。鸦片甚至可以被确定为是标准产品。①

鸦片正是踏破铁鞋所寻觅的打开中国市场的钥匙,中国市场完全有可能吸纳日益增长的鸦片产量:在18世纪的最后十年当中,在东印度公司旗下独立商户的鼓动下,印度与中国之间的鸦片走私生意发展得很快。虽然东印度公司并未直接参与走私生意,但还是从中捞到许多好处,因为所有的走私者在广州就把银元都交给东印度公司,以换取加尔各答银行的汇票,或换成东印度公司伦敦总部的汇票,而银元恰好是东印度公司所急需的。②

尽管如此,鸦片进口并非呈直线上升之势。在19世纪最初的20年中,印度向中国出口的鸦片已达5000箱③(即300吨),但没有任何迹象表明,进口量将会进一步增长。不过在19世纪20年代初期出现了两个重大变化:印度中部省份(中央邦、拉贾斯坦邦)只要在出口港孟买支付关税,其所出产的鸦片就是合法的。在此后的几十年当中,这个新增加的货源地发展得很快,并拉低了销售价格,这无疑将会推动销量的增长。④

此外,从1821年起,面对来势凶猛的鸦片进口局面,中国当局不会在广州袖手旁观,刚刚登基不久的道光皇帝一直在采取激进的对策。在英国商人威廉·查顿的倡议下,英国的鸦片走私者开始利用伶仃洋一带的锚地,那里距离伶仃岛仅80千米,伶仃岛位于珠江口的中部,从这里

---

① 卡尔·特罗基:《鸦片、帝国与全球政治经济,1750—1950年间亚洲鸦片贸易之研究》,伦敦/纽约:劳特利奇出版社,1999年,第62—72页。
② 卡尔·特罗基:《鸦片、帝国与全球政治经济,1750—1950年间亚洲鸦片贸易之研究》,伦敦/纽约:劳特利奇出版社,1999年,第51—52页。
③ 一箱鸦片约为60千克,和中文里一担的量近似,后文采用以担为单位的数据源自中文文献。——原注
④ 阿及亚·西迪奇:《贾姆谢特吉·杰其博的商业世界》,载于阿及亚·西迪奇主编:《1750—1860年间印度殖民地的贸易与财政》,德里:牛津大学出版社,1995年,第196—198页;迈克尔·格林堡:《鸦片战争前的中英通商史:1800—1842》,前引书,第124—131页。

出入远海十分便利。装满鸦片的外国商船从孟买或加尔各答启航后，便在伶仃洋锚地等待小船（又称"快蟹"）前来卸货，中国买家再用这些小船将毒品运走。①虽然走私船退避到伶仃洋，但并未给鸦片生意带来多大损害，因为走私船可以完全避开中国地方当局的监控。

到了19世纪30年代初期，另一道关卡也被拿掉了：自18世纪末起，

1665年的孟买及英国殖民者在当地修建的要塞

东印度公司便在广州垄断了与中国的贸易。那时候，还没有哪个国家在中国派驻常设外交代表，东印度公司实际上就是英国在华利益的代表。那时候，有几家英国贸易公司（如登特公司、怡和洋行等）在商业上变

---

① 李比雄：《香港的由来，广州商业文化面面观：1827—1839年间怡和洋行的商业经营权》，巴黎：拉尔玛丹出版社，1998年，第93—94页。

第二章　处于外交关系旋涡中的鸦片

得越来越咄咄逼人,一直在组织鸦片走私活动,而东印度公司虽然本身并未参与鸦片走私,但对此毕竟持一种默许的态度,因此为了自身的利益,东印度公司总是设法将走私活动限定在合理的范畴内,以便让各方都满意。

但这种脆弱的平衡于1833年被打破了,那一年东印度公司对华贸易垄断权被取消,该公司由此退出中国市场。这一决定吸引更多的商人前来中国从事鸦片走私生意,以至于到了19世纪30年代中期,中国进口的鸦片量很快就超过3万箱(约合1800吨)。[①]那时候,尽管鸦片生意仍是非法的,但其所产出的价值已占整个贸易总值的一半以上。[②]之所以会出现这样的局面,皆因清朝地方官员与走私分子内外勾结,沆瀣一气,官员们从中捞到许多好处。[③]他们不但能从中获得丰厚的利润,而且还可以避开公行官员的控制,一般来说,在做合法生意(如茶叶生意)时,外国商人必须同公行官员打交道。外国商人把宝都押在这些官员身上蕴含着很大的风险,因为他们同意给官员一些好处,而且还愿意在赊账方面给予特别的照顾。如果一旦出现破产的局面,这种事常会发生,就会危及整个贸易公司,即使实力最强大的贸易公司也难逃倾家荡产的厄运。

伶仃洋的走私生意越来越有竞争力,最多时有30多艘大型商船停泊在那一带海面上,有些敢于冒险的商人在威廉·查顿和詹姆斯·马地臣的带领下,开始向福建和浙江沿海渗透,以期找到条件更优越的市场。[④]1834年,道光皇帝颁布敕令,责令闽浙两省总督严惩日益猖獗的鸦片走私活动,一年来走私活动在闽浙沿海一带有增无减。[⑤]尽管如此,在

---

① 迈克尔·格林堡:《鸦片战争前的中英通商史:1800—1842》,前引书,第221页。
② 李比雄:前引书,第46页。
③ 《中国丛报》:第3卷(1834年7月),第142页。
④ 李比雄:前引书,第97—105页。
⑤ 马模贞:《中国禁毒史资料》,前引书,第47页。

厦门和宁波近海，鸦片市场已形成常规态势。[①]广东籍人（尤其是澳门人）在其中起着关键性作用：有些人确实一直在和外国商人打交道，他们会讲一门外语，在这个新开拓的市场上承担翻译的角色。[②]最有经验的翻译后来也发了大财。

不过有一点还需要特别说明，从事鸦片走私生意的并不仅仅有英国人。有一帮信奉琐罗亚斯德教的帕西人也在鸦片走私当中起到很重要的作用，其中就有著名商人杰姆赛特吉·杰吉布霍，早年阿拉伯人在攻占波斯时将琐罗亚斯德教徒赶出波斯，于是这些教徒便在印度西海岸古吉拉特邦安顿下来。[③]还有像塞缪尔·罗素那样的美国商人，他们主要从土耳其购买鸦片，然后将其贩运至中国，其销售量还是相当可观的，美国驻士麦那领事馆估计每年约有1600箱鸦片搭美国商船驶离士麦那港。[④]此外，鸦片生意并非只是在沿海一带展开。在中国的西北部地区，数量可观的鸦片在19世纪30年代经由新疆传入陕西、山西和河南省，这些鸦片有可能是新疆当地种植的，也有可能从浩罕汗国流入的。[⑤]

涌入中国的鸦片来势凶猛，最终让清政府深感不安，清政府注意到流出国门的白银数目是如此庞大，已使国家经济严重失衡。1838年底，道光皇帝决定任命林则徐为钦差大臣，派其前往广州，以度绝鸦片走私。

[①] 李比雄：前引书，第479—485页。
[②] 村上卫：《闽粤沿海民的活动与清朝：19世纪上半叶以鸦片为中心的贸易活动》，《东方学报》卷75（2003年3月），第213页。
[③] 阿及亚·西迪奇：《贾姆谢特吉·杰其博的商业世界》，前引文，第196—202页。
[④] 卡尔·特罗基：前引书，第76页。
[⑤] 贝杜维：《鸦片与帝国之界限》，前引书，第76页。

第二章 处于外交关系旋涡中的鸦片

1857年的大毒枭杰姆赛特吉·杰吉布霍

三、两次鸦片战争

抵达广州一个星期之后,林则徐责令外国商人限期上缴鸦片烟,并具结保证永不夹带鸦片烟。这些商人最初还在设法拖延时间,以试探这位钦差大臣的决心,接着他们又耍花招,想交出千八百箱鸦片烟,好来个金蝉脱壳,体面地全身而退,不过他们很快就意识到事情并不那么简单:林则徐不但没有放缓压力,反而下令封锁囤积鸦片的外国商行。自从东印度公司在华业务的垄断权被取消之后,查理·义律就担任起英国驻华商务总监督的职务,为了缓和局势,他同意让鸦片商人把自己所囤积的鸦片都上缴给他。①1839年3月27日,两万多箱鸦片就变为英国皇室的财产,这对商人们来说应该是一个不错的方案,因为当时商人们对保住这批鸦片,甚至把它们卖出去已经不抱任何希望了。当时大部分鸦片都放在沿海的趸船上,随着这部分鸦片的被收缴,封锁便被解除了。在遭遇这场变故之后,大部分外商都离开广州,到5月底时,只剩下极少数人还依然待在广州。②在经过短暂的迟疑之后(公正并安全地把价值不菲且堆积成山的毒品清理掉是一件让人伤脑筋的事),林则徐于1839年6月组织了大规模的销毁行动:鸦片并非是被焚毁的(如某些文史资料所描述),而是被放入一个大水坑里融化掉,然后再把生石灰投到水坑里,最后借助海洋潮汐,将融化物抛入大海。③

同一年秋季,虽然各界都发出抨击鸦片贸易不道德的呐喊声,但帕麦斯顿子爵领导下的英政府不顾来自各界的反对声,依然作出强硬的

---

① 实际上,所有将鸦片上缴并拿到收据的商贩都在1843年8月获得赔偿,彼得·沃特·费伊:《鸦片战争:19世纪上半叶侵入天朝的蛮人用战争敲开帝国之门》,教堂山:北卡罗来纳大学出版社,1997年,第368页。
② 同上,第142—160页。
③ 1839年6月14日林则徐奏报给皇帝的奏折,载于马模贞:《中国禁毒史资料》,前引书,第153—154页。

第二章 处于外交关系旋涡中的鸦片

反应,将销烟举动视为对英国的羞辱,并决定派战舰于次年春季在新加坡集结成舰队。①舰队气势汹汹地朝中国扑去,但并未将打击矛头指向广州。广州人预料他们会来进犯,早已严阵以待,英国舰队却朝宁波驶去,接着继续向北航行,很快就对京城形成威胁之势。清政府已注意到自己的军事实力不如对方,被迫于1842年8月29日签订《南京条约》。

中英两国代表签订《南京条约》

林则徐销毁了英政府的鸦片,虽然这都是违禁商品,但还是导致了第一次鸦片战争的爆发。从那时起,这场战争的帝国主义性质,这场战争的动机是否都已讲清楚了呢?英国政府仅仅是为了保卫鸦片商人的利益才宣战的吗?至于鸦片在鸦片战争爆发过程中所起的作用,目前仍存在着争论,有些人认为鸦片只是中英冲突当中一个偶然的导火索,那场冲突已呈不可避免之势。鸦片并不是一种常用的消费品,更称不上是主要的贸易商品。看来有人不知道该怎样去掩盖更深层次的问题。

---

① 彼得·沃特·费伊:《鸦片战争》,前引书,第191—195,213—215页。

当然，自由贸易主义在广州遭遇贸易限制的阻击，而且碰到呆板的公行制度。但是两国的外交关系在双方看来已变得无法和解。中国在对外关系方面一直奉行宗藩国宗旨，推行一种以中国为中心、中国至上的世界秩序。但另一方则奉行平等的原则，起码从礼仪方面看，各国君主及外交代表应该是平等的，让英王向中国皇帝俯首称臣是不可想象的。

在相互缺乏了解，且互为轻蔑占上风时，两个帝国是否应该在具体层面上，达成一个"暂时妥协"呢？是否应该让双方的相关人员去学着相互了解呢？恐怕这才是最重要的因素。在这一方，中国的行政官员们有两个理由相信他们的文化处于优势地位，因为他们面对的这些人不但是外国人，而且还是商人（受儒家道德观的影响，商人的地位要远逊于大学士的地位，而朝廷命官往往都是大学士），是农民和工匠。官场文献有时也会透露出一些具体事例，由此不难看出清朝的高官根本瞧不起广州的外商团体：1838年年初，在写给皇帝的奏折中，两广总督称"英夷素性诡诈"。①而在另一方呢，英美商人当中最负盛名的代表人物查顿在其信函中声称，鸦片贸易是"最适合绅士做的生意"，②由此看出英美商人也是自命不凡，认为本国文明优于其他文明，甚至狂热地鼓吹自由贸易的长处。

我们还应注意这一点：双方之所以相互轻蔑，是和各自不了解对方的文化及语言有很大关系。在19世纪30年代初期，在广州的外国社团里，只有四个人会讲汉语。③其中一个人名叫马礼逊，是常住广州的英国传教士，经过多年艰辛的努力，他编写了第一本英汉词典。④

---

① 1836年3月13日邓廷桢呈递给皇帝的奏折，载于马模贞：《中国禁毒史资料》，前引书，第50页。
② 见卡尔·特罗基：《鸦片、帝国与全球政治经济，1750—1950年间亚洲鸦片贸易之研究》，前引书，第101页。
③ 李比雄：前引书，第83页。
④ 杨万秀、钟卓安：《广州简史》，广州：广东人民出版社，1996年，第197—198页。

第二章　处于外交关系旋涡中的鸦片

马礼逊（1782—1834）是西方来华的第一位新教传教士。图为马礼逊与两位中国助手在翻译《圣经》，乔治·钦纳里绘

不过我们还应指出这种看似矛盾的现象：林则徐虽挑起与英国的正面冲突，但实际上他对来自西方的东西感到十分好奇，而且比其同代人更能深入地去了解这些外国人的动机及思维方式。林则徐身边有一个翻译团队，这样就可以搜集一些有用的书籍，凭借这些书籍就能看清外国人的优势与劣势，最终去执行"以夷制夷"的战略。[1]在此背景之下，他鼓励好友魏源（1794—1856）撰写《海国图志》，魏源是当时最著名的历史学家之一，而林则徐本人也亲自参与该书的起草工作。《海国图志》在1844年出版之后，还再版了好几次，而且有一定的读者群。[2]

在中国与外部世界交往的过程中，《南京条约》堪称是一份极重要的文件，然而这样一份文件却只有简短的13项条款。[3]令人感到吃惊的是，条约当中没有任何条款涉及鸦片，由此看来鸦片贸易依然是非法的（即便在此后几年当中鸦片贸易得到默许）。条约规定清政府向英国赔款2100万银元，其中600万银元赔偿被焚鸦片，1200万银元赔偿英国军费，300万银元偿还商人债务（条约第4—第7条）。条约最有突破性的实质内容是废除清政府原有的公行自主贸易制度，准许英商与华商自由贸易。除了废除公行制度之外，条约第2条还规定清政府将向英国开放五处通商口岸（除广州外，还开放厦门、福州、宁波和上海口岸）。[4]由此，英国臣民就可以避开中国法律的制约，而只受其领事机构的司法管辖（即治外法权）。最后香港岛也被割让给英国君主，"因大英商船远路涉洋，往往有损坏修补者，自应给予沿海一处，以便修船及存守所用物料"（条约第3条）。

---

[1] 施其乐：《中国基督徒：香港精英、中间人及教会》，牛津：牛津大学出版部印刷所，1985年，第53—59页。
[2] 邓嗣禹和费正清：《中国对西方之回应》，剑桥：哈佛大学出版社，1965年，第29—30页。
[3] 英国议会文件：第31卷，第229—233页。
[4] 彼得·沃特·费伊：《鸦片战争》，前引书。

第二章　处于外交关系旋涡中的鸦片

新开放的四个口岸正是1832年东印度公司曾组织勘察的口岸，也是自1832年起，鸦片商人如查顿和马地臣疯狂从事鸦片走私活动的海域。正是威廉·查顿提议将上海列入开放口岸的名单当中，因此当英国在上海开设租界时，租界的第一块土地就出让给查顿的洋行。[1]同样，在1837年清廷加紧实施禁烟举措，并威胁到伶仃洋的走私船时，这些装满鸦片的走私船便跑到香港岛附近的锚地去躲避禁烟风头。[2]虽然不能说《南京条约》的种种条款是鸦片商人授意设定的，但我们还是应该承认，强行打开中国大门在很大程度上是受他们的影响，并依照其设想而实现的。

要说《南京条约》先天不足还真是说轻了。条约对鸦片贸易只字不提，除此之外，条约的两位签署人对此事的看法也截然不同。在清政府看来，做出一些商业让步，以息事宁人，让好斗的外国人平静下来，正像清廷于1835年在新疆西部边境地区所作的让步那样，那一年清政府与浩罕汗国签署了一项条约。[3]治外法权一直是对旅居帝国的异国人所实施的"羁縻"策略，同时把管理异国人的事务交给地方当局负责。相反，在英国方面看来，他们是满怀希望签署这份条约的，一方面希望能征服这个庞大的市场，另一方面希望能建立起平等的外交关系，这个希望还是带着一些虚幻的色彩。在两次鸦片战争之间那15年当中，鸦片进口的势头增长得很猛，而对此缄默不语的条约则显得越来越不适应于当时的形势。鸦片依然是一种走私商品，因此它不能公开地卸货，即使在开放的口岸也得不到允许。不过，这个难题很容易就被绕过去了，因为鸦片贩子很快就在开放口岸的外海处设置趸船，拿趸船当存放鸦片的仓库使用。这样中国商贩就可以从趸船上提货，而驶自印度的鸦片货船也就不

---

[1] 白吉尔：《上海史》，巴黎：法亚尔出版社，2002年，第30—32及41页。
[2] 李比雄：前引书，第99、479—484、490—491页。
[3] 贝杜维：《鸦片与帝国之界限》，前引书，第85—89页。

必停泊在开放口岸上了。①

不要拿中国当局在执行条约方面阳奉阴违当借口，去追究第二次鸦片战争的起源：英国议会的调查委员会也坦言承认，从总体上来看，中国当局公正地履行了《南京条约》的各项条款。②只不过英国外交家、商人和传教士以及其他步英帝国后尘与中国签署类似条约的其他列强很快就认为，《南京条约》显然没有给他们带来更多的回旋余地，除了那五个开放口岸之外，中国境内的其他地方则禁止他们出入。广州的局面恐怕也是争端的起源。由于条约的中方文本与英方文本存在分歧，广州已发生多起摩擦事件，广州市民拒绝让外国人到城内来安家落户。③因此，重新谈判各项条约的压力与日俱增。1854年1月，英国政府任命包龄爵士为特使，前往中国进行谈判，包龄拿到的指示极为明确，其中就有谋求鸦片贸易合法化的指令。清政府拒绝受理这一要求。④从那时起，战争一触即发，只不过是时间早晚的问题，从1856年9月起，英国人便开始游说法国人和美国人，鼓动他们联手讨伐中国。⑤英国人借口一艘悬挂英国国旗的中国走私船（"亚罗号"）在10月8日遭截停检查，便发动第二次鸦片战争，其实这不过是小事一桩，然而英国驻广州领事巴夏礼却火冒三丈，故意激化矛盾。这一次，法国也找到了一个借口：由于一个名叫马赖的神父被杀，法国人便答应和英国人并肩作战，法国人的增援真是来得太及时了，因为英军当时正忙于镇压印度民族大起义。英法联军并未碰到顽强的抵抗，便于1857年底攻克广州，接着又在次年春天攻占护卫

---

① 英国外交部档案：编号228/111，驻厦门总领事写于1850年6月7日的信函。
② 英国议会文件：前引书，第38卷（英国国会对华商务关系特别委员会报告），第8页。
③ 黄延毓：《总督叶名琛与广州事件，1856—1861：4.广州事件》，《哈佛亚洲研究杂志》，卷6，第1期，第94—100页。
④ 黄宇和：《鸩梦：第二次鸦片战争探索》，纽约：剑桥大学出版社，1996年，第261—266页。
⑤ 同上，第266—275页。

第二章 处于外交关系旋涡中的鸦片

1857年印度民族大起义爆发,前往印度镇压起义的英国士兵与自己的家人告别,亨利·尼尔森·奥尼尔绘

天津的大沽口。眼见首都再次遭受威胁，清政府被迫于1858年6月26日签署《天津条约》，同意再开放10个通商口岸；各国的外交代表可以常驻北京；天主教及新教传教士可以在内地自由传教；对英赔款银400万两。鸦片贸易也取得合法化地位，不过鸦片还是有别于其他进口的外国商品。其他外国商品要先支付5%的关税，如果最终销售地距离通商口岸很近，只需再支付一笔商业税（厘金）即可，但如果距离很远，则要支付交易税，税率为商品价值的2.5%，不必再支付商业税。①不过，进口鸦片则每百斤需支付银30两的关税，中国商人拿到鸦片之后，还要支付厘税，就像为任何一种商品支付商业税一样。②

条约苛刻的条款使清政府感觉蒙受侮辱，1859年6月，双方军队在大沽口附近交战，最终清军击败联军取得胜利，这也让清政府备受鼓舞，于是清政府准备对英法联军采取对抗的策略。然而，武器装备所打出的局面最终还是无可挽回了：清政府在北京外围所布置的精锐部队在八里桥战役中全军覆没。1860年10月13日，英法联军攻占北京。然而联军最主要的军事行动就是洗劫并烧毁了圆明园，法国作家维克多·雨果在一封信中严厉地痛斥这一强盗行径。③10月24日签署的《北京条约》批准了《天津条约》，确认鸦片贸易合法化，增加了几项新条款。《天津条约》所规定的战争赔款则提升至1600万两白银。外国舰只可在长江上自由航行，并增开更大的通商口岸（天津）。与香港岛隔海相望的九龙半岛也割让给英国。④

1876年9月13日签署的《烟台条约》（英国直到1885年7月才批准该

---

① 林满红：《晚清的鸦片税》，《思与言》第16卷第5期（1979年），第13—14页。
② 马士：《中华帝国对外关系史》，伦敦/纽约：朗曼、格林出版社，1910—1918，卷1，第479—570页。
③ 雨果的这种人道主义激情正逐渐被人淡忘，他将抨击矛头直指拿破仑三世的对外政策，然而向远东出兵的举措竟然被看作是政府外交政策的重大成果。
④ 马士：《中华帝国对外关系史》，前引书，第571—617页。

第二章　处于外交关系旋涡中的鸦片

第二次鸦片战争中的重大历史事件。上图为大沽口之战；中图为八里桥之战；下图为英法联军洗劫圆明园

条约）也并未把鸦片当作主要目的。尽管如此，在涉及洋药（鸦片）的条款当中，该条约还是规定在到达目的港时每箱洋药应交纳110两税银（内含厘金及关税）。① 完税后的洋药领取税单照，以证明这批货物已照章纳税，这样就可以免除此后有可能产生的一切税务。《烟台条约》之所以迎合英国人的意愿，让印度产鸦片享受免厘税的待遇，是因为清政府也能从中得到好处，向洋药征收的税款将纳入清廷的银库，而非流入地方政府的钱袋子里。虽然《烟台条约》谈判时的局势很紧张（此前一位英国翻译在云南被枪杀），但此条约并非是在发生战争的状态下签署的，这与其他条约略有不同。② 因此我们可以将《烟台条约》看作是一种转变，预示着双方将在缓和的背景下就双边条约进行谈判，也预示着双方希望在20世纪初叶就两国的利益达成和解。

第二节　中英两国之间达成的条约

一、1907年《中英禁烟条约》

英国反鸦片的院外集团势力越来越强，在这种背景下，就逐渐减少印度鸦片进口达成一项条约也就变得不难理解了。1833年废除奴隶制的法案通过之后释放出一大批力量，其中一股力量转而去支持反鸦片的斗争。③ 传教士们更是积极地投身到反鸦片的斗争之中，因为除了人道主义

---

① 林满红：《晚清的鸦片税》，前引文，第15—16页。
② 马士：《中华帝国对外关系史》，前引书，卷2，第284—301页。
③ 罗凯玲：《反鸦片的十字军战士》，前引书，第8页。

第二章 处于外交关系旋涡中的鸦片

因素之外,鸦片毒品还妨碍他们在中国宣讲福音。^①实际上,中国人确实趋于把鸦片和基督教联系在一起,认为鸦片和基督教是西方擅入中国所带来的洋货,这两种洋货既不可分割,又不合时宜,对那些想让他们皈依基督教的人,中国人会毫不掩饰地把这种想法讲给他们听。贵格会信徒爱德华·皮斯于1874年11月创立"英华禁止鸦片贸易协会",协会在禁止鸦片贸易方面发挥极为重要的作用。协会的宗旨就是要把禁止鸦片贸易当作己任,并于次年创办了《中国之友》杂志,此后便向各界散发这份杂志。杂志发表了多篇在中国和印度搜集到的报道,向读者宣传鸦片所造成的危害,宣传鸦片给民众带来的灾难性的后果,它也凭此而无可争议地成为报道鸦片灾难的最强有力的媒体之一,而鸦片当时在西方依然有一定的市场。[2]协会还不断向议会成员采取院外游说活动。

英国政界领导人对院外集团向选民所施加的影响并非无动于衷。其实他们都是实用主义者,况且也注意到在19世纪最后25年当中,中国的罂粟种植发展得非常快,中国的土产鸦片很有可能在短时间内完全取代印度产进口鸦片。印度政府从鸦片贸易当中所获得的收入依然十分可观。尽管如此,自19世纪末叶以来,鸦片贸易的收入已呈现下降的趋势,因此印度总督明托伯爵(1906—1911年在任)一直在设法减少因禁止鸦片贸易而给印度殖民地造成的影响,而不是像前几任总督那样一味地反对禁止鸦片贸易。[3]商界人士(当然鸦片商人除外)则认为假如中国的消费者不再把大部分钱花在购买鸦片上,那么他们就有可能去买其他

---

① 小册子:《引入中国的鸦片和四福音书。一艘船上的奇特场景》(戴德生作),现存大英图书馆;艾伦·内森:《鸦片贸易简史、范围及影响》,洛厄尔:詹姆斯·沃克尔出版社,第二版,1853[1850]年,第70—73页。
② 罗凯玲:《1874—1917年间在中国的新教传教士》,列克星敦:肯塔基大学出版社,1996年,第55页。
③ R.K.纽曼:《印度与英中鸦片条约:1907—1914》,载于《现代亚洲研究》,第23卷,第3期,第528—534页。

合法的进口商品。①

到了1905年12月，条件似乎变得成熟起来：已经十年未能执政的在野党自由党重新夺回执政的宝座，他们此前一直对鸦片贸易抱着暧昧的态度。1906年4月，他们在下议院通过一项议案，宣称鸦片贸易"从道义上讲是应该受到谴责的"。②新任驻华公使朱尔典也反对鸦片贸易，并竭尽全力促成双方达成一项条约。③

那时候，来自西方的观念第一次强有力地促使中国人去改变自己对鸦片的看法。在美国路易斯安那州举办的中国收藏品展览会上，鸦片烟枪和烟灯也被送来参展，④从而引起中国留学生的抗议，这些学生是竭力推进现代化思潮的代表人物，在和西方接触的过程中，对那种西洋镜游戏了如指掌。他们也意识到，西方总体上是把中国当作落后国家来看待的，并视中国为东亚病夫。知识界维新派的首脑梁启超就曾把缠足和鸦片视为代表落后中国的两个陋习，而处于萌芽状态的中国民族主义则把唤醒民众当作己任。民族主义者纷纷拿起笔来，抨击鸦片，他们常常用"污秽"和"耻辱"来代指鸦片。⑤从那时起，鸦片便成为各界口诛笔伐的目标，尤其是随着新闻界的发展，对鸦片的鞭笞已深入中国社会的各个阶层。鸦片问题已扩展到事关中国在世界之地位这样的大背景之中。

---

① 罗凯玲：《1874—1917年间在中国的新教传教士》，前引书，第69页。
② 格雷戈里·布鲁：《英国贩毒网》，载于卜正民、若林正：《鸦片政权：中国、英国和日本，1839—1952》，伯克利：加州大学出版社，2000年，第40—41页。
③ 参阅朱尔典于1917年11月26日呈送外交部的公函，他在函件中庆幸鸦片贸易终于寿终正寝，他把鸦片贸易看作是卑鄙的行径（英国外交部档案：编号350）；《中国评论周刊》：1920年1月17日，第306—330页。
④ 马士：《中华帝国对外关系史》，前引书，卷3，第436页。
⑤ 《申报》：1906年2月12日，1906年3月16日；《天津大公报》1913年1月19日。1912年，刚刚诞生的中华民国代总统孙中山在颁布有关鸦片的政令时用过"污"这个字，参阅马模贞：《中国禁毒史资料》，前引书，第566—567页。在此后的几十年当中，这几个词汇成为反鸦片斗士常用的术语，比如《拒毒月刊》在1929年曾刊载一篇题为《鸦片与国耻》的文章：《拒毒月刊》：第31期（1929年5月），第28页。

第二章　处于外交关系旋涡中的鸦片

其间有两个重要因素促使中国人认识到,鸦片已让中国陷入民族生死存亡的危险境地。首先,中国在甲午战争中(1894—1895)耻辱性地败给日本,中华帝国再次遭受重大打击,这也促使中国的有识之士去探究为什么中日两国在短短几十年当中,会拉开如此大的差距。他们把目光瞄向了鸦片,因为鸦片在日本属于严禁物品之列,鸦片正是中国走向衰落的罪魁祸首之一。其次,由于赫伯特·斯宾塞的达尔文主义已在知

赫伯特·斯宾塞(1820—1903),英国哲学家、社会学家,"社会达尔文主义之父"。图为其油画像,约翰·麦克卢尔·汉密尔顿绘于1895年

识界广为流传,中国的知识分子把这个问题说得更严重:他们认为鸦片是各种族之间相互斗争所采用的手段,而被鸦片毒化得羸弱的中国人已处于生死存亡的边缘。

1906年秋季,清政府宣布将推行一项逐步停止鸦片生产,并禁止鸦

片消费的计划（十年禁烟计划），我们将在后文详细介绍这项计划，中国从思想层面上开始向现代化的西方开放。然而，这项计划能否得以实施，依然还要取决于与西方外交谈判的结果。实际上，只有彻底杜绝印度鸦片烟的对华进口，这项计划才有实际意义。在这项计划公布后不久，清政府便与英国政府展开了谈判。

1907年12月，两国政府签署《中英禁烟条约》，这是专门针对鸦片而签署的第一个条约。其实这并不重要，重要的是这项条约是在平等的基础上经谈判达成的，而且是在中方倡导下签署的，这也赋予条约一种创新的色彩。条约能达成那样的条款对清政府来说是外交层面上的重大胜利。在谈判中，清政府要求进口关税翻一番，虽然这项要求未能得到满足，但从总体上讲，清政府对条约的各项条款还算满意：中方保证将在帝国范围内削减罂粟的产量，而大英帝国也同意在十年当中逐渐减少印度鸦片的出口量（每年减少一成）。如果三年过后，清政府在禁烟运动中能取得重大进步，双方将就条约的各项条款做进一步谈判。条约从1908年1月1日起正式生效，每年将减少5100箱对华出口的鸦片（以1901—1905年的出口量计算，约为年均出口量的十分之一）。①

二、1911年《中英禁烟条件》

清政府为禁烟作出很大努力，自从1906年推行十年禁烟计划之后，禁烟成效斐然，这让英国人感到极为吃惊。在1910年至1911年，谢立山爵士率调查团前往罂粟主要产区查看禁烟效果，他也坦言承认清政府确实取得很大进步：其中山西、四川和云南省的禁烟成果最为突出（甘肃

---

① 苏智良：《中国毒品史》，前引书，第211—212页；格雷戈里·布鲁《流入中国的鸦片：英国贩毒网》；R.K.纽曼：《印度与英中鸦片条约：1907—1914》，前引文，第535—536页。

第二章 处于外交关系旋涡中的鸦片

和陕西省的禁烟成果要逊色许多）。①这样在1911年中英双方就鸦片问题做进一步谈判时，中方显然处于强势地位，从而要求英国政府做出更大的让步，尤其是英国政府也相信印中之间将很快禁止鸦片贸易，这已成为不可逆转的趋势。②在中国这一边，反鸦片的人士对十年禁烟计划

十年禁烟计划实施后，吸食鸦片就违法了。图为北京的几位烟民在一处地下烟馆偷偷吸食鸦片

的进展并不满意，他们急于看到在全国范围内禁止鸦片的局面。在开始实施十年计划之初，朝廷内很有影响力的高官就倾向于支持缩短禁烟期限。③1910年11月，天津"恢复禁烟主权协会"宣布成立，这充分表明民

---

① 《谢立山爵士转发有关中国鸦片问题报告的新闻报道》，伦敦：哈里逊父子公司，1911年。
② R.K.纽曼：《印度与英中鸦片条约：1907—1914》，前引文，第545—547页。
③ 可参阅云贵总督锡良于1908年8月17日呈递给皇帝的奏折，载于马模贞：《中国禁毒史资料》，前引书，第438—439页。

众中有很多人认为1907年的《中英禁烟条约》已成为尽快全面禁烟的主要障碍。①因此，清政府面临的压力越来越大，各界纷纷要求尽快实施全面禁烟，1911年《中英禁烟条件》的谈判正是在这样的背景下展开的。

经过漫长艰苦的谈判之后，中英双方于1911年5月8日签署了《中英禁烟条件》。条约充分考虑到清政府的各项要求。因此条约规定在1917年限定的日期之前完全停止向中国出口鸦片，要根据具体情况来运作，要一个省份一个省份地落实到实处，在既根除罂粟种植，又无来自外省鸦片的省份，英政府将派员审核，审核确认之后，印度产鸦片也就不能运入该省（第3条）。然而在这第3项条款里仍然规定将保留广州、上海作为鸦片进口的最后口岸，即便在广东省和上海地区鸦片已完全销声匿迹。这项条款看起来令人吃惊，而条约之所以设定这样的条件，说明这两个口岸依然是向内地输送生烟的重要渠道。假如广东省和江苏省的禁烟局势优于全国的其他省份，那么英国商人就有可能失去这两个口岸，而这两个口岸对于英商向中国推销其商品是不可或缺的。清政府获准对印度鸦片增加进口关税，不过地产土烟也要增加税厘（第6条）。自《烟台条约》生效之后，印度产鸦片每箱交纳关税银110两，《中英禁烟条件》则将这一税率增至每箱银350两。

条约还规定为每一箱印度鸦片设立出口准单。②印度鸦片在出口之前要当着一位中国官员的面封箱，并在每一箱上编列号码（第8条）。出口准单的核发数量将依照1907年《中英禁烟条约》的规定逐年递减，直至1917年完全停止（第8条）。

印度口岸只对销往中国的鸦片才实施出口准单制度，而销往亚洲其他地区的鸦片则不执行出口准单制度，这些地区也包括澳门和香港。此

---

① 肖红松：《近代河北烟毒与治理研究》，北京：人民出版社，2008年，第292—293页。
② 1911年《中英禁烟条件》英文版全文现存于英国外交部档案：编号：228/2444。

外,由于获得出口准单的鸦片每年递减5100箱,但无须核发出口准单的鸦片却没有大幅度削减(1911年投标的鸦片达14000箱,而1912年投标的鸦片为13200箱),这两种不同体系的鸦片行市很快就拉开了差距。以1912年8月2日的行市为例,获得出口准单的鸦片投标价格高达每箱5594卢比,而未拿到出口准单的投标价仅为每箱1847卢比。① 因此,当烟商在加尔各答合法地购得鸦片后,经转口贸易(常常经新加坡和澳门)倒一次手,再走私卖到中国就能赚一大笔钱。②

尽管如此,随着中国在禁烟、禁种斗争中取得非凡的成就,1911年所签署的《中英禁烟条件》让人看到合法出口的印产鸦片即将在中国彻底消失的前景。到那个时候,印产鸦片所构成的障碍就再也不会沉重地压在人民头上了,尽管与英国人签署的条约依然迫使清廷在某些省份里(如福建)去调和民众的禁烟热情,正是民众激昂的情绪促使地方当局及有识之士呼吁立即终止鸦片进口。③

三、1913年后清除存药的问题

在1907年《中英禁烟条约》签署之后的若干年当中,所有的鸦片大批发商如内马泽、艾泽拉或沙逊(我们下一章还会谈到这几位商人)都囤积了大量的鸦片,因为他们想借鸦片大幅涨价之机做投机生意。实际上,他们并不相信中国政府是在诚心诚意地禁烟,希望趁着土药迅速减产的机会,趁着中国的有钱人为防备彻底禁烟而备货,再捞上一大笔钱。

但是中国的禁烟斗争所取得的成绩越来越显著,这些商人意识到

---

① 埃克斯档案馆:政治事务,卷宗编号2425/2,法国外交部于1912年9月18日发给殖民部的报告。
② 英国外交部档案:编号371/1925:殖民局与1914年4月24日就澳门土地租赁而起草的函件。
③ 乔伊斯·梅丹西:《钦差大臣林则徐留下的问题:1820—1920年间福建省的鸦片贸易与禁烟行动》,剑桥:哈佛大学出版社,2003年,第205—209页。

他们用高价买来的大批鸦片很有可能卖不出去。此外，英国驻华大使朱尔典也不赞同这些商人的做法，并以更豁达的态度去执行《中英禁烟条件》的条款，轻易就同意部分省份禁止进口印产洋药。市场前景变得越来越渺茫，以至于英国政府主动提出要从1913年5月起，全面停止向中国出口鸦片。①到1914年年底，只有广东、江苏和江西还依然允许进口鸦片销售，存药问题就成为一个烫手的山芋：究竟该如何处理囤积在两个中转口岸（上海和香港）的大批鸦片呢？于是那些鸦片大批发商在权衡利弊之后，决定将他们囤积的鸦片放在一起，并于1913年2月组成一个"烟土联社"。②从那时起，中英两国政府以及烟土联社三方坐下来谈判。英国政府对鸦片商人并没有什么好感，于是便尽可能设法甩掉这些商人，以便能把在签署两个禁烟条约过程中所捞得的道义上的好处维持住。尽管如此，英政府又不能完全撒手不管，让这些商人去听从命运的摆布，因为存药问题所涉及的资产太庞大了，银行尤其是香港的银行为联社成员采购鸦片做了担保，而且当时的采购价格非常高。比如香港上海汇丰银行贷出250万两白银，这笔贷款数额巨大。③如果万一烟土联社无法销掉这批存药，那么该地区的整个金融系统就会崩溃。

1915年4月29日，辛亥革命后掌管中国军政大权的袁世凯任命蔡乃煌为粤赣苏三省禁烟特派员。从理论上讲，他得到授权，将去打击这几个省内非法贩卖鸦片的活动，他的任务就是把烟土联社囤积在上海和香港的6000箱鸦片处理掉。④他与烟土联社的代表达成协议，根据这些协议，中国政府能从每一箱售出的鸦片里获得一大笔钱；作为交换，政府将不

---

① 英国外交部档案：编号881/10428：1913年中国年度报告，由朱尔典起草，写于1914年1月23日。
② 王宏斌：《禁毒史鉴》，前引书，第352页。
③ 格雷戈里·布鲁：《英国贩毒网》，载于《鸦片政权：中国、英国和日本，1839—1952》，前引书，第42页。
④ 苏智良：《中国毒品史》，前引书，第240—242页。

第二章 处于外交关系旋涡中的鸦片

在这三个省份提前行使全面禁烟的法令。①然而,囤积的鸦片根本卖不掉。广东宣抚使龙济光以蔡乃煌所签署的协议为借口,将鸦片买卖垄断起来,从而开创了军阀将鸦片收入窃为己有的先河,到了20世纪10年代中期,各地的军阀纷纷起而仿效。②

1918年6月,有关各方又达成一项新协议。不过这一次代表中国签约的是北洋政府,北洋政府将烟土联社剩余的1756箱存药收购过来,并以包销方式将这批存药全部售完。但这种设想似乎在和支持禁烟的公众舆论唱反调。③迫于舆论压力,北洋政府不得不放弃包销方案,并于1919年1月将购买的全部存药在上海焚毁。④有人认为自1906年起掀起的禁烟运动取得的显著成绩就是在上海焚毁这批存药,其实这种看法是错误的。相反,焚毁举措让人听到禁烟运动的悲鸣,因为自20世纪10年代中期起,中国的鸦片消费死灰复燃,但消费的不是进口的洋药,而是中国自产的土药。对于印度产洋药来说,局势已不可逆转。到了20世纪10年代末期,印度洋药只剩下一个微不足道的非法进口网,仅销往澳门、新加坡和香港,然后再销往中国,从那时起,印产洋药就被当作一种奢侈品了。印度鸦片在中国肆虐的时代已经一去不复返了,而中英两国政府就禁烟所展开的外交谈判也由此告一段落。

---

① 包利威:《一种垂危的毒品史:1906—1936年间广州的鸦片》,前引书,第76—77页。
② 苏智良:《中国毒品史》,前引书,第262页。
③ 英国外交部档案:编号228/3279;《1918年第三季度南京情报报告》。
④ 苏智良:《中国毒品史》,前引书,第241—242页。

第三节　中国融入国际大社会

在第一次世界大战爆发前几年，有关方面举办了两个国际会议，会议的目的并非全面禁止鸦片生产，而是只限于将鸦片应用于医学及科学研究领域。"一战"结束后，全世界建立起新的国际秩序，世界安全意识也得到增强，国际联盟应运而生，国家新秩序鼓舞人们迈向更高的目标。在某些领域里，建立起一种超越国家的立法体系已成为当务之急。贩卖毒品的走私贩子是没有边界概念的，是毒品将他们凝聚在一起。

一、战前国际禁烟会议：中国的外交胜利

作为新兴的世界强国，美国从1909年起便倡导召开国际禁烟会议。反鸦片的团体往往是受传教士们引导，在禁烟运动中发挥着重要作用，他们的活动并未受到任何殖民地外集团势力的阻扰，美国从1906年起便在菲律宾全面禁止鸦片，菲律宾是美国在亚洲的唯一殖民地。美国也是第一个为毒品制定约束性法律条款（1914年《哈里森毒品法》）的国家。美国之所以倡导召开禁烟会议，并非出于利他主义考虑，而是因为美国人认为，中国民众的购买力很大一部分都被鸦片给消耗掉了，他们的产品很难再出口到这个市场上，这种观念在19世纪中叶就已显露端倪。[1]况且美国人也想借此机会改善对华关系，因为自从美国通过针对中国移民的法案（《排华法案》）之后，两国的关系就一直十分紧张。这种歧视性法案招致中国大城市民众的抗议，他们采取行动抵制美国货，

---

[1] E.W.特温：《为争夺鸦片而战》，广州：1909年，万国改良会的宣传册，1909年2月，现存于东京文库（东京），编号：PIII-C-124；艾伦·内森：《鸦片贸易简史、范围及影响》，前引书，第66—67页。

让发展势头正猛的美国贸易遭受迎头痛击。①况且从更广泛的层面上看，美国人也乐于看到欧洲殖民统治的支柱在亚洲土崩瓦解，因为欧洲的殖民统治让美国人难以在该地区扩大自己的影响。实际上，不管是葡萄牙人（澳门）、法国人（印度支那），还是英国人（香港、马来西亚、新加坡当然还有印度），抑或是荷兰人（印度尼西亚），只要把鸦片贸易垄断在自己手里，就能捞到用来管理殖民地所需要的资金。②

万国禁烟会于1909年2月26日在上海召开，共有12个国家的代表参加了这次禁烟会，参加国有德国、奥匈帝国、中国、美国、法国、日本、荷兰、波斯、葡萄牙、英国、俄国以及暹罗。出席会议的有些代表并不是国家委派的全权代表，因此万国禁烟会的决议只能起敦促作用，而没有国家层面上的法律约束效应。实际上，从总体上来看，拥有海外殖民地的西方列强在会议上都有所保留，并竭力去弱化会议的结果及影响。有关这次会议各国代表的磋商过程，法国外交部的档案都有记载，档案所记载的史实读来既有趣味，又有警示意义。法国代表团团长朱勒·拉塔尔（时任法国驻沪总领事）据理力争，希望部分辩论能使用法语，"以（挫败）针对我们法语的小阴谋"。不过，他并未因这份热情而得到表彰，反而却遭到上司的训斥，他的上司认为辩论最好用英语，这样就不会让辩论显露出过多的官方色彩。③

万国禁烟会并未达成一项条约，不过与会代表依然就全面禁烟的必要性作了充分的阐述。尽管如此，会议展现出国际合作禁烟的良好势头，这才是最重要的，禁烟也不再像中英所签署的禁烟条约那样，仅仅依靠政府间双边协议来实施。对于中国来说，能成功举办万国禁烟会本

---

① 王宏斌：《禁毒史鉴》，前引书，第288—289页。
② 卡尔·特罗基：《鸦片、帝国与全球政治经济》，前引书，第137—139页。
③ 法国外交部档案：新案卷，中国事务分卷，第588号卷宗，朱勒·拉塔尔于1909年2月1日和2日撰写的电报稿件，1909年2月2日法国外交部长给驻华公使的批示。

身就是一个巨大成绩。在国际事务中，中国首次与其他列强平等地出现在同一论坛上。会议最终发表了九项决议书，决议书的第一项就是对中国政府坚决的禁烟态度以及日见成效的努力给予充分的肯定。①

在美国的倡导下，第一次海牙国际禁烟会议于1911年12月1日召开。这一次来自德国、中国、美国、法国、意大利、日本、荷兰、波斯、葡萄牙、英国、俄国以及暹罗的代表都是各国委派的全权代表，尽管如此，会议就禁烟问题所达成的公约依然显得不够果断："各缔约国将依各国的实际情况，采取措施逐渐禁止鸦片烟膏"（条约第二章第6条）。各国代表决定开始管制合成毒品，并由签约国代表各自决定如何采取管控举措，但并未考虑设立国际组织去监控。这恰好是第13条的主要内容："各缔约国将尽力采取措施或通过立法采取措施，不得从各自国家、领地、殖民地及租界向另一缔约国及其领地、殖民地及租界出口吗啡、可卡因及其他相似药品，上述药品只能送交给进口国法律规定许可的个人或组织。"②

二、国际联盟与鸦片

时光进入20世纪20年代之后，中国的禁烟外交也迈入一个新纪元，在此阶段里，由于10年禁烟计划（1906—1916）取得了突出成绩，有人便对此提出质疑，中国对此不得不采取防守的策略。国际社会也不再相信鸦片会在不久的将来在中国彻底绝迹。

在20世纪20年代初期，北京政府的外交代表在国际联盟宣称，中国政府无力在其领土上管控鸦片交易，"因为某些外国列强的在华人员享

---

① 《国际反鸦片委员会报告》，前引书。
② 法国外交部档案：1918—1929年亚洲案卷，一般事务分卷，第51号卷宗。

有治外法权的特权"。①1928年,国民党已将中国的军政大权控制在自己手里,其中央政府也成为可以信赖的政权,从而让中国的声音再次为世人所关注,但中国所采取的守势策略并没有改变。在鸦片和其他危险毒品贩运顾问委员会第12次会议(1929年1月)上,中国代表的发言极有代表性:"租界的旗帜掩盖着最丑恶的交易,租界有可能成为毒害的策源地。中国的知识界及崇尚自由的人士一直在呼吁,只有彻底取消治

1935年天津的意大利租界,其中高耸的建筑为意大利租界纪念塔

外法权,才能从根本上解决鸦片的问题,特别是解决毒品非法交易的问题。"②有些殖民地如澳门或广州湾的法国租界地都被指控为毒品走私大开方便之门。人们注意到,中国外交官总是反复利用鸦片贩运的理由来呼吁废除治外法权体系,取消外国租界,这是20世纪初中国外交的首

---

① 法国外交部档案:1918—1929年亚洲案卷,一般事务分卷,第55号卷宗,特里皮耶于1924年8月20日撰写的报告。
② 法国外交部档案:1918—1929年亚洲案卷,一般事务分卷,第54号卷宗。

要目标之一。尽管如此，在第二次世界大战爆发前几年，这项策略发生了一些转变。中国将治外法权以及外国租界问题降至次要地位，以揭露日本在华所扮演的角色，揭露日本在东北地区"毒化"中国人民的罪行。那时候，中国不惜一切代价要和西方列强结盟，以阻挡日本的狼子野心。当1937年全面抗日战争爆发时，各界都将抨击矛头指向日本，纷纷揭露日本的侵华罪行，而欧洲列强于1943年同意放弃其在华的租界及特权。

此外，那个时候有一种观念开始崭露头角，我们对这一观念太熟悉了：人们意识到，有些问题比如毒品交易（还有诸如贩卖妇女和儿童的问题）只能依靠国际合作才能解决。同贩卖人口问题一样，毒品也是国际联盟竭力解决的一个问题，因此，国际联盟特设专门机构，并建立一种国际协调体系，仅允许将麻醉剂应用于科研及医学领域。为此，国际联盟于1921年创立了鸦片和其他危险毒品贩运顾问委员会。①

在国际联盟的各个机构里，中国在有条不紊地施展自己的外交策略，而美国则不断地施加压力，敦促各西方列强去承担自己应尽的义务。西方列强一直不愿意作出最终决定，总是找各种理由做借口，声称依照法国在印度支那所采取的策略，由国家对鸦片实施专卖，这是逐渐根除鸦片的最佳方案，况且立即全面禁止鸦片只会有利于中国的鸦片走私活动，因为中国的鸦片产量一直在快速增长。

在1924年11月至1925年2月举行的日内瓦国际禁烟会议上，摆在各国代表面前的中心议题就是为结束东方殖民地的鸦片专卖确定一个时间表。会议并未就西方列强所应尽的义务达成一致意见，因为欧洲列强要求中国大幅削减土药生产。然而，中国显然无法取得这样的成果，因为中国连有效的统计数据都提供不出来。但中国对合成毒品的问题尤为敏

---

① 法国外交部档案：国际联盟案卷，总干事分卷，第1634号卷宗。

感,对各国只关注鸦片问题感到极为不满。美国代表见会议很难就限制鸦片生产取得一致意见,便于2月6日退出会议。①

日内瓦禁烟会议确认中国的处境已发生变化。中国既不是印度产鸦片的受害者,也不是禁毒斗争的好学生,在会议的辩论过程中,国际社会确信中国已成为世界上最大的鸦片生产国。②各国都将抨击矛头对准中国,面对这样的局面,中国也退出会议,并提出申辩,称在亚洲的西方列强并未就结束鸦片专卖确定一个时间表。尽管如此,日内瓦禁烟会议还是作出决定,要设立一个鸦片常设中央委员会,不过迟至1929年该委员会才正式挂牌办公。鸦片常设中央委员会负责"时刻监督毒品市场的动向",同时还负责搜集有关鸦片生产、消费及交易的情报,核实各国的统计数据,各国应根据自己的正当需求(用于医学及科研)来估算实际需要量。③

在会议期间,英国提议派遣一个调查委员会前往亚洲,以便提前为下一次国际会议做准备。20世纪20年代末期,这一提议得到落实。远东鸦片调查委员会(1929—1930)又称埃克斯特朗委员会,由三名成员组成。除了瑞典外交官之外(委员会以他的名字命名),还有一个捷克斯洛伐克人和一个比利时人。④西方列强欢迎调查委员会前往其殖民地(台湾、香港、新加坡、印度支那)调查,因为各列强希望通过调查,委员会成员就会发现,只有专卖才能有效地控制鸦片消费。但这一设想

---

① 莱斯利·布尔:《鸦片国际会议》,《外交》杂志,第3卷,第4期(1925年7月),第70—79页。
② 托马斯·戴维·兰斯:《中国及鸦片国际政策,1900—1937:改革的影响,财政收入以及不平等条约》,博士论文,安娜·哈博ħ出版社,1981,第2—12页。
③ 法国外交部档案:国际联盟案卷,总干事分卷,第1636号和1637号卷宗。
④ 同上,1641号卷宗,国际联盟法国事务部,写于1929年3月8日的报告。在远东鸦片调查委员会创立时,埃克斯特朗任瑞典驻阿根廷公使,他就解决希腊与土耳其之间的民族纠纷发挥出重要作用。调查委员会的另外两个成员是比利时偿还国债基金主任和捷克前驻巴西大使约翰·哈弗拉萨。

让中国感到不爽,中国感觉再次成为众矢之的,因为调查委员会只调查鸦片,而对合成毒品不闻不问,况且只把调查区域限定在远东地区。由于中国怀疑调查委员会的出发点不公平,因此拒绝该委员会前往中国调查。①在调查结束之后,埃克斯特朗委员会毫无悬念地作出结论,认为可以采用专卖制度,将烟民登记在册,发放吸食鸦片许可证等限制性举措,以逐步过渡到全面禁烟,这一结论显然有利于西方列强。②

1931年11月,国际禁烟大会在曼谷举行,以上海万国禁烟会为发端而召开的一系列国际会议最终在风云突变的局势中落下帷幕,此前一个十年期的国际安全幻想在铁蹄的践踏下化为泡影。中国不想在会议期间再次成为众矢之的,于是便借故缺席此次会议,而美国只派一个观察员出席,以至于这次国际会议倒更像是雄霸亚洲的西方列强俱乐部会议(只有暹罗不是西方列强,但暹罗也对鸦片实施专卖制度)。实际上,这次会议在很大程度上照搬了埃克斯特朗委员会的结论,因为该委员会的报告确实是对在殖民地实施鸦片专卖有利。会议结束后发表的备忘录抨击了中国的局势,指称这一局势让"根除吸食鸦片习惯的决定性举措变得难以实施"。在亚洲推行鸦片专卖的西方列强绑架了这次国际会议。③

实际上,在20世纪20—30年代举办的一系列禁烟国际会议上所取得的成果都和鸦片无关,唯一的成果就是建立起一个控制合成毒品的体系。限制麻醉药品制造的国际会议于1931年在日内瓦召开,这表明禁烟的注意力已转移到这类合成毒品上。国际社会确信很难在短期内彻底禁

---

① 包安廉:《民国时期的中国人和鸦片:比洪灾和野兽更险恶》,奥尔巴尼:纽约州立大学出版社,2007年,第71—73页。
② 法国外交部档案:1930—1940年亚洲案卷,一般事务分卷,第107号卷宗;《中国评论周刊》:1931年10月24日,第299页。
③ 法国外交部档案:1930—1940年亚洲案卷,一般事务分卷,第107号卷宗,法国驻华公使于1931年11月27日写给外交部长的信函。

止鸦片种植，因此应该把控制的重点转向合成毒品。1932年，在西方合法的市场上合成毒品已难觅踪影。全球将对麻醉药品实行严格的控制，麻醉药品只限定在医学界使用。①虽然合法的麻醉药品成功地按医学需求来生产，但有人依然在暗地里进行走私的勾当。

第四节 日本人"毒化"过中国人吗？

当今中国史学家纷纷揭露日本人在租界所实施的毒品策略，揭露日军在1931—1945年侵华战争中所占领的土地上实行毒化政策，他们的檄文得到人们的赞赏，也引起许多人的评论。为此，我们是否可以从中得出一个结论，即日本人有计划地对中国民众实施毒化政策，以削弱中国人的斗志呢？在20世纪30年代，尤其是在整个战争期间，毒化政策这个词汇总是屡屡出现在报刊文章上，国民党和共产党都争相去引用这个词。②

第一次世界大战期间，战场上需要更多的止痛药（尤其是吗啡），日本制药工业趁机崛起。战争结束后，欧洲的制药工业恢复正常，因此日本制药工业不得不面对激烈的竞争，因为其产能已大大超过市场需求。日本走私犯开始将本国市场上多余的麻醉药品运往中国。在20世纪20年代，麻醉药品的走私活动相当猖獗，从而引起西方国家的注意，西方国家试图敦促日本政府限制麻醉药的生产，禁止走私活动，但没有取

---

① 托马斯·戴维·兰斯：《中国及鸦片国际政策》，前引书，第178—179页。
② 对于共产党方面的资料，可参阅共产党于1940年3月25日颁布的禁烟公告，以及1945年5月11日发布的禁止在西北边区从事进口毒品交易的命令，载于马模贞：《中国禁毒史资料》，前引书，第1609—1610和1625页；《新华日报》，1941年6月3日。对于国民党方面的资料，可参阅蒋介石于1940年12月31日在重庆所作的演说，载于马模贞：《中国禁毒史资料》，前引书，第1246页。

得成功。①

然而这只是走私犯们作恶的开端。他们在日本影响力较大的两个地区尤为活跃。一个是福建省，福建与台湾的联系极为密切，甲午战争后，台湾被日本人占领，台湾人拥有日本国籍，有些台湾人便在福建省内贩运鸦片，制造吗啡，开设大烟馆。②

另一个就是中国的东北地区，这里显然是日本侨民的主要活动区域。从1922年起，天津日租界成为该地区毒品交易的中转站，5000多日

天津毒品交易中转站：日租界

本侨民当中大多数人都干起了毒品交易的勾当。③1929—1930年，根据东

---

① 约翰·詹宁斯：《鸦片帝国：日本帝国主义与亚洲的毒品交易，1895—1945》，伦敦：普雷格出版社，1997年，第41及108—109页。
② 《拒毒月刊》：第87期（1935年），第30—31页；第88期（1935年），第39—40页；第96期（1936年1月），第1—3页；第98期（1936年3月），第30—31页；第99期（1936年4月），第31页。
③ 约翰·詹宁斯：《鸦片帝国》，前引书，第53页。

京的指令，日本有关方面采取某些敷衍对策，以约束天津毒品贩子们的活动，才让他们多少有些收敛。①在20世纪30年代初期，日租界里所有的饭店都贩卖毒品。其中有两家大饭店（得意楼和新旅社）甚至把房间都租给烟贩子，烟贩子就把饭店的房间改造成小型烟馆。两家饭店共有250间这类小烟馆，烟鬼们进进出出，好不热闹。任何一个日本地痞流氓都能开办一家小烟馆，因为他不但享有豁免权，而且只要花上十几块大洋就能把这生意开起来。②在20世纪30年代中期，法国驻天津总领事认为日租界里至少有5家制作吗啡和海洛因的作坊，他还有一份在日租界里贩卖这两种毒品的商铺清单，这类商铺共有221家，都由朝鲜人在管理。③

在中国的领土上，毒品贩子不会感到局促不安，因为即使被警察抓到了，由于他们享有治外法权，也只能被移交给驻在国的领事机构，而领事机构通常会立即将他们释放出去。④从20世纪20年代初起，法国外交官就注意到日本人走私毒品的活动越来越猖獗，他们将这一情报写入报告之中。1931年夏季，在中国地界的长春，日本人开设的鸦片烟馆竟有1500家之多。⑤日本毒品走私贩子甚至将触角延伸到河北省，无论是在北京，还是在石家庄，或是在省内其他小城市里，毒品销售都控制在这些走私贩子手里。在石家庄有47家贩卖吗啡及海洛因等麻醉药品的店铺，所有这些店铺都是日本人开设的。⑥

在中国北方从事毒品买卖的这些"日本人"其实都是朝鲜人，自

---

① 小林元裕：《天津日侨的毒品交易》，载于《鸦片政权》，前引书，第157—158页。
② 《拒毒月刊》：第60期（1932年11月），第63—64页。
③ 法国外交部档案：1930—1940年亚洲案卷，一般事务分卷，第112号卷宗，法国驻天津领事于1935年9月11日写给法国驻华大使维尔登的报告。
④ 约翰·詹宁斯：《鸦片帝国》，前引书，第58—59页。
⑤ 《拒毒月刊》：第51期（1931年8月），第5页。
⑥ 《拒毒月刊》：第36期（1929年12月），第27页。

1910年朝鲜被日本吞并之后,朝鲜人也就变成日本的臣民。这么多朝鲜人在华从事毒品交易活动,单单用朝鲜地理位置靠近中国是解释不通的。日本在朝鲜殖民统治政权实行新的土地资产政策,大肆掠夺小地主的土地,让他们沦为佃农。这些变得极为贫困的农民由于没有别的出路,只好来中国碰碰运气。①

1931年9月,日军发动"九一八"事变,用武力攻占了辽宁(此前称奉天,自1929年起改称辽宁)、吉林和黑龙江。第二年,日本人在东三省建立起傀儡政权——伪满洲国,并将大名鼎鼎的溥仪扶上伪满洲国皇帝的宝座。②从20世纪30年代末起,越来越多的证据表明,在其所占领的地区,在其直接实施殖民统治的地区(广东日租界),或在其以不同方式扶植起来的伪政权管辖地(伪满洲国、伪蒙疆),日本人的种种行径绝对是厚颜无耻。1938年6月13日,在国际联盟鸦片顾问委员会第23次会议上,美国代表司徒·福乐直言不讳地抨击日本在中国东北所扮演的角色。③1937年,日军发动卢沟桥事变,将这一战争局势扩展到更辽阔的地域,将整个中国东部地区都置于日本人的统治之下(往往依赖于亲日伪军的协助)。沦陷区与中国西部省份的交往也因战争而中断,西部省份建立起自己的进货渠道,而东部沦陷区则通过日军从朝鲜和波斯进口鸦片。

日本当局及其傀儡伪政权所实施的鸦片政策与各地军阀,甚至与国民党所实行的鸦片政策十分相似,这是不争的事实。这些政策当中还包括对消费实行控制的举措。1932年11月,伪满洲国宣布对鸦片实行专卖

---

① 小林元裕:《天津日侨的毒品交易》,前引文,第158页。
② 露易丝·扬:《日本之完全帝国:"满洲国"及战时帝国主义文化》,伯克利:加州大学出版社,1998年,第40页。
③ 司徒·福乐:《鸦片及毒品在中国泛滥是谁引起的,为什么会出现这样的现象,这一现象又是如何产生的》,在国际联盟鸦片顾问委员会第23次会议上的发言,反鸦片情报局,日内瓦。

第二章　处于外交关系旋涡中的鸦片

溥仪（1906—1967）任伪满洲国
（1934—1945）皇帝时的照片

制度,并声称实施统购统销政策是为了抑制鸦片消费,他们不但让烟民注册登记,而且还颁发吸食许可证,控制鸦片生产。①人们完全有理由怀疑,这些举措是否确确实实得到贯彻执行呢?总之,尽管日本人对其鸦片政策并未感到局促不安,但没有任何证据表明他们是在刻意执行削弱中国人斗志的计划。尽管如此,日本人所采取的策略与中国当局所执行的政策有着本质区别,这一区别最重要的一点是:日本人对吗啡及海洛因采取更宽容的策略,有时甚至给予这两种毒品合法化的地位,伪满洲国在1937年7月就是这样做的。那时候,所有经注册登记并获得许可证的吸毒者都可以在官方许可的店铺里买到这类毒品。②在沈阳、哈尔滨和承德甚至还有合法的制作吗啡和海洛因的工厂,③而朝鲜人则在河南大肆开设贩卖毒品的店铺。④到了1938年夏季,天津有8家制作海洛因的工厂,而北京竟然有10家工厂。⑤

20世纪50年代初期,共产党掀起大规模反毒品运动,这也是为了配合反对帝国主义的斗争,这与共产党在解放战争期间所采取的策略形成鲜明的对比。1950年6月,朝鲜战争爆发,战后的冷战格局演变为直接的冲突,美国和中国事实上都已卷入这场战争。中美双方以严厉的措辞激烈交锋,相互指责对方使用毒品。⑥随着20世纪50年代初大规模禁烟运动取得巨大成绩,在接下来的30年当中,中国抓住一切机会去宣传其在禁毒方面所取得的成就,并骄傲地宣称中国已成为"无毒国家"。这不

---

① 约翰·詹宁斯:《鸦片帝国》,前引书,第81—88页;司徒·福乐:《鸦片及毒品在中国泛滥是谁引起的……》,前引文,第2—3页。
② 约翰·詹宁斯:《鸦片帝国》,前引书,第88页。
③ 司徒·福乐:《鸦片及毒品在中国泛滥是谁引起的……》,前引文,第6页。
④ 李秉新:《近代中国烟毒写真》,前引书,上册,第484页。
⑤ 《关于日本侵华占领区里毒品局势的备忘录》,法国驻上海总领事写于1938年8月31日的报告之附件(载于《1910—1941年间的鸦片贸易》,第6卷)。
⑥ 周永明:《20世纪中国禁烟历程:民族主义、历史及国家政权建设》,兰哈姆,罗曼和利特菲尔德出版社,1999年,第101—104页。

第二章　处于外交关系旋涡中的鸦片

但是在拿中国共产党同前政权相比,前政权在禁毒问题上可谓是一败涂地,而中国共产党却在短短几年内就彻底解决了毒品问题;而且也是在同没落的西方相比,因为毒品正在侵蚀着西方社会。

虽然鸦片已在中国销声匿迹,但鸦片却是让中国融入国际社会的重要因素。只是到了20世纪80年代初叶,毒品在中国又呈死灰复燃之势,中国也不再宣称自己是"无毒国家"了。

鸦片并非仅与19世纪中叶帝国主义的侵华阴谋联系在一起,而是在对外关系中也起到一定的作用,它反映出在那段时间里,中国与世界的关系正在发生转变。在藩属国向中国进贡的贡品里鸦片也赫然在列,不管这是不是传说,但这确实代表着一种国际关系的观念,即中国是优于其他国家的宗主国。鸦片战争终结了这种国际秩序,并用所谓平等的国际关系来取代宗藩国关系,到了19世纪下半叶,打着要中国"开放"的借口,帝国主义列强越来越放肆地提出厚颜无耻的苛刻条件。虽说鸦片贸易是导致1839年中英冲突的因素之一,但这一冲突其实源于更深层面上的原因,鸦片在帝国主义侵华行动中的作用被历史文献夸大了。

1839年,英国舰队在广州外洋示威,以鸦片贸易为导火索的中英冲突全面爆发

中国外交若依照平等原则展开，就需要放弃帝国原有的模式，因为帝国一直希望能走中庸之道。人们可以说，帝国正在逐渐地学习掌握这一新模式，因为中国只是在19世纪70年代中期才向外国派出第一批常驻外交使节。①封建帝制瓦解前的最后几年表明，中国已完全掌握了新规则，因为令人感到出乎意料的是，中国在这个舞台上取得重大的外交胜利，与英国于1907年和1911年先后签订了两项禁烟条约。外交也给中国带来好处，因为在民国时期，中国将其外交技巧发挥得淋漓尽致，取得极为显著的成绩，这一段史实往往被人忽略了。实际上，虽说中国并不是一个强国，但民国依靠明智的治理手法，将边远省份，甚至将最新纳入中华大家庭的边疆省份也聚拢在中央政府周围（所谓最新也是与中国悠久的历史相比而言），只有蒙古北部地区除外。②民国甚至取得突破性的成果，比如废除外国人在华治外法权，收回外国在抗日战争期间获取的租界。在1943年11月22—26日于开罗举行的国际会议上，蒋介石信心十足地坐在丘吉尔和罗斯福身边，③这表明中国已跻身于世界强国之列，这一地位很快就落到实处：中国获得联合国安理会常任理事国席位。

---

① 艾文博：《清朝的海外劳工政策》，台北：华文资料中心，1982年，第376—377页。
② 柯伟林：《中国的国际化》，载于《中国季刊》，第150期（1997年6月），第443—458页。
③ 陶涵：《大元帅：为现代中国而奋斗的蒋介石》，剑桥：哈佛大学出版社，2009年，第245—252页。

第三章
宏观经济影响

至于说鸦片对经济所产生的副作用，这个问题根本不必争论。[1]

中国官方历史文献表明，鸦片贩运网让贪官、外国租界当局、军阀、土财主、黑社会捞足了好处，大家普遍认为旧社会所有的弊端都和这些人有关，鸦片当然也让国民党还有日本人获利颇丰。人们往往也对那些"败家子"指指点点，这些倒霉蛋被毒品弄得倾家荡产。反鸦片的报刊杂志则竞相去报道因吸鸦片而导致家破人亡的案例，并强调指出，把购买毒品当作迫切需要是绝对应该遭受谴责的举动。有些吸鸦片的人没有别的谋生手段，只好卖儿鬻女，逼迫自己老婆出卖肉体，甚至把所有家产都拿去抵押，就为能抽上一口大烟。[2]不过，把民众说成是唯利是图者的牺牲品，倒更像是出于意识形态方面的考虑，而非从问题的复杂性入手去考量整个局势。

回答"谁会从鸦片里获利"这样一个问题，肯定不是一件容易事，因为许多人都会从中或多或少获得一些利益，其中包括那些生活并不富裕的人。此外，清末有一种很流行的说法，称吸食鸦片会让有钱人拿出自己的部分财产，把它花费出去，也算是对社会整体做的善事，这种说

---

[1] 雷克吕和奥内奇姆：《中央帝国》，巴黎，阿歇特出版社，1902年，第540页。
[2] 《图画日报》：第369—380期（1910年）。

法显然是在为鸦片消费涂脂抹粉。①农民的例子最典型，他们都想种植最赚钱的农作物。鸦片还能连带产生一系列经济活动，许多城里人就靠鸦片来养家糊口，其中有烟馆的堂倌，有制作烟具的匠人，还有贩卖烟具的商人。在20世纪30年代中期，有一篇介绍重庆的报道，那时重庆刚刚宣布要关闭鸦片烟馆，1500多家烟馆及57家制作烟膏的作坊都被关掉了，烟馆及小作坊的老板及员工一下子都失业了，至少有16000人失去了养家糊口的生路，对于一个总人口只有26万人的城市来说，失业者的数目是非常庞大的。②至于说那些坐落在鸦片贩运路线上的小城市，鸦片生意对城市的影响就更大了，人们甚至到处都能看到娱乐场所，这与城市本身的规模极不相配。在帝国的某些大城市里，同鸦片相关的经济活动明显占据很大的分量。比如在苏州，人们往往认为同其他城市相比，鸦片在经济活动中不会发挥多大作用，然而自1906年清政府掀起大规模禁烟运动之后，禁烟政策给苏州带来意想不到的影响。当时苏州有一个新开发的街区，里面汇集着许多家大烟馆，清政府将这些烟馆全部关闭，一年之后，那里的房地产业也陷于崩盘的境地。③

这些例子充分表明，在短短几十年之内，鸦片竟然在中国的经济活动中占据了十分重要的地位。所有反对鸦片的人并不满足于把这些事实记录下来，他们从中看到一个十分严重的问题，而且将鸦片各种有害的副作用一一指了出来。

最先引起人们警觉并招致各方猛烈抨击的，就是鸦片对外贸盈余所

---

① 戴沙迪：《鸦片，闲暇，上海：城市消费经济》，载于《鸦片政权：中国、英国和日本，1839—1952》，前引书，第171—179页。
② 《拒毒月刊》：第88期（1935年5月），第25—27页；麦克艾萨克·李：《民族之城：战时首都——重庆》，载周锡瑞（主编）：《重塑中国城市：现代性与民族特性，1900—1950》，檀香山，夏威夷大学出版社，2000年，第175页。
③ 柯必德：《20世纪初期苏州的花柳区》，林美莉、康豹、巫仁恕主编：《从城市看中国的现代性》，台北："中央研究院"近代史研究所，2010年，第156—157页。

造成的负面影响,因为朝廷把大量的白银都用来进口印度鸦片了。

从19世纪中叶起,鸦片对宏观经济造成的影响已扩展到各个方面。那时候,人们已很难估量出鸦片在多大程度上影响着各行各业的人,恰如陕西省的一位高官在1886年所描述的那样:"(鸦片)让农民不再耕地,让女人不再织布,让文人不再钻研,让工匠不再创作。"[①](换句

19世纪80年代的鸦片吸食者,他们一进烟馆,离破产也就不远了

说,鸦片阻碍了生产力)我们将在下文用实例来证明,就在那个时候,鸦片的贩运网已渗入到帝国的内贸体系之中,对各地区以及地区间的贸易平衡造成深刻影响。于是问题便出现了:鸦片是否以这样或那样的方式,并仰仗资本积累,促进了各地区的经济发展呢?鸦片贩运网的发展

---

① 1886年叶伯英写给皇帝的奏折,载于马模贞:《中国禁毒史资料》,前引书,第329页。

是否为增加税收提供了机会呢?通过这些文史资料,我们将会看到,虽然鸦片在经济方面发挥着重要作用,但它对经济影响所带来的害处却值得深思。

第一节 鸦片对外贸盈余的影响

西方人总是认为,造币权应与公共权力紧密地联系在一起,带着这种观念的西方人在看待中国金融体系时,会深感困惑不已。实际上,清代朝廷无意控制钱币的铸制,很大一部分钱币都是由私营钱局铸制的,而外国钱币也可以在大清国里流通。在宋朝(920—1729)和元朝(1206—1367)时,纸币已十分流行,但大清帝国却放弃使用纸币,因为纸币并未给后世留下美好的记忆。① 价值不高的铜钱由朝廷的钱局铸制,或由私营钱局铸造,钱币用铜、锌和白铅合成后制成,也有少量的钱币是用铜和锡合成后铸制的。铜钱一般都用于购买日常用品。对于其他类型的支付工具,朝廷并不干预:比如白银,白银通常制成银锭或银圆。在大宗交易及纳税时,官方要求必须使用白银。从理论上讲,1000枚铜钱可兑换一两(37克)白银,但实际上,这一兑换率会依照这两种支付工具在市场上的表现来浮动。

在18世纪,欧洲商人用美洲西班牙白银来支付从中国购买的商品,尤其是购买中国的茶叶,以供应英国市场,因为英国人喜欢喝茶,中国因此而获得大量的白银。② 这个天赐的礼物就像是神的恩惠,伴随着滚滚

---

① 罗威廉:《钱币,经济及道光年间有关钞币辩论的政策》,《清史公论》杂志,第31卷,第2期(2010年12月),第72—73页。
② 迈克尔·格林堡:《鸦片战争前的中英通商史:1800—1842》,前引书,第3—9页。

白银而来的是人口的增长和经济的飞跃。

然而到了19世纪，整个局面发生了逆转。根据路易·德尔米尼的研究，自1815年起，白银开始流出中国。到了1825年，中国的外贸就变成逆差了。1826—1840年，从中国流出的白银竟达8000多万元，而流入中国的白银仅为1200万元。① 本应在货币流通当中发挥重要作用的白银都流向海外，它所产生的副作用十分可怕。连续多年进口鸦片造成白银匮乏，也让铜钱形成贬值之势，换句话说，只有付出更多的铜钱才能兑换一两白银。在河北宁晋，1810年用1040枚铜钱就能兑换一两白银，然而在经过经常性贬值之后，到了1838年，则要花上1637枚铜钱才能兑换一两白银。② 而钱局铸制的铜钱品质每况愈下，也让这铜钱变得更不值钱。③ 钱币贬值带来严重后果，尤其是让社会底层民众（农民、工匠和士兵）的生活变得更加困难，他们凭劳作换来的报酬都以铜钱来支付，但在纳税、交纳房租以及购买耐用品时则要用白银支付。尽管如此，人们完全有理由相信，问题并不是由铜银比价差造成的，而是因为白银这么快就都流失掉了，况且金融市场上白银奇缺还引起通货紧缩的可怕后果。

当时人们已清醒地意识到金融市场已严重失衡。正如多篇优秀研究成果所证明的那样，日益增长的进口鸦片只是整个恶劣局势的冰山一角。实际上，应该把国际市场上白银减少的因素也考虑进去，由于南美爆发独立战争，白银的开采量锐减，当然还有其他国际贸易的影响，尤其是茶叶和丝绸的出口量大幅减少。然而，当时知识界的精英却一致认为，大量的非法进口鸦片对恶劣的金融局势起着推波助澜的作用。因此，在19世纪30年代，朝廷内就给予鸦片什么样的地位发生争论，争论在很大程度上围绕着经济后果而展开，争论的双方各持己见，一方主张

---

① 路易·德尔米尼：《中国与西方：18世纪广州的对外贸易》，前引书，第1340—1341页。
② 林满红：《银线·19世纪的世界与中国》，剑桥：哈佛大学亚洲中心，2007年，第123页。
③ 同上，第72—73页。

严禁,另一方则倡导弛禁。

然而,贸易逆差的状况只持续了很短一段时间。正如日本历史学家滨下武志所指出的那样,从19世纪50年代起,白银再次更多地流入中国。① 其中的重要原因就是中国很快又开始大量出口丝绸和茶叶。② 后来人们才发现,1820—1830年的经济危机主要是由出口放缓以及印度鸦片大量涌入中国造成的。不过,事实还是很有说服力的:1868—1886年,每年进口印度鸦片的价值约为1808—1856年进口鸦片价值的四倍。尽管如此,1868—1886年有5.04亿银元流入中国,但在1808—1856年间,却有3.84亿银元流出中国。③

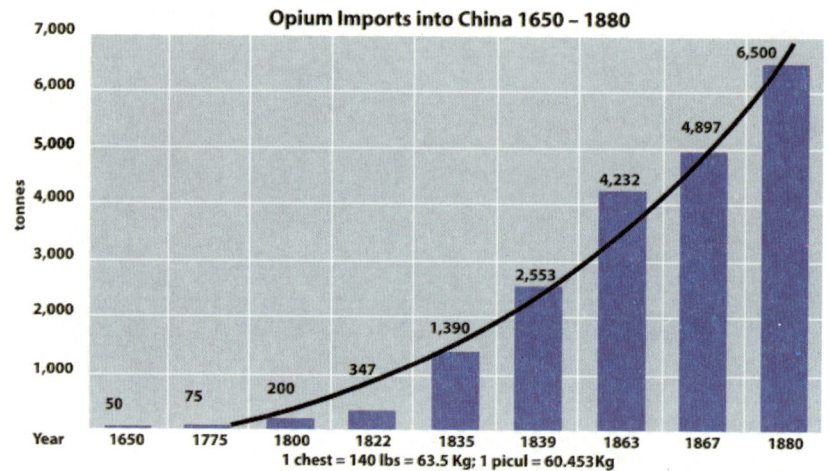

1650年到1880年输入中国的鸦片的数量变化(1箱=140磅=63.5千克;1担=60.453千克)

在19世纪末叶,中国土药的生产发展得极为迅猛,而印度洋药的进口则呈现出停滞不前的征象。天津的洋药进口量就印证了这种总趋势:

---

① 滨下武志:《1810—1850年间中国的外贸财政》,载于顾琳及克里斯蒂安·丹尼尔斯编:《中国之国家与社会》,东京:东京大学出版社,1984年,第389页。
② 林满红:《银线·19世纪的世界与中国》,前引书,第96—107页。
③ 同上,数据见第76—78页及94—95页。

第三章 宏观经济影响

在19世纪60年代整个10年当中，印度洋药的进口量持续增长，在整个进口物资中的占比非常大（1866年为48%），每年的进口量都维持在一个相当高的水平上（5000—7000箱），这一进口数量一直维持到19世纪70年代中期。从那时起，洋药进口量便开始下降，进入19世纪80年代后，进口量下降得越来越快。到了19世纪90年代初期，进口量还能维持在每年1500箱的水平上，但此后进口量又开始下降。1898年，河南和陕西遭受自然灾害，罂粟的收成也受到影响，这才稍稍遏制住洋药进口下降的趋势，1899年洋药的进口量略有回升（只相当于19世纪90年代初期的水平）。然而，这场自然灾害也表明直隶省用土药取代洋药的趋势既迅猛又不可逆转。在20世纪上半叶，每年洋药的进口量不超过500箱。洋药进口量衰落得非常快，在19世纪最后25年中，洋药进口量已减少了九成。①

就全国范围来看，1870年土药的产量似乎已和洋药的进口量持平（70000箱）。印度洋药的进口量在1879年达到峰值（95000箱），此后便开始持续下降，洋药显然不可能再从日益增长的鸦片消费中捞取好处了。②从19世纪80年代起，许多地区不再购入进口洋药，转而从远离港口，且与土药产地毗邻的地区购入土药。因此，在1880年，鄂西地区就不再进口洋药了。当地出产的土药或来自四川的土药已能满足那一地区的需求。③不过沿海地区因远离内陆土药产地，则依然选用洋药。

在外国进口货物总价值当中，鸦片所占的比重越来越少，这与中国外贸的迅猛发展及商品多样化的局面形成鲜明的比照。在1890年前后，鸦片已不再是中国进口的首要物品了，正如中国著名革新派人物康有为

---

① 肖红松：《近代河北烟毒与治理研究》，前引书，第81—84页；《十年期报告：1892—1901》，下册（南方口岸），上海：海关总税务司署统计科，1906年，《天津海关十年报告》，第542页。
② 皇家鸦片委员会：《为皇家鸦片委员会所作证据记录》，第2卷，第390页。
③ 英国外交部档案：编号233/92：英国驻宜昌领事于1880年12月5日撰写的报告。

在1895年5月发动"公车上书"①时所写的那样:"洋药每年掠我财富银3300万两,国人对此皆恨之入骨。但殊不知洋线洋布每年竟搜刮我国银5500万两?"康有为对此有着很清醒的认识。1895—1904年,中国从大英帝国进口的货物当中,鸦片所占的比重由17%下降至10.8%。②在此后的20年当中,洋药在外贸当中所占的比重越来越少,最终到民国时期就基本上完全消失了,在民国时期,市场上的鸦片都是中国自产的土药,只有极少数瘾君子还热衷于享用高品质的印度洋药。

不过,即使在清末最后几十年当中,鸦片开始做到自给自足,但土药依然给区域贸易带来间接的负面影响,这一负面影响往往是潜移默化的。实际上,罂粟在和粮食作物如稻米及小麦抢占耕地,国家不得不进口粮食,以弥补粮食产量的缺口。爱德华·斯莱克用一种非常简单的算法,推算出1921—1935年,中国所进口的粮食一半以上都是为了弥补因耕地种植罂粟而造成的谷物短缺。③

不种农作物而改种罂粟的问题表明,越来越多的耕地用于种植罂粟显然不仅仅只对外贸产生影响。在一个农民占人口总数四分之三的国家当中,农村经济正在蒙受因罂粟种植不断扩大而引起的冲击。

第二节　鸦片生产及农村经济

虽然有些历史文献表明中国在很早以前就开始种植罂粟,比如贵州

---

① 1895年5月2日,康有为联合在京参加会试的各省举人撰写了《上皇帝书》,他在这篇文章里提出一项改革纲领,以振兴中国:参阅由戴鹤白翻译的法文文本(巴黎友丰书店,1996年)。
② 王宏斌:《禁毒史鉴》,前引书,第289页。
③ 爱德华·斯莱克:《鸦片、国家与社会》,前引书,第15页。

第三章 宏观经济影响

康有为一生反对鸦片，图为其20世纪20年代的照片

早在1638年就开始种植罂粟，①但只是在两个世纪过后，罂粟的种植量才逐渐扩大起来，其中最大的原因还是经济利益在作祟。实际上，由于19世纪初叶鸦片的价格已变得非常高，那些被官方文件称为"夷民"的人迟早都会去种植罂粟，这是不可避免的趋势。②1816—1820年的安徽，由于从广州贩运鸦片距离遥远，且多如牛毛的中间商还要层层加码，烟膏最终送到烟民手上时已变得比银子还贵。购买一两烟膏的钱能买106斤大米。③正是在这样一种价格水平的驱使下，在各省间贩卖鸦片生意迅猛发展过后，各地很快就开始种植罂粟了。云贵总督在1838年写给皇帝的一份奏折里宣称，在云南种植罂粟要比种植粮食多获十倍的收益。④在19世纪下半叶，土药生产之所以会取得突飞猛进的发展，是因为农民愿意种植更赚钱的农作物，即便这种作物需要更多的肥料，需要更多的人手，甚至还要冒很大的风险。当清朝在1906年推行十年禁烟计划时，农民拒不执行禁烟的举措，山西的农民在1909年甚至抵制这一计划，这都充分表明种植罂粟可以获得更多的经济利益。

在民国时期出现了一种现象，这种从未有过的尝试注定会在编年史上画上浓重的一笔，因为正统的共产党史学家以此来讽刺民国。各地军阀强迫农民去种罂粟。当然，农民不必在地方兵痞刺刀的逼迫下去种植罂粟。军阀们所采用的办法是，先把一个禁令税强加在农民头上，但只要种植鸦片就可以免交这笔税捐。魏丕信明确地描述了这一机制，陕西省在20世纪20年代后半期就实行这一方法：每个县都设定种植罂粟面

---

① 徐霞客：《游记》，载于赵英兰：《民国生活掠影》，广州，广东人民出版社，2005年，第185页。
② 参阅1831年1月31日的敕令，或参阅云贵总督阮元于1831年6月18日禀报皇帝的奏折，载于马模贞：《中国禁毒史资料》，前引书，第27—29页。
③ 贝杜维：《鸦片与帝国之界限》，前引书，第123页。
④ 1838年12月20日，云贵总督呈递给皇帝的奏折，载于马模贞：《中国禁毒史资料》，前引书，第99页。

积的配额,且税额定得非常高,并将其称为罚金,农民要交纳的税捐就被称作"烟田罚金"。①直隶的局面和陕西的十分相似,不过直隶是强迫各个村庄去交纳罂粟种植罚金,不管这村庄是否在种罂粟。因此,村民没有其他选择,只好去种植罂粟,也只有种植罂粟才能赚到钱去交纳罚金。②

当鸦片的成本过低时,就有必要从那些不种罂粟的农民身上捞钱,军阀们甚至弄出一个"懒捐"的名目。尽管如此,这一现象所波及的范围并不广,中华国民拒毒会于1929年在18省131县做过一个调查,在看过这份调查报告之后,人们注意到绝大部分受访的县里都没有出现过强征暴敛的现象。③这个调查结果极有意义,因为中华国民拒毒会最偏重的题材就是展示农民如何在军阀刺刀的威逼下去种植鸦片的,这一结果也表明拒毒会很有可能夸大了这一现象。

一、罂粟种植的广度与地域

1830年,监察御史邵正笏在写给皇帝的奏折中称,广东、福建、云南,尤其是浙江等地都在种植罂粟。④在接下来的几年当中,在沿海省份靠近鸦片消费市场的地区,罂粟便开始在那里普遍种植起来,尽管这些地区的自然条件并不适合种植罂粟,比如江苏的徐州地区,浙江的台州、温州及绍兴地区等。⑤然而,从19世纪30年代初起,各省巡抚的奏折

---

① 魏丕信:《民国时期的工程师、慈善家和军阀(1911—1935)》法兰西学院讲坛,2005—2006年,第85—87页。www.college-de-france.fr/media/his_chi/UPL4626_ Will_Cours_ann_e_05_06.pdf(2010年11月7日浏览)。
② 《教务杂志》:第59卷,第5期(1928年5月),第330页。
③ 《拒毒月刊》:第47期(1931年3月),第5页.
④ 贝杜维:《鸦片与帝国之界限》,前引书,第122—123页。
⑤ 王宏斌:《禁毒史鉴》,前引书,第254页。

证明，罂粟已开始在西南省份种植起来。①历史学家贝杜维的研究表明西南省份的鸦片生产是非常可观的。西南地区种植的罂粟并不仅仅满足当地的需要，因为人们发现从那时起，鸦片便开始流向东部地区，这预示着西南地区将成为土药供应的领头羊，几十年过后，西南地区果然成为中国最稳定的鸦片供应地。不过19世纪中叶爆发的农民起义将这一进程推迟了很多年。其中最著名的农民起义就是太平天国（1850—1864），太平军最初在广西发动起义，随后很快便发展壮大起来。在其最强盛时期，太平天国控制着大半个中国。长江中下游的大城市堪称是中国经济的命脉，但均被太平军占领。然而，太平天国反对毒品（也禁烟、禁酒、禁赌），禁止种植罂粟，禁止吸食鸦片，严防毒品四处扩散。②同一时期还爆发了回民起义和苗族起义，却都遭到残酷的镇压，但起义还是阻碍了云贵两省的罂粟种植，并切断了两省与沿海地区的贸易往来。③相反，在未卷入农民战争的地区如甘肃省，罂粟产量从19世纪50年代末起便达到一个很高的水平。④到了19世纪70年代初期，国内的战事均已平息，虽然仍有零星的反抗，但大都发生在边远地区。在19世纪最后25年当中，由于国内局势日益稳定，毒品贩运网再次活跃起来，罂粟生产也呈现出爆发之势。⑤1900年前后，土药产量已比进口洋药的总量多9—10倍，1906年，洋药进口量被限定在54000担（约3300吨）的水平上，而土药的产量却高达58.4万担（约3.5万吨）。⑥不过，有些人估算的数量要少很多，比

---

① 参见云贵总督阮元于1831年6月18日禀报皇帝的奏折，以及四川总督鄂山于1831年11月4日呈递给皇帝的奏折，载于马模贞：《中国禁毒史资料》，前引书，第28—29及39—40页。
② 王宏斌：《禁毒史鉴》，前引书，第184—188页。
③ 英国外交部档案：编号881/3818，《关于中国种植鸦片的备忘录》，1878年9月4日。
④ 张集馨：《道咸宦海见闻录》，载于马模贞：《中国禁毒史资料，1729年—1949年》，前引书，第260页。
⑤ 英国外交部档案：编号881/3818，前引文，及全部《就鸦片问题对华展开谈判而与印度政府磋商的函件》，英国议会文件：第31卷，第409—456页。
⑥ 《国际反鸦片委员会报告》，前引文。

如中国海关税务司的官员马士所提供的数据就是其中一例，马士是一位出色的中国通。马士自己也承认他的估量也许过于保守，他估计1906年土药的产量约为37.6万担，即2.25万吨。他还给出各省土药的产量，我们认为有必要把各省土药产量的细节公布出来。①

表1 1906年各省土药产量　　　　　　单位：担

四川 250000	云南 30000	贵州 15000	东三省 15000	陕西 10000	山东 10000	浙江 5000
河南 5000	山西 5000	江苏 5000	直隶 5000	甘肃 5000	湖北 4000	湖南 3000
安徽 3000	广西 3000	福建 2000	广东 500	江西 500		

虽然来自各方的估计有很大的差距，不过土药产量的排行却并未遭到任何人的质疑。②尤其是四川省龙头老大的地位更是千真万确，人们通常认为单单四川省的土药产量就能占到全国总产量的40%。③皇帝于1906年11月1日发布诏书，认定四川、陕甘、云贵、山西、江淮为土药的主要产地。④

1906年也许是土药生产最多的一年。实际上，虽然有一种传说流传甚广，但民国时期的土药产量从未达到过20世纪初期的水平。根据目前人们所掌握的信息，采用20世纪20—30年代的估计数字要格外谨慎，尽

---

① 马士：《中朝制度考》，前引书，第345—350页。
② 可参阅罗伯特·赫德为1897年所估计的数量，载于王宏斌：《禁毒史鉴》，前引书，第255页。
③ 李小雄：《罂粟及政治对策在中国：1840—1940年的四川省》，纽瓦克：特拉华大学出版社，2010年，第34—35页。
④ 马模贞：《中国禁毒史资料》，前引书，第399页。

管如此，所估计的土药产量显然还是低于1906年的总产量。①1925—1937年，土药产量从未超过18000吨（毛重）。②20世纪20年代，土药产量有所回升，但又被国民党在20世纪30年代所推行的六年禁烟计划打压下去，虽说这项禁烟计划不太成功，但还是把罂粟种植面积大幅度地降了下来。

在民国时期，各地都趋于给出一个粗略的统计数据。不过，罂粟种植区域也发生了很大变化，从19世纪起逐渐形成的种植区域将会长期种植罂粟，这一区域已形成一条种植带（由东北向西南延伸），从东三省

清末种植罂粟的农户

---

① 林满红：《中国在国际贸易关系中的"二元经济"，1842—1949》，载于杉原薰（主编）：《日本、中国与亚洲国际经济的增长》，牛津：牛津大学出版社，2005年，第190页。
② 爱德华·斯莱克：《鸦片、国家与社会》，前引书，第12—13及第161页。

一直延伸到云南，其中涵盖了四川、贵州、陕西、山西及甘肃等省份。在民国时期，虽然占全国产量很大比重的四川省也降低了产量，但四川省依然是土药产量的龙头老大。山西省并未参与1916—1931年间所发动的禁烟运动，因为当地军阀阎锡山一直在忙着打仗，不过阎锡山还是成功地将20世纪20年代鸦片消费死灰复燃的趋势挡在山西省外。① 东部省份如浙江、江苏、安徽、福建、广西及山东在清末时期鸦片消费一直居高不下，其中有些省份在罂粟种植方面还起过开拓作用，当地的鸦片消费量十分可观，正如表1所显示的那样。② 在民国时期，罂粟种植区域划分的现象愈演愈烈，虽然江西和广东在清末时期土药的出产量很小，但那些罂粟种植区却和江西及广东连成一片。③ 这些种植区域都得到国民党的许可，在推行六年禁烟计划期间，国民党决定在与罂粟种植带有关联的省份逐渐禁止种植罂粟，而所有位于东部沿海的省份都划归为禁止种植区域。

做出区域划分的原因有许多，人们可以联想起20世纪初叶各地的反鸦片呼声，这些呼声已深入到沿海各个省份，甚至走出大城市，朝乡村地区蔓延。但最主要的原因还是和经济因素及自然条件有关。正是19世纪中叶毒品的高价位促使各地竞相种植罂粟，从而让罂粟种植地呈现出均衡分布的局面。鸦片销售网尚未成形，各地产的土药也不会直接竞争。但自从销售网络建立起来之后，罂粟种植技艺也随之传遍整个中

---

① 沈艾娣：《中国的毒品、民族主义及阶级》，前引文，第163—173页。
② E.H.帕克：前引文，第29, 31, 33, 34, 43, 48, 50页；《十年期报告：1892—1901》，下册（南方口岸），前引书，《宁波口岸十年报告》，第55页，《温州口岸十年报告》，第72页。
③ 《鸦片贸易：1910—1941》，1974年，第6卷；《法国驻福州领事于1930年5月10日撰写的报告》《法国驻济南领事于1930年5月22日撰写的报告》《法国驻青岛领事于1930年6月4日撰写的报告》《中国烟祸年鉴》（1929），第83页；《拒毒月刊》：第23期（1928年7月），第31—32页，第36期（1929年12月），第39—44, 46—48页；伍海德：《中国鸦片真相》，上海：水星出版社，1931年，第15—49页。

国，甚至去适应各地区的自然条件（有必要的话，还把有经验的种植者派往新开发的地区），①因此自然条件优越的地区所出产的鸦片品质当然也会更好。民国时期虽各地军阀割据，但并未长期阻碍鸦片的贩运，因为确保鸦片贩运渠道通畅毕竟对各方都有好处。

相反，在第二次世界大战期间，由于日军入侵中国，鸦片销售网被迫重新洗牌。实际上，日军将其占领区（主要是东部的几个省份）与鸦片供应地割裂开来。尽管东三省的鸦片供应量有所增加，而且日军还从波斯及朝鲜采购鸦片，但在有些省份比如广东，甚至在那些自然条件不适合种植罂粟的地区比如珠江三角洲一带，罂粟种植面积也有所扩大。②有迹象表明，那一带的局势在1945—1949年并未恢复到正常状态，因为鸦片销售网因内战而陷于瘫痪。因此到1947年时，广州近郊还一直在种植罂粟。③

罂粟种植的不均衡性呈下降趋势，这一趋势不仅体现在地区或省一级范围内，而且在县一级内也是如此，甚至在比县还低一级的行政区域内也能看到这种趋势。在各个不同的时期，有些省份并不是出产鸦片的大省，但省内某些地区却以出产大量土药而闻名。④同样，在某些鸦片供应大省里，有些县并不参与鸦片交易。形成这样一种局面有多种因素，既有生态因素，也有政治因素，甚至还有文化因素，有些地区是少数民族聚居区，他们对罂粟种植抱着一种特殊的态度。

---

① 在20世纪10年代末期，四川省就是采取这种方法：开县地区的罂粟种植者凭借自己的种植经验，纷纷到邻县去传授种植技术，邻县给他们很高的报酬，有时甚至把年收成的一半交给他们。参阅法国外交部档案：1918—1929亚洲案卷，中国分卷，第123号卷宗，法国驻重庆副领事博代于1919年6月21日写给法国驻华大使博普的报告。
② 广东省档案馆：206/1系列，第36号档案，《1952年1月15日严禁鸦片和毒品的报告》；2006年7月11日采访李先生的采访录。
③ 《粤华报》：1947年2月22日。
④ 民国时期闽南就是这样的地区，见《1910—1941年间的鸦片贸易》，第6卷，法国驻福州领事于1930年5月10日撰写的报告，法国驻厦门领事于1930年5月19日撰写的报告。

二、罂粟种植是粮食作物减少的主因吗？

虽然以担来计量鸦片产量有一定意义，但如果以种植面积来看鸦片产量，那么这个问题就会显得格外严重。我们所掌握的统计数据并不可靠，政府也没有一个极熟悉统计方法的特设机构去搜集相关数据，况且调查罂粟种植面积更是一件难上加难的事。此外，由于罂粟有可能与其他农作物在一年当中连种，因此很难依照"种植面积比例"这个概念去作统计。所有估计的数据大多是按鸦片产量去推算种植面积，殊不知各地亩产量的差别是很大的。在生产总量最大的1906年，罂粟种植面积可能占到耕种总面积的1.5%。从绝对值角度看，这个数字似乎并不大，但真实数据却是十分惊人，因为1.5%只是全国的平均数，在某些罂粟种植很广的地区，尤其是西南省份，罂粟种植面积已占耕种总面积的8.7%。[①]此外，农业总产量与人口总数的平衡关系本来就很脆弱，那么观察这些数据时也应注意这一平衡关系的问题。虽然中国农业在小农经济框架里取得骄人的成绩，但这些成绩并不足以减轻人多地少所形成的困难局面。实际上，19世纪下半叶反鸦片呼声最有力的论据就是鸦片给稻米和小麦生产带来极大损害。每个地方志都必须确保当地的农业能五谷丰登，这并不仅仅是出于辩论的需要。在中国，肉制品在日常食物中只占很小的比重，谷物就是人们最基本的口粮，因此一个体恤民情的政府总会担心粮食种植面积减少或更多地依赖进口谷物，一旦出现这样的局面，不但会受制于人，而且还会引起饥荒。

尽管如此，最好还应以不同的视角去看待各地的地理环境。在地理环境以丘陵和高原为主的省份，比如四川、贵州和云南，罂粟大多种在贫瘠的坡地上。这样，罂粟就不会抢占粮食作物的耕地，而且把那些不

---

① 朱庆葆：《鸦片与近代中国》，前引书，第22页。

适合耕种其他农作物的土地也利用起来。此外，由于罂粟是过冬植物，因此在收获罂粟之后，还可以种一季晚稻或一季其他农作物。比如在四川，根据法国驻成都总领事的说法，在收获罂粟过后的土地上，晚稻也会长得很好。罂粟只会影响早稻种植，因为早稻往往是春季播种，到10月份收割。不过，很少有人去种早稻，因为早稻不如晚稻好吃。罂粟也不会影响玉米种植，玉米通常是在4月份播种，罂粟的行间足够宽，并不妨碍玉米苗的生长，在罂粟收获之后，玉米仍可继续生长。①我们在前文已讲述过，这几个内陆省份在19世纪中叶经受了一场场农民起义，人口已变得相对稀少。在19世纪最后30多年当中，人多地少的局面已变得不那么紧迫，耕地也变得相对充裕些，可以拿出一部分耕地去种植罂粟，而不会造成严重的粮食供应失衡。然而，当时光进入20世纪，人口再次增多之后，那种耕地充裕的局面也就随之消失了。②从这个角度看，东北省份如辽宁和黑龙江的局面依然是地广人稀，这与那时云贵川一带的局势十分相似。

正如我们在前文已介绍的那样，中国南部及长江中下游地区土地肥沃，因此这一地区在20世纪已不再种植罂粟。即便如此，罂粟在19世纪也从未被认作是造成饥荒的罪魁祸首，因为这一地区农业灌溉系统非常发达，很少遭受恶劣气候的影响，农作物产量也很高。南方沿海地区（福建、广东）还能利用自身的安全阀系统，即向海外移民，因此这一地区并未出现严重的地少人多现象。从总体来看，种植经济作物本身并不是坏事，自给自足的运输体系不但能把自产的东西卖出去，还能买进自己所需要的食物。然而，这一体系也只能在这一地区发挥作用，因为

---

① 法国外交部档案：1918—1929亚洲案卷，中国分卷，第123号卷宗，法国驻成都领事于1921年9月17日写给外交部长的信函。
② 在1924—1926年间，云南、贵州、四川及湖南等省都出现了饥荒，而罂粟种植似乎让那几年的饥馑变得更加严峻，参阅爱德华·斯莱克：《鸦片、国家与社会》，前引书，第14页。

那一带运输体系极为发达，尤其是水系河道纵横交错，当发生饥荒等缺粮现象时，救援物资很容易就能送达。而海路运输线则把这一地区同越南北部的稻米产区衔接在一起。

但华北的局面则完全不同，各种不利因素全都汇集在一起，演绎着一场场撕心裂肺的人间悲剧。那里人多地少，耕地所出产的粮食不足以养活众多的人口。运输主要靠陆路，但道路非常难走。气候条件也不优越，尤其是降水状况总是变化无常。此外，由于冬季气候寒冷，罂粟只有在春天播种，这样同一块土地就不能再播种其他农作物了。在陕西、山西及甘肃省，种植罂粟肯定会影响到其他农作物，而且罂粟占用的都是最好的耕地。[①]经济学家赵冈中肯地指出，罂粟不仅会影响谷物生产，而且还会给另一种经济作物带来损害，比如会影响陕西省的棉花生产。[②]尽管如此，毒品的高价格促使农民不再种植粮食而改种罂粟，如果这样的选择只是一种个人行为，那也许是合理的，但是当农民都去种植罂粟，而大片的粮食产区又遭受严重的自然灾害时，种植罂粟的恶果就会变得尤为惨痛。这种事情还真的就发生了：1876—1879年，华北地区遭受历史上最严重的饥荒，在华北地区的多个省份（山东、直隶、山西、陕西以及河南）饿殍遍野，竟有1000多万人被饿死。[③]根据亲眼目睹那场饥荒的人的说法，这一灾难虽说不是由种植罂粟直接造成的，但大面积种植罂粟至少加重了灾情。[④]

进入20世纪之后，在民国时期，这种因种植罂粟而造成大规模饥荒的现象没有再发生过。一方面，历史的惨痛教训有可能给人带来极大的触动，农民用来耕种罂粟的面积也减少了，况且还有一个重要因素，罂

---

① 皇家鸦片委员会：《皇家鸦片委员会报告》，第一卷，第40—41，45，130页。
② 赵冈：《中国棉纺织业的发展》，剑桥：哈佛大学出版社，1977年，第23页。
③ 李明珠：《华北的饥荒：国家、市场与环境退化（1690—1990）》，斯坦福：斯坦福大学出版社，2007年，第272—277页。
④ 英国外交部档案：编号228/850，1877年烟台贸易报告。

粟不像以往那么赚钱了。另一方面,新修建的铁路为运送救援物资提供了便利条件。然而在陕西省,当地的军阀贪得无厌,在军阀的鼓动下,陕西的灌溉良田最终都被罂粟侵占了,从而严重削弱了该省的粮食自给能力,1928年至1930年发生的饥荒给陕西造成沉重打击。①

第三节　易货交易的催化剂

一、复杂的销售网络

印度与中国南方口岸的鸦片贸易给中国带来深远的政治和经济影响,而生产土药的省份与沿海城市的鸦片交易也让中国的政治经济生活遭受负面影响,历史学家虽然对此倾注了极大的心血,但却很少关注这样一个事实:有一部分土药已被生产者自行消费掉了。需要着重指出的是,即使罂粟被视为是一种经济作物,这也并不意味着罂粟的全部产量都流入销售渠道。虽然这方面的资料少得可怜,但我们还是看到有些农民会保存一些土药,留作自用,就像在种植烟叶时保留其中一部分留作自用一样。②要想给这种现象做出量化处理,恐怕还真不是一件容易的事情。不过,我们至少还有两组很有意思的数据:农学家约翰·卜凯(美国女作家赛珍珠的丈夫)带领他的学生在20世纪30年代作了一项调查,调查虽说涉及全国,但还是显得很不系统,调查结果表明,种植罂粟的农民只将74%的土药拿去销售。③卜凯还作了另外一项调查,这项调查结

---

① 魏丕信:前引讲坛,第28—30页。
② 艾梅-弗朗索瓦·勒金德:《中国西南考》,前引书,第318、370页。
③ 约翰·卜凯:《中国土地利用》,纽约:派勒根图书再版公司,1968年,第235页。

果表明，农民自行消费土药的比重很大。实际上，卜凯在7个省份调查了3000个农民家庭，根据他的调查，只有0.9%的家庭花钱购买土药（这一数字低得令人难以置信，尤其是和另一数据相比就显得格外低：有30.1%的家庭声称花钱去赌博）。[1]这个数据或许并未真实反映出究竟有多少家庭吸食鸦片。倘若如此低的数据既不是调查样本的问题，也不是受访者不愿意坦言承认购买过土药，那么就应该这样去推断：农民不需要花钱去购买土药，因为他们可以自产自用。

有些自行消费是在很宽松的环境下实现的，乡下人聚集在一起，甚至某个自然村的人聚集在一起吸食鸦片。许多有关这方面的证言都表明这一现象还是很普遍的。有一个传教士曾于19世纪80年代在蒙古边境地区巡回宣教，就发现那一地区的农民聚集在一起吸食自产的土药。有一位英国人在云南做探险旅行，他在旅行笔记中写道："即便是住在山野当中破败的茅草屋里，主人也会在屋旁边种上一小片罂粟。"在靠近朝鲜边界地区生活的猎人，也会在那荒无人烟的地方种上一点儿罂粟，供自己享用。[2]在交通不是很发达的地区，比如在19世纪末期的川西地区，即使种植罂粟的人不将土药留作自用，也只会将其卖到周边十几公里远的地方。因此，在中州地区，只有三分之一的土药能销往本县以外的地方。[3]

印度洋药在运往中国时一直采用外国货船。洋药运抵中国之后，中国商人便开始接手，将其运往内陆地区。在19世纪，这样的分工合作从未得到任何人的责难，因为中国境内的销售网络外人很难打进去，这既是由其组织特性所决定的，也是因语言和文化差异所使然。

---

[1] 约翰·卜凯：《中国农家经济》，南京金陵大学，1930年，第413页。
[2] 《教务杂志》：1888年，第158—165页；英国议会文件：第22卷，《滇西大理至腾越旅途笔记》，前引文，第218—250页，《富尔福德先生东北之行报告（1886）》，第434—452页。
[3] 《重庆海关十年报告，1882—1891》，第97页。

19世纪初期,英国商号如宝顺洋行及怡和洋行垄断了这个市场,美国商号旗昌洋行也能从这个市场上分得一大块蛋糕。在19世纪40年代,

1846年的怡和洋行。图中临岸的洋房就是怡和洋行

两家英国洋行拥有一只庞大的商船舰队,有15艘适合远洋运输的货船专门从事鸦片贩运。①当然,这几家洋行的业务并不仅仅局限于鸦片买卖,但单就鸦片而言,他们没有任何竞争对手,从鸦片生意当中赚取丰厚的利润,并积累了大量的资本。投身鸦片生意的商人也都发了大财,甚至成为历史上靠个人奋斗而成功的知名人物,比如詹姆斯·马地臣,此人不过是苏格兰一个小农庄主的儿子,但自从香港割让给英国之后,他便在香港创立怡和洋行,并积极将其业务活动扩大到国际范围,成为亚洲地区资本主义化的领军人物。虽然宝顺洋行在19世纪60年代因伦敦爆发

---

① 艾伦·内森:《鸦片贸易简史、范围及影响》,前引书,第15—16页。

金融危机而倒闭,但香港的怡和洋行却仍能取得骄人的商业成绩,怡和洋行旗下的公司善于开拓新的业务,并借助香港经济腾飞的大好时机,适时进入保险、酒店、房地产等领域,不断发展壮大。至于已跻身于世界大银行之列的香港上海汇丰银行,1864年其首届董事会倒更像是香港鸦片商人联谊会的聚会活动。①

当鸦片在中国成为合法商品之后,最早从事贩卖鸦片的人渐渐将生意转给犹太商人(最著名的当属沙逊王朝)、波斯商人(内马泽)或帕西商人。②在那些帕西商人当中就有杰姆赛特吉·塔塔,杰姆赛特吉于1859年来到香港,由此开始打造出一个塔塔帝国,如今塔塔已成为印度最大的工业集团。③

中国鸦片商人其实很早就已深入到内陆地区,在长江中游盆地中心地带的汉口,有一家很大的贸易中心,这个贸易中心自19世纪30年代起就拥有一个由广东商号组成的商业网络,这些商号都在贩卖鸦片。在整个19世纪,汉口所有的鸦片生意都掌握在这些广东商号手里。④况且这也是一种普遍现象:在19世纪,全中国的大宗生意销售网都掌控在南方商人手中,尤其是这些商人以上海为中心,向其他地区辐射。广东和福建的商人行会早在道光初年(1821年)就在上海开办起来。其实最初就是汕头和广州的商人向外国洋行购买鸦片的。南方人在同外国洋行打交道或做鸦片买卖时,经验更老道,因此他们得以在上海地区强势地扎下根

---

① 弗兰克·金:《汇丰银行史》,剑桥:剑桥大学出版社,1987年,上册,第54页。这部作品是在汇丰银行的资助下完成的,此书对鸦片在银行早期发展过程中所起的重要作用三缄其口。
② 卡尔·特罗基:《鸦片、帝国与全球政治经济》,前引书,第112—118页。
③ 苏尼尔·库马森:《塔塔百年大厦:1839—1939》,加尔各答,进步出版社,1975年,第8—9页。
④ 罗威廉:《汉口:一个中国城市的商业和社会(1796—1889)》,斯坦福:斯坦福大学出版社,1984年,第229页。

来,把当地的精英都给压了下去。①他们之所以能控制像鸦片这样的大宗生意,除了强大的势力之外,他们在人数上也不容小觑:在1852年,粤商行会在上海拥有80000名会员。②南方商人在毒品交易当中所起的中

鸦片战争前的上海城

心作用一直持续了很长时间。比如在清朝末年,温州有6家大的鸦片批发商,其中一个是福建人,还有一个是广东人。③后来广州商人逐渐离开上海,但汕头人的后裔一直到20世纪30年代仍在上海从事鸦片生意,甚至成为熬制烟膏的行家。郭子斌就是一个典型的例子,他本是祖籍朝阳(汕头附近的一个县)的粤菜厨师,依靠贩卖鸦片成为大富翁,后来转

---

① 英国外交部档案:编号228/31,1844年4月9日英国驻上海领事写给璞鼎查的报告;《中国各通商口岸1866年度贸易报告》,上海:通商海关总税务司,上海,1867年,《上海贸易报告》,第3页。
② 白吉尔:《上海史》,前引书,第77页。
③ 《近代中国烟毒写真》,前引书,上册,第421页。

而去做合法生意，这些人赚了钱，又来个华丽转身去做慈善。①

一个民族宁愿花费巨额资金去挖掘并维护一条长约2000公里的运河，也不利用与之平行的东部沿海航线，这样的事怎么能让人信服呢？实际上，中国并非总是排斥海洋未来的发展，12—15世纪，中国甚至是世界上首屈一指的海洋强国。②尽管如此，多个曾是中国政治、经济中心的城市（西安、开封、北京、杭州、苏州）都不是海港城市，然而这些城市都曾创造过璀璨的物质文明和丰富的文化资产。在《南京条约》签订之后，鸦片贸易促使中国在这方面发生一个重要转折，让两座富有潜力的城市脱颖而出，它们就是上海和香港，而这两座城市恰好都是海港城市。

1842年，上海虽不容小觑，但还只是一个不起眼的中等城市，一直处在长江下游两个中心城市，即杭州和苏州的庇荫之下。从13世纪起，上海一直是个县城，当第一次鸦片战争爆发时，上海也仅仅是帝国1300个县级城市中的一个。县在行政级别上处于第三级（如果不算京畿，高于县的两个行政级别是省和府）。从经济层面上看，上海是棉布的生产和销售中心，在全国的经济活动中所占的比重也越来越大，况且上海已俨然是拥有20万人口的大城市。③拥有开放口岸的地位让上海发生改头换面的变化绝非是夸大之词。上海在很短的时间内就挤掉广州，一跃而成为中国最大的进口口岸，这也是这座城市发展的必然结果。从1849年

---

① 麦柯丽：《暴发户：1819—1860年间中国的鸦片、移民以及毒品之战》，载于《清史公论》杂志，第30卷，第1期（2009年6月），第1—47，37页。
② 弗朗索瓦·吉普鲁：《亚洲的地中海》，前引书，第89—94，104—106页；万志英：《城镇与寺庙：长江三角洲的城市兴衰过程，1100—1400年》，载于史乐民和万志英主编：《中国历史上的宋元明过渡》，剑桥：哈佛大学出版社，2003年，第187—188页。
③ 熊月之：《略论上海人形成及其认同》，载安克强和叶文心（主编）：《中国城市史研讨会：读者感言（1850—1900）》，里昂：东亚学院，无页码。

起，中国所进口的鸦片一半是通过上海口岸输入内陆地区的。上海的地理位置十分优越，因为长江及其主要干流将上海与苏皖鄂川赣湘陕等省连接在一起，上海的贸易也呈现出爆炸式的增长。上海人口的增长速度也很快，这也反映出上海是一座极富经济活力的城市：1853年上海拥有54万居民，到1910年便增长到129万，而到1949年上海已是拥有546万人口的大都市了。①

广州就不可能增长得这么快了。广州的衰落也是有先兆的：1844—1855年，进入广州的外国货船吨位只增长了27%。②广州停滞不前的原因

鸦片战争前，广州是我国唯一的外贸口岸，非常繁荣。鸦片战争后，随着上海和香港的崛起，广州开始衰落。图为鸦片战争前的广州

之一就是其地理位置并非紧靠海岸，恐怕也正是基于这一点，清政府才于18世纪中叶将广州列为全国唯一的通商口岸。另外一个原因就是香港的崛起，香港将运往华南地区的货物都截留在本港。英国人决定将香港

---

① 熊月之：《略论上海人形成及其认同》，载安克强和叶文心（主编）：《中国城市史研讨会：读者感言（1850—1900）》，里昂：东亚学院，无页码。
② 滨下武志：《1810—1850年间中国的外贸财政》，前引文，第404页。

第三章　宏观经济影响

设为自由港，这真是一张意义深远的王牌，况且香港还具有天然深水港湾的优势。①相比之下，超过一定吨位的货船就很难进入广州，广州的行政官员都是清政府派来的，而且当地民众对外国人也很反感。当1841年1月英国人占领香港时，香港只是一个岩石丛生的小岛，岛上住着一些渔民和农民。不过，很多中国人和外国商人都感觉历史的风头要发生转变，当时许多外商都住在澳门，他们索性把自己的业务也搬到了香港。香港由此变为一个真正的新兴城市，到1842年2月，岛上就有2.5万居民了。②苏伊士运河在1869年开通之后，对香港的发展也有很大促进，到1870年时，香港已拥有12.5万人口。③到19世纪末叶，香港的人口总数又翻了一番，已有24万人住在岛上。④进出香港的船舶数已和伦敦港不相上下。1913年，这个70年前尚未标注在地图上的港口，一跃而成为东亚吞吐货物价值总量最大的港口。⑤

在第一次鸦片战争后开放的其他口岸则比香港的发展慢许多。不过，好在上海距离香港较远，不会遭遇来自香港的竞争威胁，而福州口岸在开放20年之后，在货物吞吐量方面也已追平广州，因为闽江把福州与内陆相当有潜力的城市连接在一起。宁波和厦门口岸并非十分靠近外海，但这两个口岸已分别达到广州吞吐量的五成以上。⑥参与《南京条约》谈判的英国人判断得很准确。《北京条约》又开放了天津、汕头及烟台等口岸，这样整个东南沿海口岸已悉数开放。天津很快便成为一个

---

① 艾伦·内森：《鸦片贸易简史、范围及影响》，前引书，第56页。
② 约翰·卡罗尔：《英治香港时期与中国的合作》，载吴德荣编《香港史》，伦敦：劳特利奇出版社，1999年，第18—19页。
③ 殖民局档案：编号133/37：1870年香港蓝皮书。
④ 殖民局档案：编号133/57：1900年香港蓝皮书。
⑤ 林满红：《台湾、香港及太平洋》，《当代亚洲研究》，第44卷，第5期（2010年9月），第1056页。
⑥ 《女皇陛下在中国总领事的商业报告，1862—1864》，哈里森父子出版社，1865年（英国议会文件第6期转载），第148页；《中国各通商口岸1866年度贸易报告》，前引书，第109页。

重要港口，因为天津不仅仅是北京市场的门户，而且还是直隶省及华北部分地区市场的门户。①

单从价值角度看，鸦片是19世纪销往中国最多的商品，并为世界打开两个极为重要的港口。鸦片贸易当然不是这两个港口唯一的业务，多样化的贸易交往很快便建立起来，并将鸦片贸易排挤到次要地位上。紧接着，港口基础设施建设、造船厂、加工工业、第三产业等也都随之展开或建立起来。尽管如此，恰好是鸦片的高额利润吸引了外商，让他们在几年之内赚了大钱，从而带动了其他行业的发展。与外商合作的中国商人也从鸦片贸易中获益颇丰，就像那些买办一样，这些人最初只是给外国洋行打工，因为会说外语，又有人脉，且融入中国经济环境如鱼得水。怡和洋行的买办杨方就是这些人当中的一员，他在19世纪50年代暴敛几百万两白银的资产。②

进口鸦片从东部海岸沿两条主要河流运往内陆地区：一条是长江（其支流汉江穿越陕西省），另一条就是流经华南地区的西江（或珠江）。而运输土药也是利用相同的河道，只不过运送方向相反，土药大多是从西部省份运送到沿海省份。当然，除了这两条主要河流之外，还有一条条运送鸦片的支流河道。印度鸦片运抵厦门之后，再用船舶沿着海岸供应给福建当地市场。在19世纪末叶，山东、福建及安徽出产的土药除了供应本地之外，还供应给周边的几个省份，而不需要从更远的地区去进货。③北京则由多个土药生产地来供应：其中有热河、东三省、陕

---

① 《近代河北烟毒与治理研究》，前引书，第80—85，89页。
② 郝延平：《十九世纪的中国买办：东西间桥梁》，剑桥：哈佛大学出版社，1970年，第99—101页。
③ 林满红：《清末社会流行吸食鸦片研究——供给面之分析，1773—1906》，博士论文，"国立"台湾师范大学。

西、甘肃、河南,还有来自天津的进口鸦片。①

鉴于华北地区的道路交通条件很差,那一带很少有大洋行横空出世,因为他们很难把土药的产业链都控制在自己手里,这一产业链上自罂粟汁的采集,下至向烟民提供鸦片。②但长江和西江盆地在这方面的优势却十分明显。因此,在20世纪20年代,有些广东鸦片商人便组织起由云南、贵州向广州输送鸦片的运输线路。鸦片商人在刚开春时就派人前往土药产地,他们带着各种物资与土药生产商进行易货贸易,用棉布、药品、钟表、枪支等物品来换取烟土。一支步枪可以换300两烟土,而100发子弹能换50两烟土。古银元和印度支那银币都是土药生产商乐意接受的货币。待夏季来临,采购到手的土药启运时,购买土药的业务才算结束了。③当然最好是把从各产地购买的土药汇集在一起,组成一个庞大的运输团队。由于要运送的货物非常多,且穿越的地区又很危险,护送商队保镖的作用也就变得尤其重要。法国一位外交官曾作过这样的描述:"组织运送鸦片真是一件劳神费力的大事。往往要组织起一支两三千人的商队,给他们下达命令,要他们遵守纪律,还要给他们安排食宿,从北海至云南往返需要三个月的时间。为保护这种昂贵的商品,还要配备一支500人的长枪队……整个商队分成几个小队,每个小队都有队长和副队长,以便能顺利完成这项艰难的运送任务。"④1922年,有一支商队创纪录地运送了50吨烟土,商队从云南启程,前往广西东兴港,商队雇用了4000名苦力和1000名保镖。⑤这样一次贩运活动起码需要5个月的时间,但利润也非常高。

不过通常的做法并不是商队集中行动,而是各个商家单独行动。比

---

① 《拒毒月刊》:第36期(1929年12月),第25页。
② 同上,第25—26页。
③ 《拒毒月刊》:第89期(1935年6月),第11页。
④ 南特档案馆,北京案卷A,卷宗第158号,法国驻南京领事于1929年6月13日撰写的报告。
⑤ 埃克斯档案馆:印度支那总督府42889,贝吕营营长于1922年11月29日写给总督的信。

如在四川省，许多小商贩在各个罂粟产地来回奔波，去收购土药，随后再转卖给小城市里的鸦片店铺。鸦片店铺负责将烟土烘干，制成烟球或烟饼，然后再装箱。①下一步通常就是将货物转到一个内河港口，该港口位于陆运与河运的交汇处，并且还是专营鸦片贸易的港口，比如湖北的宜昌或广西的百色，百色不但是陆路交通的交叉口，而且还是小型汽轮船可以停靠的最接近西江上游的港口。②鸦片就在这里易手，转给下游的买家，再由买家将其运往各地，这就需要有人全程来护送，整个护送过程要花很多钱，同时因时代变迁及政局等因素，在路途当中，还要同有可能闹翻了的地方政府讨价还价，排除黑社会的干扰，甚至要提防强盗来抢掠。③土药接下来就被运送到大城市里，运送到鸦片消费的中心城市，或陆路交通的枢纽城市，比如像梧州、武汉（武汉位于长江和汉江的交汇处，也是全国最主要的铁路线所穿越的城市）、广州、上海这样的大城市。在这些大城市里，土药都被大批发商买走了，他们再将土药运送到各个地区，运送给零售商和鸦片烟馆。在有些经济单一化比较严重的地区，鸦片在商业活动中占据极大的比重，从而给当地的经济形势带来巨大影响。不管是供不应求，还是供大于求，土药市场供求关系失衡会让批发商的利润产生很大的波动，比如批发商要动用大量流动资金去支付购买款项。1925年春在重庆就曾发生这样的事情。④

  鸦片贩运网络并不仅仅做合法生意，形形色色的走私团伙渗透到各地区、各层次的销售网络里，合法生意和走私交易的界限十分模糊。鸦

---

① 任乃强：《西康图经》，台北：南天书局，1987年[1933年]，之《民俗篇》，第282页；陶亢德编：《鸦片之今夕》，上海，1937年，第73—74页；《十年期报告：1882—1891》，上海：海关总税务司署统计科，1893年，《重庆海关十年报告》，第84—85页。
② 东京地理学会：《华南与华中》，东京，1917年，第195页；《近代中国烟毒写真》，前引书，上册，第573页。
③ 柯乐洪：《穿越华南边疆：从广州到曼德勒旅行记事》，伦敦：桑普森、马斯顿、希尔及里文顿出版社，1883年，上册，第148页。
④ 爱德华·斯莱克：《鸦片、国家与社会》，前引书，第32页。

片商贩有时候会根据风险程度的高低,再看自己是否有门路,或权衡守法的利弊,来决定在某地是否会按时缴纳税款,但走出几里地之外,就去设法逃避通行税。①同样,有些商贩会瞄准某个关键人物去贿赂他,让自己的走私鸦片堂而皇之地转变为合法商品。

有些重要的供货渠道组织得很严密,这些渠道通常都是给像上海、香港及海外华人聚居区这样的市场供货,而这类市场的利润往往也很高,但在这些渠道当中依然有许多小商贩,他们并不是非要打入供货的主渠道里,而只是把自己当作主渠道的一种补充,并坦然接受地方供货渠道的现状。由于烟土体积很小,还可在常温下制成各种形状,这样既便于运输,又便于隐藏。20世纪20年代,在四川、西康及云南三省交界的地方,许多流动商贩都来此碰运气,从云南买上十几两烟土,然后再倒卖到不太远的地方,算是作为鸦片大宗生意的一种补充。②就在同一时期,在山东腹地的博山产煤区,火车司机和司炉从济南买来30两烟土,将其藏在火车上,顺便带给博山的地下鸦片烟馆,或转卖给个别烟民,倒手之后能挣点小钱。③黑帮的作用也同样值得关注。在长江流域一带,不同的黑帮组织控制着鸦片贩运,并承担起护卫运输安全的职责,他们在这一行当里起着关键作用。在长江下游地区,著名的"青帮"几乎把整个鸦片贩运网络都控制在自己手里,比如在距离上海50公里远的昆山,所有鸦片大批发商都是青帮成员。④在长江上游的四川省,有两大黑帮组织控制着鸦片贩运,一个是"哥老会",另一个是"袍哥会",这两个黑帮组织名声虽不如青帮显赫,却也是当地数一数二的庞大势力。尽管如此,长江流域黑帮当道并不是一种普遍现象。华南地区的黑帮(三

---

① 《南华早报》:1916年1月13日。
② 任乃强:《西康图经》前引书,之《民俗篇》,第278—281页。
③ 陶亢德:《鸦片之今夕》,前引书,第51页。
④ 《近代中国烟毒写真》,前引书,上册,第360—361页;布赖恩·马丁:《上海青帮:政治与犯罪组织,1919—1937》,伯克利:加州大学出版社,1996年,第47—63页。

合会）似乎并未像青帮那样将鸦片贩运控制在自己手里。

二、地区及区域间贸易平衡

在某些年代里，鸦片还有另外一个功能，即在商贸活动中拿来做钱币使用。实际上，鸦片已成为铜钱-银元货币体制的一种补充，而且交易者都乐于接受这种钱币，因为它虽比银元重，但却比铜钱要轻。19世纪50年代末期，由于天平天国揭竿而起，全国市场上钱币匮乏，在这一背

太平天国起义军与清军激战

景下，"苏州钱币体制"便得以完善，这一体制的做法就是不用法定铸币去交换货物，于是英国商人就拿鸦片直接换取丝绸。[①]在19世纪末叶，山东和直隶的农民去东三省打短工时，希望雇主能用鸦片来支付工钱，一来鸦片要比铜钱轻便许多，二来鸦片在他们老家更值钱。[②]

---

① 郝延平：《中国近代商业革命》，伯克利：加州大学出版社，1986年，第55—64页。
② 约翰·詹宁斯：《鸦片帝国》，前引书，第78页。

第三章 宏观经济影响

中国经济最显著的特征之一就是全国范围的商业市场出现得很早，依照某些历史学家的说法，早在宋朝时，商业就已初具规模了。① 种类繁多的商品可以在帝国的各个地区相互流通，凭借便捷的流通渠道，各地区致力于出产各自的特色产品，到明朝时，特色产品已形成规模。不过，这种趋势只涉及交通最发达的地区，最典型的例子就是长江下游地区广种棉花，这一地区有很多优势，其中四通八达的交通网是其最大的优势，当地的农民可以只种棉花，而他们所吃的稻米是从很远的地区运过来的。

在这种背景下，在让封闭地区融入这个大市场方面，鸦片发挥着相当重要的作用。云南就是一个典型的例子。明朝初期，云南省的商业极不发达，本地出产的物资原本就不丰富，还要经北部川贵两省才能运出，直到1729年新开辟出一条运输线路，才将云南与广东接通，并通过西江与广西连通。尽管如此，在19世纪之前，当地流通的物资依然不太丰富，主要有宝石、大理石及普洱茶等。② 从19世纪中叶开始，在鸦片贸易的影响下，云南的道路交通得以快速地发展起来。实际上，在高额利润的引诱下，广东的鸦片商人甘愿到瘴气重重，险象丛生的区域里去冒险，就为了能买到土药。到19世纪末叶，他们已在云南站稳了脚跟，并在那里做起了鸦片出口买卖。③ 由于农民起义军（太平天国及三合会）切断了西江运输河道，广东商人便设法通过海路运送土药，以摆脱他们所面临的困境，于是北海口岸便应运而生。由此，我们不难发现，鸦片不但能让各条运输线路充满活力，还能开辟新的线路，促进贸易交流。在这个典型例子里，云南与两广之间新开辟的贸易渠道展现出生机勃勃的活力，增强了这三个省份的联系，但后来也引起悲惨的结果。实际上，

---

① 斯波义信：《宋代江南经济史研究》，安阿伯：密歇根大学出版社，1970年，第45—125页。
② 英国议会文件：第22卷，《伯恩先生赴华西南旅行报告》，第497页。
③ 《中国之友》：第四卷，第9期（1881年2月），第239页。

原本只是在云南省内爆发的鼠疫，也会沿着贸易渠道，时常侵犯广东省，给广东省带来不小的麻烦。①

自清政府于1906年推出禁烟政策之后，鸦片在整合经济方面所发挥的作用就看得更清楚了。事实上，正是禁烟政策迫使内陆省份与沿海地区的贸易往来出现大幅下滑，因为鸦片已不再能确保两地的贸易平衡了。历史学家林满红甚至暗示，清朝皇权之所以垮台，其中部分原因就是因区域间贸易下滑导致经济崩溃所致。②

实际上，打破闭关锁国的状态与实施再分配的结果呈相辅相成之势。正如我们所看到的那样，鸦片的主要流通渠道将边远省份的贫穷地区与沿海大城市的重要消费中心连接在一起。虽然流通渠道的大部分利润都被组织贩运土药的商人拿去了（这些人通常都待在消费城市里），但仍然有一部分利润留在源头，留给内陆省份。这一部分利润是靠地方政府的税收以及向农民购买土药实现的。在清朝及民国初期，有一种资产调配体系，依靠税收去平衡富庶省份和贫穷省份的差距，尽管这一体系还很不完善。20世纪10年代初期，法国驻云南的一位外交官曾这样写道："清政府颁布法令四年来，各地严禁种植罂粟，云南经济形势日益恶化，赤字竟高达5000万法郎，而这笔钱正是靠种植罂粟获取的，如今为能维持预算，维持滇军，确保发出军饷，云南不得不求助于其他省份，并请求中央银库拨发救济款。"③当国家陷入军阀混战的局面时，这种调配体系也就变得无法运作了。④从那时起，鸦片便成为唯一可以卖出本省的大宗商品，它不但能确保本省与沿海省份的贸易平衡，还能将这

---

① 班凯乐：《十九世纪中国的鼠疫》，斯坦福：斯坦福大学出版社，1996年，第51—71页。
② 林满红：《中国在国际贸易关系中的"二元经济"，1842—1949》，前引文，第189—190页。
③ 法国外交部档案：新案卷，中国分卷，第678号卷宗，法国驻河口副领事于1914年11月18日撰写的报告。
④ 陶亢德：《鸦片之今夕》，前引书，第89页。

种平衡一直维持下去。20世纪20年代云南的例子表明,除了鸦片之外,云南几乎没有什么值得外省购买的物资:唯独草药和宝石还能拿来抵消输入云南的产品(进口物资、食盐及棉纺品)。那时候,滇西有三分之一的贸易公司在从事鸦片交易。①

三、鸦片及资本主义的发展

资本主义发展的必备条件之一就是资本的积累。似乎只有从这个角度去看,或从与其密切相关的投资角度去看,才能去拷问鸦片在中国资本主义发展过程中所发挥的(或未发挥的)作用。

正如费尔南·布罗代尔针对现代欧洲所指出的那样,贸易与食糖、咖啡、巧克力等食品生产在资本积累的过程中起到一个特殊作用,即便这些食品的销量并不算很大。尽管如此,在欧洲进入工业革命时代,鸦片在中国经济中所占的比重太少,不足以在中国工业起飞中发挥什么作用,况且中国也未曾出现过真正的工业起飞。此外,针对这个问题许多人都作过论述,有人从最新的最有说服力的论述里得出结论,认为在资本主义发展的最初阶段,可支配的资本问题并不是核心问题,中国在可支配的资本方面并不比欧洲落后,比如国家对食盐实行专卖制度,那些晒盐的农民就挣到很多钱。②

在一种典型的资本主义及工业化发展的过程中,鸦片在19世纪下半叶所发挥的作用值得研究,那时中国的工业资本主义发展不再是一种设想,而是演变成一种现实:资本主义的模式不再是强行敲开国门,它已确确实实从海外引进来,而且成功地适应了中国的国情。19世纪下半

---

① 包安廉:《民国时期的中国人和鸦片》,前引书,第99页。
② 彭慕兰:《大分流:欧洲、中国及现代世界经济的发展》,巴黎:阿尔班·米歇尔出版社,2010年(2000年英文第1版),第277—280页。

叶，鸦片贸易达到一种前所未有的广度。那么这两种现象之间有什么必然联系吗？这个问题确实值得提出来。

首先应该承认，鸦片贸易的确为财富的集中提供了便利条件。从19世纪30年代起，买办们暴敛大量财富，然后再拿这笔钱向英商购买鸦片。① 我们在前文也提起过一些在短时间内暴富的鸦片商人，提起过粤商行会早期对北方市场的控制，鸦片贸易也因此集中控制在少数人手里。

虽然我们注意到这种局面，而且也意识到，财富的积累是让商界富裕阶层脱颖而出的必备条件，当然还不能仅仅指靠这个条件，但鸦片贸易所积累的财富是如何转化为投资的，有关这方面的研究却是寥寥无几。不过，大家还是知道鸦片对金融界的影响：在上海于1912—1926年间新开办的钱庄里，有三分之一是鸦片商人开的。② 正如白吉尔所说："鸦片商人与钱庄的关系由来已久。鸦片商人刚起步时，手里并没有太多的资金，完全靠钱庄的拆票才得以把烟土卖出去。待他们赚了钱以后（鸦片遭禁以后，非法交易反而让钱赚得更快了），自然就想到要拿这笔钱，自己去开办钱庄。比如在1915年开设的兴余钱庄就是由三家鸦片贸易公司共同投资创建的。"③ 对于他们来说，涉足金融界肯定是一种投资方式。当然他们再到边远省份采购土药时，仰仗自家钱庄转账也就方便多了。不过，这类钱庄是不会对资本主义经济起飞发挥任何辅助作用的，因为钱庄通常只提供拆票或简单的汇兑业务，而很少向外借贷，让人拿钱去投资办实业。④ 那些依靠鸦片而赚了大钱的商人之所以热衷于开办钱庄，恰好说明他们对投资更现代、更有创新意义的领域缺乏信心，甚至抱着一种害怕心理。

---

① 麦柯丽：《鸦片、移民及毒品之战》，前引文，第32页。
② 爱德华·斯莱克：《鸦片、国家与社会》，前引书，第30—31页。
③ 白吉尔：《中国富裕阶层的黄金时代》，巴黎：弗拉马里翁出版社，1986年，第87—88页。
④ 同上，第89页。

鸦片贸易并不仅仅是一种积累财富的领域，而且像其他领域一样，还是一种可以吸引投资的领域，甚至还会同其他领域去争抢投资。由此看来，鸦片贸易还会诱发一种机会成本。换句话说，从资本主义发展的视角来看，鸦片贩运网络倒成为一种能给投资带来丰厚收益的途径。在政局不稳的年代里，尤其是当公共权力羸弱不堪，政治前景极不明朗，军阀横征暴敛，时刻威胁着工商界时，这一途径就显得更加吸引人了，因为依赖大型投资而展开的工商业务是无法避开军阀的苛捐杂税的。资金占用时间短（几个月而已），收益往往却很高，鸦片贸易便成为一种适应政治时局的买卖。尽管如此，鸦片贸易所面临的风险也不可小觑。当然还有遭人抢掠或被地方当局没收的风险，毒品市场局部饱和的例子也屡见不鲜，比如1934年年初，南宁和梧州都出现过类似的局面。[①]鸦片价格也因此狂跌不已，从而迫使那些倒霉的投机商只好可怜巴巴地面对两种选择：要么把货囤积起来，等待更好的时机；要么把货运到别处去卖。不管是哪种选择，都会让他们蒙受不少损失。

即使真能靠鸦片所积累的财富去推动资本主义发展，也不能指望那些鸦片掮客，还是要仰仗公共权力的推动，因为只有公共权力才能利用税收这个杠杆。

第四节　加强税收的有力工具

无论是在哪个朝代，无论是谁掌权，税负压力总会对宏观经济产

[①] 英国外交部档案：编号371/18198，英国驻广州领事于1934年3月19日就广西局势所撰写的报告。

生一定的影响。国家吸收资金，并通过财政支出，实现财富的再分配。不过，只是在现代社会里，国家在这方面的作用才会显得格外重要。这既和国家行政机器本身的发展有关，又与国家的宏图大志密切相关，国家行政机器是靠税收来维持的，而国家的宏图大志就是要在经济舞台上做主角。在19世纪下半叶的东亚，一个在经济发展领域起主宰作用的国家已俨然成为典范，这个国家就是日本。日本明治维新所取得的关键性成果之一，就是国家有能力依靠投资去实施自己雄心勃勃的工业现代化计划，去实现教育现代化。由于早期没有一种有效的金融体制去吸纳存款，国家便出面干预，向农民广泛征税。

不过，在希望借鉴这种模式之前，中华帝国首先还得克服一个思想体系障碍，即最轻的税负才是最理想的。

一、一种传统上很轻的税负

中华帝国官僚昏庸，税负重重，可这却成为白乐日的研究重点，[1]他的研究得到众多学者的认可，许多人步其后尘，也开始涉足这个研究领域。帝国政府其实就是一个维持最低限度的政府，因受孟子的传统思想影响，对社稷管理得很宽松，孟子的思想以为，为政谨慎和适度赋税是衡量一个好政府的标准。因此，政府越少干预越好，同时把尽可能多的任务委派给独立机构去做。这样，政府在教育领域里的作用就变得微乎其微了。同样，很大一部分基础设施建设（包括维护这些设施）也都交给地方精英去做。

在清朝统治初期的200年间，清政府并未对明朝的赋税体系作多大改变，而明朝赋税体系最大的创新就是逐渐取消以徭役代税，以实物（谷

---

[1] 白乐日：《天朝的官僚主义》，巴黎：伽利玛出版社，1968年。

物）代税的体制，而以法定货币取而代之。①民众的税赋大部分还是来自于农业。1849年，国家整个税收约为白银4300万两，客观地说，这个税收还是相当低的，其中77%来自于农业。②

在19世纪下半叶，帝国需要调动大量的资源去招兵买马，以镇压各地的农民起义，尤其是要去围剿太平天国，同时还要调动资金，以应付一场接一场的抗击西方列强的战争，这其中有两场鸦片战争，有中法战争（1884—1885），还有中日甲午战争（1894—1895）。由于在这几场

中法战争之一役：1885年1月13日谅山有陇镇之战

战争中均遭到惨败，帝国还要支付大量的战争赔款，尤其是甲午战争战败之后，帝国支付的赔款竟然高得令人难以置信。中国学习西方，一开始还羞羞答答的，后来便放开胆量，逐渐走上现代化的道路，在此过程

---

① 卜正民：《备受困扰的帝国：元明朝代的中国》，剑桥：哈佛大学出版社，2010年，第117—119页。
② 王国斌：《鸦片及中国现代国家政权建设》，载于卜正民、若林正：《鸦片政权》，前引书，第204页。

中，中国要为大量的投资提供资金，包括创建重工业，设立兵工厂，修建铁路等，还要建立新的警察部队，或对城市做一些整治。为此，政府不得不大幅增加税赋。政府债务缠身，尤其是要向列强支付的战争赔款数额巨大，但这只是冰山一角，伴随而来的就是税制变革。不但税金总额增长得很凶猛，而且税金越来越沉重地压在生意人的头上。提高税赋最初只是为了对付19世纪中叶各地揭竿而起的农民暴动，商业税给政府带来的收入比土地税还要好。1853年，清政府为镇压太平军筹措军饷，对地方流通的货物实行值百抽一的商业税，又称厘金，这虽然只是一种权宜之计，但在混乱的政治局势当中，却不失为一种很实用的对策。厘金是由地方掌握、酌量抽厘的税种，征收对象为中间商，包括商人、大行铺户、行会等；在不同地区，不同类型的产品税率也不相同，同一产品在某地征税之后，在运输途中还会在不同的落脚点再次被征税。海关也同样发挥着很重要的作用。1854年，大清海关正式创立，对开放口岸所进口的货物实行征税，并将大部分进口税（扣除应向外国列强支付的债务之后）呈交给中央政府。大清海关的管理部门有外国人参与，在总税务司英人赫德的管理下，大清海关取得长足的发展，很快便成为清末税制当中的一件瑰宝，尤其是对盐税的管理更是令人称道，单单盐税一项就给政府带来丰厚的收入。在税制领域推出的一项接一项新税种把商业压得喘不过气来，但却让政府的收入持续增长，1885年，税赋总收入达白银7700万两。在这笔总收入当中，只有40%来自于农业税。农业税所占比重逐渐减少已成为一种趋势：在20世纪10年代初期，在3.02亿银两的税收中，只有16%来自农业。①

清朝末期，税收体制发生了很大变化，为鸦片逐渐设立的税种就是这

---

① 王国斌：《鸦片及中国现代国家政权建设》，载于卜正民、若林正：《鸦片政权》，前引书，第204页。

些变化的典型例子,因为鸦片税主要是向商业流通行业征收,是受外国人启发(甚至是直接领导下)而设立的管理结构所采取的决策,这表明中央政府有意增加税收,且希望看到越来越多的收入能直接纳入中央银库。

二、鸦片税及其作用

地方官僚和中央政府就如何分配税收一直在暗中较劲,其实这在中国并不是什么新鲜事,但双方很快就在鸦片税收方面较起劲来。地方当局率先在其境内对鸦片通商要道设置关卡,征收内贸厘税,从19世纪50年代中期起,上海、厦门、宁波以及江西河口等地纷纷开始对过境的鸦片征收厘税。[①]清廷当然不会无限制地放任地方去征税。1858年,自鸦片贸易合法化之后,政府便强制推行一种过渡的解决方案:除海关对进口鸦片每箱征收30两税金之外,政府还要征收厘金,鸦片和其他商品一样,只要在境内贩运就要缴纳厘金。各地方的厘税差别很大,尤其是各地方口岸总设法把自己管辖下的厘税设得低一些,好把周边口岸的鸦片都吸引过来,以增加自己的税收。因此,正是凭借较低的厘税,宁波将很大一部分鸦片交易都招揽过来,再以免税方式经温州输往其他地区,温州具有距离宁波较近的地理优势,除此之外,那里的税率也非常高。[②]

地方当局依然是鸦片贸易合法化的最大赢家,依照赫德的估计,1879年对鸦片所抽取的厘金竟然比海关的税收高一倍,厘金总额高达银530万两。鉴于鸦片进口税金直接纳入清政府银库,因此清政府更乐于去提高进口税金,以削弱厘金的份额。清政府的这一愿望与西方列强的想法不谋而合,西方列强批评中国所实施的厘税制度,认为这种制度既

---

① 王宏斌:《禁毒史鉴》,前引书,第178—179页。
② 《中国各通商口岸1880年度贸易收益报告》,上海:通商海关总税务司统计科,1881年,《1880年宁波贸易报告》,第130页,《1880年温州贸易报告》,第155页。

不连贯，又有很大的随意性。1876年，中英签署的《烟台条约》将双方的这种意愿落实到实处：进口鸦片税金定为每箱110两，缴纳这笔税金之后，进口鸦片便将被免除所有其他税赋，至少从理论上讲是免除税赋的。辛亥革命之后，这一体制被保留下来，但进口关税却成倍地增长，最终竟高达税银350两。

至于说中国产土药，清廷也一直在设法把税收控制在自己手里：1897年，在鸦片产区，土药的税赋为每担60银两。纳税之后，土药便被打上标记，不再缴纳其他税赋。这笔税赋由中央和地方政府分享。但对清廷来说，这项税改的好处还是十分有限的，依照朱尔典的说法，在土药税收当中，只有27%被纳入清廷的银库。①

来自于鸦片的财政收入是政府可以动用的主要经济来源，政府拿这些钱去投资兴国治邦的项目。不但清廷是这样做的，而且地方行政机构也是如法炮制，各省依靠鸦片厘税所投资的项目不胜枚举。在拱卫首都的直隶省，李鸿章出钱创立京师卫队和警察部队。19世纪末叶，逐渐走向现代化之路的中国推出许多具有远大抱负的项目，在1900年至1906年，张之洞在湖北汉阳创办兵工厂和钢铁厂，这个项目当中有26%的资金来源于鸦片税收。1906年，清政府开始全面推行禁烟政策，从而让这个天赐的甘露一下子变得枯竭了，这不亚于一场灾难，一个个重大项目也因此而半路夭折。②四川省政府一直致力于基础设施建设，具体举措就是创办汽轮船运公司，发展电报业务，并打算修建一条通往武汉的铁路，这些项目的资金大部分都来源于鸦片税收。③在四川省巴县，当地警察部

---

① 朱尔典的说法转引自包安廉：《现代中国与鸦片》，安阿伯：密歇根大学出版社，2001年，第72—86页；王宏斌：《禁毒史鉴》，前引书，第263页。
② 康念德：《毛瑟枪与鸦片贸易：1895—1911年之汉阳兵工厂》，福格尔、罗威廉主编：《变迁中之中国：韦慕庭教授退休纪念文集》，博尔德：西部风景出版公司，1979年，第113—136页。
③ 朱庆葆：《鸦片与近代中国》，前引书，第26页。

队的军饷就是靠鸦片烟馆所缴纳的税款支撑着。①

在北洋军阀统治时期，尤其是20世纪20年代，那是军阀统治的黄金十年，鸦片税收很大一部分都被用来招兵买马，购置武器装备，整个国家陷入连年不断的军阀混战，国力日渐衰竭。尽管如此，某些军阀还是采取了一些推进现代化的举措。因此，在广西这个最贫穷、最落后的省份里，桂系军阀推行一种相当有抱负的政策：创办学校，修建道路，这都是凭借征收鸦片过境税才得以实现的。②

在1800年之前，鸦片对宏观经济的影响可以忽略不计。但当时光进入到19世纪之后，则出现了两个明显不同的时段。

在1800年至1860年，鸦片在对外贸易当中发挥着关键性的作用，大量的白银因此而流出中国。从内贸角度看，与鸦片有关的商业尚未发展起来。鸦片生产对农村的影响也不太大。鉴于鸦片是不合法的产品，因此所有与鸦片贸易有关的收入都未纳入国家银库。

从1860年起直至1940年（1906至1916这十年不计算在内），鸦片消费和鸦片生产都进入一个旺盛期。进口的印度洋药虽已趋于减少，但依然有增有减，直至后来便彻底衰落下来，贸易往来总的发展势头是要终结鸦片在外贸领域里独占鳌头的局面。相反，从那时起，鸦片却在内陆与沿海省份财富转换的过程中发挥出关键作用，甚至成为税收的重要来源。在某些省份的乡村地区，罂粟则与其他农作物争夺可耕地。

虽然对鸦片所占经济比重的判断似乎是无可争议的，但还是要重新考虑该对鸦片的价值作什么样的评判，人们总是对鸦片作出负面的评判。之所以这样去评判鸦片，一方面是因为罂粟给农业带来不利影响；

---

① 白德瑞：《爪牙：清朝县衙之书吏及差役》，斯坦福：斯坦福大学出版社，2000年，第234页。
② 赖维奇：《国民党中国的广西模式：1931—1939》，阿蒙克：M.E.夏普出版社，1997年，第128—131，202，241—244页。

另一方面则是因为鸦片阻碍人们追求现代化的梦想。对于第二个因素（假设西方的经济模式被看作是一种万能药的话，可如今我们把西方经济的疑难点看得更透了），所有的效果似乎都相互抵消了，因为鸦片在资本积累过程中，在投资领域所起到的作用也许是负面的，不过它在整合资源方面还是发挥出一定的正面作用，让国家有能力融入到经济生活之中。

至于说罂粟在农业方面的负面影响，鸦片既占用可耕地，又占用劳动力资源，这是不争的事实，因为无论是耕地，还是劳动力，都可用于种植更"有益"的农作物。不过还是应该去考虑，过分强调谷物生产是否会带来更多的好处，这无疑是要让有限的可耕地出产更多的粮食。从短期看，由于人口压力，出产更多的粮食可以确保人能生存下去。不过从中长期看，从技术层面上看，这难道不是预示着人口还会增长吗？人的生存问题不是还会再次提出来吗？这个问题在一定程度上可由精耕细作或开垦新的可耕地来解决，但不管是精耕细作，还是开垦新的可耕地，中国在那一时期就早已没有更多的回旋余地了。

在合理的范围内，让罂粟或者像烟草那样的知名经济作物占用一些可耕地，会让少数民众去享用多种多样的农产品，甚至去享用某种乐趣。有些农作物并不提供热量，比如水果类的农产品，难道也应舍弃水果，只去种植粮食吗？其实这也是一种选择，这种选择并未把鸦片生产看得过于严重，但这种说法却从未有人提起过。

第四章
鸦片：内政的关键筹码

在整个19世纪，鸦片在经济生活中发挥着重要作用，这个作用如此之大，甚至已经影响到政界，人们对此却并不感到吃惊。事实上，如果从年代顺序角度来看，有关鸦片的政策最先是依照鸦片在经济生活当中的比重来制定的，只是到后来才在很小的程度上，依照其对社会生活的影响去制定的。实际上，直到19世纪末，对公众健康的考虑才逐渐发挥出作用，并在20世纪当中占据了上风。

第一节 1729—1842年：问题的源头

在这段时间内，在对鸦片的限制性规定逐步完善之前，有必要针对鸦片采取进一步的政治行动。

一、早期的禁毒诏令

早在1729年，大清帝国就对鸦片采取了必要的行动，如今看来，这的确让人感到吃惊。不过有一点还应着重说明，雍正皇帝在1729年所颁布的诏令只是在后来才得到重视，那时历史学家正着手挖掘历史档案，看大清帝国最初针对毒品采取了哪些对策。

1728年12月，广东的一位下级军官拟就了一份报告，雍正帝在1729年所颁布的禁毒诏令似乎就是针对这份报告起草的。事实上，鸦片问题

身穿汉服的雍正帝

当时远未成为清政府关注的焦点问题。雍正的诏令究竟是在什么背景下颁布的，目前依然缺少确凿的证据来详述这个问题。正如冯客明确指出的那样，如果这条诏令标志着清政府已开始对鸦片感到忧虑的话，那么它不过是在效法此前所颁布的禁止吸食烟草的法令，①但那些法令似

---

① 冯客：《毒品的文化：中国毒品史》，前引书，第33—35页。

乎执行得并不好。1729年的诏令不主张对开设烟馆的人执行死刑，只是把他们当作散布异端邪说者。对于那些进口或销售毒品的人则处以枷号刑罚，并被流放到几千里以外的边远地区。尽管如此，在诏令颁布后的几十年当中，雍正帝的这项诏令并未得到执行。19世纪初，鸦片生意日渐兴旺，甚至将会影响政治局势，这时鸦片才成为清政府的心腹重患。①1813年8月15日，嘉庆帝颁布谕旨，②这项谕旨最大的变化就是所有吸食鸦片者都会遭到惩罚：如果某人被证实吸食过鸦片，将被处以杖刑、枷号；如果是官员犯案，除了遭受刑罚之外，还要被撤职。③后来到了1830年8月，道光帝也颁布谕旨，对种植罂粟者绝不姑息，定要严惩，这对在中国已成蔓延之势的罂粟种植起到一定的遏制作用。④

禁烟诏令一个接一个地公布于世，在刑法的打击下，鸦片的交易活动范围却变得更广阔了。即使清政府已开始日益关注鸦片问题，到19世纪30年代初期，鸦片也不再是一个秘而不宣的问题了，不过鸦片交易主要还是广东地方政府管辖范围的事情，地处华南的广东省虽富庶天下，但在战略决策方面依然不会偏离清廷。虽然清廷采取了一些对策，却依然未把毒品对臣民健康的危害重视起来。在1810年至1820年涉及鸦片的官方文件里，反复出现的导向主题就是：吸食鸦片伤风败俗。在写给皇帝的奏折中，两广总督阮元（1817—1826年在任）就已经对进口毒品对经济的影响感到忧虑不已。⑤

一方面，官方着手对鸦片采取日益严厉的态度，另一方面，帝国的

---

① 贝杜维：《鸦片与帝国之界限》，前引书，第119—120页。
② 历史学家井上裕正和贝杜维在各自的研究中揭示，确实有一份皇帝在1796年颁布的禁烟诏令。井上裕正：《清代鸦片政策史研究》，京都：京都大学学术出版社，2004年，第222—241页；贝杜维：《鸦片与帝国之界限》，前引书，第20—22页。
③ 马模贞：《中国禁毒史资料》，前引书，第11页。
④ 贝杜维：《鸦片与帝国之界限》，前引书，第121页，第125—126页。
⑤ 比如可参阅阮元于1822年4月19日呈送皇帝的奏折，载于马模贞：《中国禁毒史资料》，前引书，第20—22页。

国内局势也开始变得恶化起来。大清帝国的黄金时代在乾隆皇帝当政时已趋于终结。乾隆统治时期的最后20年里，官员贪污腐败，朝廷重臣和珅四处敲诈勒索，更让贪腐官员有恃无恐，而和珅仰仗自己是皇帝的宠臣，肆无忌惮地在朝廷内部结党营私。在新旧世纪交替之际，北方地区爆发白莲教起义，为镇压起义军，清廷耗费大量资金，使国库呈现空虚之势。自从满人建立清朝一个多世纪以来，内乱似乎又要卷土重来，太平盛世正在遭受威胁。况且大清王朝正面临经济局势的挑战，因此王朝的根基也开始变得不稳固了，在经过康乾盛世之后，后世的皇帝虽说并不完全碌碌无为，但也乏善可陈。①

二、1836—1838年的辩论

在19世纪30年代中期，鸦片首次在国家最高层次的辩论当中成为重要主题。这与当时国内局势的变化不无关系：一是鸦片消费增长过快；二是从印度进口的洋药持续猛增，这给清朝的金融体系带来严重后果。

从19世纪30年代初期开始，道光皇帝陆续收到多位大臣的奏折，奏折禀报民众吸食鸦片不仅仅局限于华南一地，已呈现出向其他地区蔓延之势。1832年，一队清兵被派往粤湘桂交界的连州地区去镇压瑶族民众起义，军中有两成官兵吸食鸦片成瘾，已丧失战斗力，这队清兵便被撤回军营。②还有一些奏折暗示南方诸省驻军的局面同样不容乐观，比如福建、云南、浙江、四川及贵州的驻军都出现官兵吸食鸦片，军力下降的局面。③因此有必要对日趋衰弱的帝国作一次诊断，因为鸦片竟然已渗透

---

① 罗威廉：《最后的帝国：大清王朝》，前引书，第153—158页。
② 《中国丛报》：第1卷，第1期（1832年5月），第31页；詹姆斯·波拉切克：《鸦片战争与清政府之内部斗争》，剑桥：哈佛大学出版社，1992年，第109页。
③ 监察御史冯赞勋于1832年9月2日上书的奏折，载于马模贞：《中国禁毒史资料》，前引书，第45页。

第四章 鸦片：内政的关键筹码

乾隆帝在位60年，清朝由盛而衰。图为乾隆帝骑射像，意大利画家郎世宁绘

到维护国家安全的军队当中。

当皇帝面临一个重大问题时,总会要求当朝重臣每人呈上一份奏折,向皇帝阐述该采取什么样的对策,这是一种惯常步骤。到了19世纪30年代中期,道光皇帝便要朝廷大臣就实行禁烟还是为增加税收让鸦片

道光帝在位时期爆发了鸦片战争。图为道光帝与后妃及子女在一起

贸易合法化,来发表各自的看法。所有的大臣都认为白银外流已经十分严重,必须立即加以制止。不过,究竟该怎样做才能扭转这种局面,大臣的意见却存在着很大的分歧。这场辩论格调极高,影响深远,①在具体叙述这场辩论的内容之前,我们还是应该分清楚两个相互对立的阵营:一方是弛禁派;另一方是严禁派。

---

① 苏智良:《中国毒品史》,前引书,第158页。

第四章 鸦片：内政的关键筹码

早在此前几年当中，主张弛禁的观点就已在文人圈子里酝酿开来，这些文人与广州公行体系的富贾过往从密。后来在广东任职的官员也转而支持弛禁的观点，这些官员与那个文人圈子也有很密切的联系。这些人似乎从当地从政的经历中得出一个双重结论：一方面，由于走私活动猖獗，严禁鸦片进口已成为一种不现实的政治目标；另一方面，一旦与英国人发生军事冲突，帝国很有可能会遭遇失败。1834年夏，英国的两艘炮舰在珠江三角洲炫耀武力，发挥出一定的威慑作用。两艘炮舰现身珠江三角洲的目的是为了声援英国特使律劳卑与清政府展开谈判，要求清政府在开设广州口岸的基础上，增开贸易口岸。由于律劳卑并没有强大的军事手段做后盾，区区两艘战舰还是显得势单力薄，因此在与中国人交往过程中，他并未取得任何成果。尽管如此，律劳卑的挑衅还是显示出英国炮舰在火力上占有绝对优势，同时也暴露出拱卫广州城、抵御外族军事入侵的炮台竟然不堪一击。这个近乎于耻辱的小插曲让在南方任职的帝国官员们深感震惊，他们之所以提出弛禁的主张，是因为他们已意识到，一旦发生战事，帝国将承受极大的风险。作为皇帝最为信任的重臣之一，阮元则是这一派里最显赫的政治人物。

支持弛禁派主张的人自然会被人怀疑是在为公行、为中饱私囊的地方官员谋取利益，虽然他们标榜自己这样做是在捍卫国家利益，是在保卫江山社稷，但他们绝不会屈从于公开化的政治目的。如此大规模地将禁烟斗争当作一种工具，以期达到治理国家这样一个政治目的，这是当朝皇帝首次使用的一种手段。正如詹姆斯·波拉切克所指出的那样，这个例子恰好说明宫廷内小集团在相互争斗，一方利用这一问题，去打压另一方，好把自己人安插到重要位置上，让学士精英去监督管理官僚机构。[①]

---

① 詹姆斯·波拉切克：《鸦片战争与清政府之内部斗争》，前引书，第78—99页。

弛禁派的论据显然是以许乃济的奏折为依据的，许乃济于1836年6月10日向皇帝呈递奏折，提出自己的建议，许乃济是京城里的一个小官，由他出面向皇帝呈递奏折是为了不给那些原本持有类似想法的高官招惹麻烦（比如像阮元那样的高官），同时也让这一建议看上去未浸染过多的地方主义色彩，否则清廷会认为这一建议不值得信任。许乃济的奏折显然是参照广东名士吴兰修的《弭害篇》而撰写的，只不过他对此文作了修改和润饰，《弭害篇》大概写于1831年至1832年，[1]而吴兰修(1789—1837)则在阮元于1824年创办的学海堂书院里任学长，[2]这篇文章清楚地表明与公行过从甚密的广东官吏有很大的影响力。在许乃济的奏折里，正像当时呈递给皇帝的所有奏折一样，经济因素的考虑是压倒一切的议题。他建议通过洋行向进口鸦片征税（正如乾隆帝当政时所做的那样），入关交行后，只准以货易货，不得用银购买。他认为鸦片走私根本无法彻底根除，鸦片的高额利润诱惑太大了，实行禁烟会让那些胆大妄为的官员去行敲诈勒索之勾当，甚至去滥用自己的职权，用行政文书来压制所有的诉求。不过，虽然他建议让毒品合法化，但却要求以政府的名义严格禁止文武官员及士兵等吸食鸦片。[3]许乃济的主张很快就得到两广总督邓天桢的支持，邓天桢于1836年9月7日提议在中国的丘陵地带种植罂粟。邓天桢也认为禁止文武官员及文人雅士吸食鸦片具有教育意义，让吸食鸦片者蒙受耻辱将会让他们洗心革面。[4]

严禁派的代表人物朱嶟也在当月向皇帝呈递奏折，从而打开了反击

---

[1] 井上裕正：《清代鸦片政策史研究》，前引书，第171—176页及261页注解3。
[2] 麦哲维：《学海：19世纪广州的社会流动性与身份认同》，剑桥：哈佛大学出版社，2006年，第113—119页。
[3] 许乃济于1836年6月10日上书的奏折，载于马模贞：《中国禁毒史资料》，前引书，第50—51页。
[4] 邓天桢于1836年9月7日上书的奏折，载于马模贞：《中国禁毒史资料》，前引书，第52—54页。

第四章　鸦片：内政的关键筹码

弛禁派的火力网，他在奏折中反驳许乃济的某些论点，依照他的说法，烟民不喜欢土药，因为这些人总是喜好来自海外的进口商品。况且，如果一旦允许种植罂粟，罂粟必然会给谷物生产带来不良影响，在中国当时的历史背景下，这一论据很有杀伤力。朱嶟认为鸦片是洋人拿来奴役中国人的工具，具体来说，就是那些"红毛鬼子"拿鸦片当工具，来征服当地民众，占领爪哇的荷兰人就是这么干的。朱嶟最后还列举1832年瑶族人暴动后清政府派兵镇压的例子，以此来证明毒品会削弱士兵的战斗力。[1]

在弛禁派与严禁派的第一场交锋当中，严禁派似乎占了上风，因为皇帝并未撤回业已生效的禁烟法律。

两年过后，1838年6月2日，黄爵滋向皇帝呈递奏折，再次挑起辩论，并提出一套完整的新策略。[2]他最担心的依然是白银外流的问题，他所提供的白银外流数据有夸大之嫌。[3]他以巧妙的手法、老练的谏言策略，向弛禁派做出让步，承认要想彻底根除鸦片走私是不可能的，但他的方案是要让走私鸦片找不到市场。他列数禁烟的各种举措，最后提出自己的方案：严惩鸦片吸食者，甚至可以判处他们死罪。黄爵滋的奏折堪称是弛禁辩论当中高官所撰写的最出色的檄文，这份奏折结构缜密、立意新颖，颇像一份纲领性的文件。为解决这个问题，他提议将禁烟重点放在吸食鸦片者身上，因为烟民很容易辨认（这表明当时人们已意识到人对鸦片有依赖性，要让人去戒除对鸦片的依赖，也就是说要把烟民当作吸毒者来处理）。几周之后，黄爵滋的建议得到湖广总督林则徐的支持，同年7月10日，林则徐也向皇帝呈递奏折，奏折只是对黄爵滋的建

---

[1] 朱嶟的奏折英译本载于包安廉：《现代中国与鸦片》，前引书，第15—20页。
[2] 马模贞：《中国禁毒史资料》，前引书，第62—63页。
[3] 滨下武志：《1810—1850年间中国的外贸财政》，前引文，第391页。

议作了一些评注而已。①

令人感到惊奇的是，无论是在黄爵滋的奏疏里，还是在林则徐奏折里，都找不到对广东省的处理意见，然而几个月过后，皇帝的批复恰好涉及广东省。之所以决定在广东省采取攻势，并不是因为那里的问题已得到控制，其实广东省的问题远没有得到控制。实际上，当时另外一个高官，漕运总督周天爵向皇帝提出截然相反的对策，即便他也确信应该采取强硬的手段来处理这个问题。他把中国比作一个人，如果人的下肢染疾，不应只针对下肢去开药方，而是要从心脏入手去根治，也就是说，治理鸦片问题，要从帝国的心脏，即从京城入手去治理这个问题，然后再循序渐进去处理南方的问题。依照他的说法，这种方法最终可以集中全力去医治烟灾最严重的区域，即广东省和福建省。②詹姆斯·波拉切克认为这个选择不过是出于策略上的考虑，并强调指出宫廷内的维新派力量还不够强大，不足以将其举措推行到整个帝国当中去，皇帝就黄爵滋的奏折向26位官员征询意见，其中有19位官员反对黄爵滋的建议，这恰好证明帝国内部有些政治力量不够强大。或许林则徐渴望谋得两广总督职位的雄心也从中发挥出一定的作用。③然而令人感到奇怪的是，波拉切克并未深入探讨皇帝为何从1839年中旬开始命全国推行林则徐和黄爵滋所禀奏的策略。

实际上，从1832年起，道光皇帝就设法让两派进行辩论，相互对峙，但却不露声色，不拿出任何一锤定音的决策，直到1838年底，皇帝才作出最后的决定。道光帝下达谕旨，召林则徐进京陛见。林则徐得到

---

① 林则徐于1838年7月10日上书的奏折，载于马模贞：《中国禁毒史资料》，前引书，第67—71页。
② 周天爵于1838年7月19日上书的奏折，载于马模贞：《中国禁毒史资料》，前引书，第77—78页。
③ 詹姆斯·波拉切克：《鸦片战争与清政府之内部斗争》，前引书，第127—135页。

皇帝的赏识，说明皇帝信任他，支持他的主张。①道光皇帝任命他为钦差大臣，前往广东推行他的禁烟政策，抵达广东之后，林则徐便着手实施禁烟行动。他一方面要堵住源头，迫使外国鸦片商贩就范；另一方面，又要和吸食鸦片现象做斗争。各个书院（起码那些并未公开支持弛禁主张的书院）都是他这次禁烟行动的核心力量。林则徐决定住进广州最重要的一家书院里，此举颇有象征意义，在入驻广州的第一年里，他一直住在这家书院里。②接下来，他开始对烟民实行各种严厉的惩罚措施。几乎所有的鸦片烟馆都被责令取缔。然而，他最担心的还是如何阻止文人雅士及官员们吸食鸦片，这类"有学识"的人物对民众能起到一种榜样作用，③他还拿出富有创意的设想，为公众开设了第一家戒烟所。④林则徐深知黑社会在鸦片贩运过程中所起的作用，随即下令黑社会不得阻扰政务，但最终似乎并未取得多大成效。⑤

十几年来，在对北京的历史文献进行挖掘之后，人们对禁烟行动的看法也有所改变，过去人们一提起禁烟行动，就会想到林则徐在虎门销烟的壮举，这种想法还是太片面了。一方面，正如我们在前文所介绍的那样，在虎门销烟行动之前，禁烟已是全国范围内的头等大事。比如在1838年下旬，直隶总督琦善便在拱卫京城的省份内大张旗鼓地展开禁烟行动，尤其是在天津地区重点打击鸦片走私活动，从而得到皇帝的褒奖。⑥另一方面，在1839年中旬，皇帝颁布了极为严厉的诏令，几乎所有涉及鸦片贩运、制作、销售的案犯都将被判处死罪，到后来甚至连吸

---

① 魏丕信：《帝国统治危机时期清代君主的朝政观点——以19世纪考绩为例》，载于《清史公论》杂志，第29卷，第1期（2008年6月增刊），第153页。
② 詹姆斯·波拉切克：《鸦片战争与清政府之内部斗争》，前引书，第148—149页。
③ 同上，第131—133，142—143页；魏斐德：《大门口的陌生人：华南地区的社会乱象，1839—1861年》，伯克利/洛杉矶：加州大学出版社，1966年，第35页。
④ 《教务杂志》：1839年5月期，第55页。
⑤ 麦柯丽：《暴发户》，前引文，第20页。
⑥ 肖红松：《近代河北烟毒与治理研究》，前引书，第278—284页。

食鸦片都会判死罪。①不过,凡被查处的吸食者将获得一年半的缓刑。正是由于全国范围内的大规模禁烟行动,林则徐才得以放开手脚,大展宏图,因为全国都在做他的后盾。我们不妨来看看贵州省的例子,贵州

林则徐监督销毁鸦片

省的数据还是相当完整的,在1839年2月至1842年9月,共有824人被判处死罪(鸦片贩运、吸食,种植罂粟),根据各公署所提供的数据,在被判处死罪的人当中,有各种违法犯罪的人,这表明贵州省在执行立法时非常严厉。②此外,1839年所颁布的一系列诏令构成清帝国鸦片政策的基石,这一政策一直执行到19世纪50年代末期。

在广州的禁烟行动取得巨大成果之后,由于清帝国在第一次鸦片战争中遭遇失败,禁烟行动骤然而止,林则徐也于1840年年底被革职(被革去两广总督职务,并于1842年被判处充军伊犁)。③全国各地的禁烟

---

① 王宏斌:《禁毒史鉴》,前引书,第106—107页。
② 贝杜维:《鸦片与帝国之界限》,前引书,第240—243页。
③ 詹姆斯·波拉切克:《鸦片战争与清政府之内部斗争》,前引书,第210页。

行动也都遭遇挫折。鸦片战争惨遭失败的后果并非是禁烟行动受挫的主因。正如法国历史学家巩涛所指出的那样，在清朝末期，刑部的官员对死罪一直持保留态度，他们甚至不惜采取作弊举动（比如为故意杀人嫌犯重新定罪），就是为了避免判处嫌犯死罪。①因此，对于在1839年6月被判处死罪的鸦片吸食者，在经过18个月的缓刑之后，在1841年年初，由于地方当局一直对执行死刑犹豫不决，所以很有可能会作出更改判决的决定。②

第二节　1842—1906年：清廷优柔寡断

直到1858年，鸦片一直是非法的。不过，鸦片很快就不再是一个首要问题了，因为从19世纪中叶起，清政府不得不面对各地风起云涌的农民起义，气势磅礴的农民暴动让大清帝国陷入风雨飘摇、摇摇欲坠的危险境地。规模最大的农民起义太平天国将禁烟运动扼杀在了摇篮之中，1850年2月，新登基的咸丰皇帝想推行更强硬的禁烟政策，并于当年8月颁布一项极为严厉的诏令。③

不管怎么样，正如古伯察神父在对19世纪40年代的中国进行观察时所撰写的那样，"大清律禁止吸食鸦片，凡吸食者皆处死罪，但未见此等法律带来任何益处，而此法律早已被弃之不用，人人皆可自由吸食，

---

① 巩涛：《"拯救生命"：论清末的司法舞弊现象》，载于《社会科学研究汇编》，第133卷（2000年6月），第32—39页。
② 贝杜维：《鸦片与帝国之界限》，前引书，第137—142，160—164页。
③ 王宏斌：《禁毒史鉴》，前引书，第177页。

却未曾见有人惧怕刑部动真"。①麦柯丽对183例死罪样板作了分析研究，这些嫌犯在1819年至1860年间因违法禁烟法律而被判处死罪，她的研究让人清楚地看到，即便有人确实在禁烟行动中被处死（被处以绞刑），所伤害的也只是那些微不足道的人，却伤不到贩运鸦片幕后组织者的一根毫毛，更不会让那些官员伤筋动骨，因为有人巴不得要向这些官员去行贿呢。判处死罪的律法起不到任何威慑作用，也就无法去遏制鸦片消费增长的势头了。②

因此，至19世纪中叶之后，各界都对吸食鸦片持一种宽容的态度。帝国明令禁止毒品买卖，任何鸦片交易都是违法的，但这并未对鸦片进口产生任何威慑作用，而在1858年至1860年鸦片贸易合法化之后，进口鸦片的数量并未明显增长，这一事实也清楚地表明，宣布鸦片为非法并未遏制住鸦片的进口量。③地方上的各级官员倒更希望把鸦片看作是一种普通商品，因为他们担心如果贸然去打击消费鸦片的行为，会激起民众的敌意。况且鸦片开始为国家行政机构带来滚滚的财源，再去打击鸦片消费就会得不偿失了，再说他们还能得到方方面面的贿赂，个人的腰包也能鼓起来。④正如我们在前文所指出的那样，鸦片厘税是在省一级及地方一级征收，征收形式也多种多样，而且是在鸦片贸易合法化之前就已开始征收了。⑤

在鸦片贸易合法化之后，官方对鸦片所采取的对策大多是由地方官吏提出来的。清廷很少再去推行这种对策，即使想向其他地区推行，也

---

① 古伯察神父：《"鞑靼西藏旅行记"成书之后的中华帝国》，巴黎：德高姆出版社，1857年（1854年第1版）。
② 麦柯丽：《暴发户》，前引文，第1—47页。
③ 《中国各通商口岸1865年度贸易报告》，上海：通商海关总税务司，上海，1866年，第79页。
④ 史景迁：《鸦片》，载《中国纵横》，纽约：诺顿出版公司，1992年，第228—256, 252—253页。
⑤ 《中国各通商口岸1866年度贸易报告》，前引书，第3页。

第四章 鸦片：内政的关键筹码

只是走走过场，这些对策大多涉及华北地区。在这一地区，农村的局势很不稳定，尤其是鸦片种植面积有增无减，农耕社会的均衡处于危险境地。因此，在19世纪70年代中叶，山西巡抚鲍源深便开始着手在其管辖区域内根除罂粟种植。鲍源深向皇帝呈递奏折，恳请圣上颁布诏令，在全国范围内禁止种植罂粟。①皇帝确实颁布了严厉的谕旨，但效果并不明显。1876年至1879年，华北地区连年遭遇饥荒，清廷便于1878年4月颁布诏令，在全国范围内禁止种植罂粟。然而，只有陕西、甘肃，尤其是山西省认真执行了这项诏令。禁种罂粟的成果还是十分显著的，不过禁种的努力只维持了几年光景。②在山西省这个遭受自然灾害最严重的省份，一位传教士曾在1881年不无心酸地指出，单就罂粟种植而言，局面又退回到禁种之前的老样子上去了。③1882年，时任山西巡抚的张之洞再次采取一系列禁烟行动，强行关闭鸦片烟馆，开设戒烟局，然而清廷对他的举措并未给予强有力的支持。1884年5月，张之洞被任命为两广总督，他离任之后，山西省的禁烟运动也随他的离去而停滞不前。④

在禁烟斗争中，清廷并未拿出坚定的政策，山西省的局面就是这一政策的典型例子。地方上提出了许多积极的倡议，但由于清廷对这些倡议麻木不仁，没有积极主动去采取统一的协调行动。每一次都是某个热血澎湃的地方官员提出倡议，因此这样的倡议就有很大的局限性。这些官员似乎正是通过这种方式让自己得以晋升。⑤护理江苏巡抚谭继洵的例子很能说明问题，1880年3月谭继洵发起禁烟运动，在其管辖的江苏省，

---

① 王宏斌：《禁毒史鉴》，前引书，第236—238页。
② 同上，第241—243页；《中国之友》：第三卷，第18期（1879年2月），第283页，（1880年12月），第204—205页。
③ 《中国之友》：第四卷，第10期（1881年4月），第266页。
④ 王宏斌：《禁毒史鉴》，前引书，第248—252页。
⑤ 包安廉：《民国时期的中国人和鸦片》，前引书，第28—29页；布兰和巴恪思：《慈禧太后治下的大清》，伦敦：海尼曼出版社，1911年，第504页。

尤其是在上海县严格查禁鸦片烟馆。①他同时严令禁止官员吸食鸦片。为此,他还颁发了告示通饬,这篇告示的开篇读来很有意思,因为谭继洵公然宣称自己是鸦片毒品的强硬对手,"本官系江苏巡抚谭继洵,特发告示通饬:鸦片烟馆毒害民众。履任道台及按察使时,②本官亦殚精竭虑,力查禁烟馆,成效斐然"。③如同19世纪30年代出现的维新派一样,

巡视禁烟的清朝官员

把自己标榜为反鸦片的顽强斗士是"有利可图"的,就好像断案敏锐、判案公正的司法官吏那样,为自己塑造出一个刚正不阿的官员形象。

毫无疑问,有些人物刻意去塑造禁烟斗士的形象,以追求官运亨通,但有些官员晋升到自己梦寐以求的高位时,却转而采取极为冷酷的实用主义策略。张之洞在就任山西巡抚时,大张旗鼓地展开禁烟运动,

---

① 然而,虽然谭继洵花费了不少心血,但他在上海县所发起的禁烟运动似乎收效甚微,因为烟馆在法租界及其他外国租界里照开不误。
② 道台是比巡抚低一级的行政长官,通常下辖两个府。
③ 转译自《就鸦片问题对华展开谈判而与印度政府磋商的函件》,伦敦:英国皇室文具署,1882年,第40页(转自包安廉:《现代中国与鸦片》,前引书,第24页)。

第四章 鸦片：内政的关键筹码

但在其仕途生涯的后期，却利用鸦片厘税建起了汉阳兵工厂和炼铁厂。几年过后，当他升任为清廷重臣时，感觉不能仅依赖传统税赋去实施其改革纲领，于是便上奏皇帝，建议对鸦片实行专卖，以扩大税收收入。①王宏斌在其专著里介绍说，晚年的张之洞甚至成为一个吸食鸦片的瘾君子。②

从19世纪中叶起，出现了一种积极主义思潮，其重要性并不在于即刻对鸦片消费产生影响，而在于其本身就是一种尝试，对后来的禁烟行动发挥促进作用，到20世纪初期，禁烟行动呈现出另一种态势。1876年初，民间第一个反鸦片社团在广州成立。在接下来的几十年当中，这个社团一直十分活跃：组织讲座，张贴宣传告示，散发传单，向当局递交请愿书等。这个社团似乎与传教士并没有什么特殊的联系，传教士们在提到这个社团时，也并未表现出更大的热心。③几年过后，北京戒大烟会也宣告成立，不过这个社团有一个名叫邵康稔的领导者，是个基督徒，由此有人猜测传教士与该社团有一定的关联。④在那些年当中，中国的社会精英开始组织起来，创办戒烟机构，或与外国传教士携手去办，或完全依靠自己的力量去筹建。⑤

不过这些积极的行动依然是孤掌难鸣，因为这种斗争手法已落后于形势，鸦片已越来越深地浸入到社会的各个阶层，以至于当1890年清廷

---

① 张之洞于1901年10月2日上书的奏折，载于马模贞：《中国禁毒史资料》，前引书，第365—366页。
② 王宏斌：《禁毒史鉴》，前引书，第252页。王先生并未详细提供信息来源，只是说"据一位非常了解清廷高级集团生活的外国记者讲"。
③ 《中国评论》：第4卷（1875年7月—1876年6月），第267页；《中国之友》：第二卷，第3期（1876年8月），第58—61页，第二卷，第7期（1877年2月），第118—119页；《鸦片侵蚀晚清中国》，伦敦：帕特里奇出版公司，1883年。在此感谢陆康，让我得以确定邵康稔这个人。
④ 1890年8月2日的传单：《北京禁烟协会致英国所有热爱美德的人》，原文为中文，英译本及原件影印件现收藏于大英图书馆。
⑤ 《中国之友》：第九卷，第2期（1886年6月），第56页；第6期（1887年10月），第177页。

宣布罂粟种植合法时，这一谕旨竟然没有引起太大的反响，因为它不过是承认一种既成事实罢了。[①]况且，我们还应注意到，朝廷重臣已不再把鸦片当作一个首要问题来处理了。[②]

要对鸦片的认知来一场革命，才能促使局势发生根本性的转变，鸦片并不仅仅是社会诸多问题当中的一个，而且是国运衰弱之根源，是威胁到中华民族生死存亡的祸根，让民众去认识这一点已刻不容缓。正是在有识之士的这种强烈呼吁下，清朝才于1906年重新采取积极的禁烟政策。

第三节　1906—1916年：十年计划，社会总动员的创举

放弃鸦片厘税收入并不是一件简单的事情。在烟民当中引起不满情绪，让那些从事鸦片贸易的人怨声载道，这肯定要冒很大的政治风险。但做出这样的牺牲已成为历史的必然选择，无论是清廷的决策机构，还是朝廷的各级官员，都应拿出勇气，为公众做出表率：清廷不再征收鸦片厘税，不再以此作为税收来源，这完全是为了公众的利益。清廷也意识到英国的态度也在转变，尤其是反鸦片的院外集团一直在敦促英国政府终止鸦片贸易，这无疑给清廷提供一个良机。1907年，中英签署禁烟条约，清廷的十年禁烟计划是以这项条约为依据而展开的，条约规定如果中方能按计划降低土药生产，英方不会趁机增加印度洋药的出口。

[①] 苏智良：《中国毒品史》，前引书，第159页。
[②] 王国斌：《鸦片及中国现代国家政权建设》，载于卜正民、若林正：《鸦片政权：中国、英国和日本，1839—1952》，前引书，第191页。

第四章　鸦片：内政的关键筹码

一、指导性意见

禁烟行动势必要纳入到新政更广泛的范畴之中。新政是指从1901年1月起，清廷所展开的一系列改革，以振兴中国，巩固皇权。新政的实施范围很广（改革官制，整顿吏治，修改立法，鼓励工商业），尤其是教育领域的改革举措给人留下深刻印象，新政废除了科举考试，让这个支撑政治及社会体系的支柱之一轰然倒下。在政治方面，一种朝君主立宪政体转变的变革正羞答答地踏上征程。经纳税选举法推选出地方协商议会，这一步骤意味着要将禁烟斗争纳入到变革的结构之中。实际上，烟民不享有选举权，因此他们也就没有被选举的资格了。①新增设的巡警在大城市里已成为护卫变革的武装力量，巡警在招募警员时，也将烟民排除在外。②所有这一切都清楚地表明，鸦片在人们希望看到的那个新中国里是没有地位的。

1906年9月20日，清廷颁布谕旨，宣布实施禁烟新政，在十年之内分阶段完成，并于11月1日公布了十条禁烟章程，推出具体举措。③禁烟计划从供需两端入手，采取联合行动。谕旨要求每年减少一成罂粟种植面积，严禁新增土地种植罂粟（第一条）。在鸦片消费层面上，谕旨明令地方官员对烟民实施登记管理，勒令吸食者减少鸦片消费量，只允许有牌照者吸食（第二和第三条）。所有鸦片烟馆应立即关闭，少数允许开放的烟馆应受严格的监督控制，并按要求把消费量降下来（第四和第五条）。这一禁烟攻势的基础就是各级官员要做出表率，此项要求在林则徐时代就已经提出过：如果要求普通民众可在最长十年之内彻底戒烟，

---

① 英国外交部档案：编号228/1695，有关中国的情报报告，截止于1908年11月30日。
② 王笛：《街头文化：成都公共空间，下层民众与地方政治，1870—1930》，斯坦福：斯坦福大学出版社，2003年，第131—132页。
③ 禁烟章程文本载于马模贞：《中国禁毒史资料》，前引书，第399—401页。

那么各级官员、学长（60岁以下）及士绅就应在半年内戒掉烟瘾（第九条）。清廷鼓励地方创立戒烟协会，其活动内容应以反鸦片为宗旨（第九条）。单从禁烟计划的形式来看，这份文件就已经带有现代性的色彩：对禁烟行动不但作出严格的规定，而且还要在若干年当中持续执行下去，这一设想让人看到时间观念的新形式，这也是受西方和日本影响的结果，也算是新政的标志之一吧。①

清廷给予地方当局很大的自由，甚至赋予地方士绅很大的权力，以便让他们去执行这项禁烟计划。诚然，清廷也会派遣专员去实地考察禁烟的成果。②在中央政府的直接过问下，直隶省的禁烟运动搞得如火如荼，运动势头迅猛，激进且彻底，这无疑给全国的禁烟运动定了调子。③尽管如此，如果从全国范围来看的话，各地区禁烟运动的节奏有快有慢，手段也有明显不同。

二、计划的执行与结果

1906年，有些官员显然并不相信中央政府的政治意愿。在山东省，当禁烟谕旨颁布半年之后，各级官员普遍都在观望。④在湖北宜昌，英国领事注意到，地方当局在1907年整整一年当中几乎什么也没做。⑤此外，在禁烟运动中湖北省还是远远地落在了后面，在禁烟谕旨颁布后整整一年当中，湖北省竟然未向民众公布这项谕旨，成为全国唯一未公布

---

① 玛丽安娜·巴斯蒂：《时间解释与日本的影响——中国近代的过去、现在及未来的概念》，载于狭间直树（编）：《西洋近代文明与中华世界》，京都：京都大学学术出版社，2001年，第41—54页。
② 法国外交部档案：新案卷，法国驻华大使德·马尔格里于1910年10月12日撰写的报告。
③ 肖红松：《近代河北烟毒与治理研究》，前引书，第363页。
④ 英国外交部档案：编号228/1662，1906年10月至1907年1月济南情报报告，1907年2月至4月济南情报报告。
⑤ 同上，英国驻宜昌领事的情报报告。

第四章　鸦片：内政的关键筹码

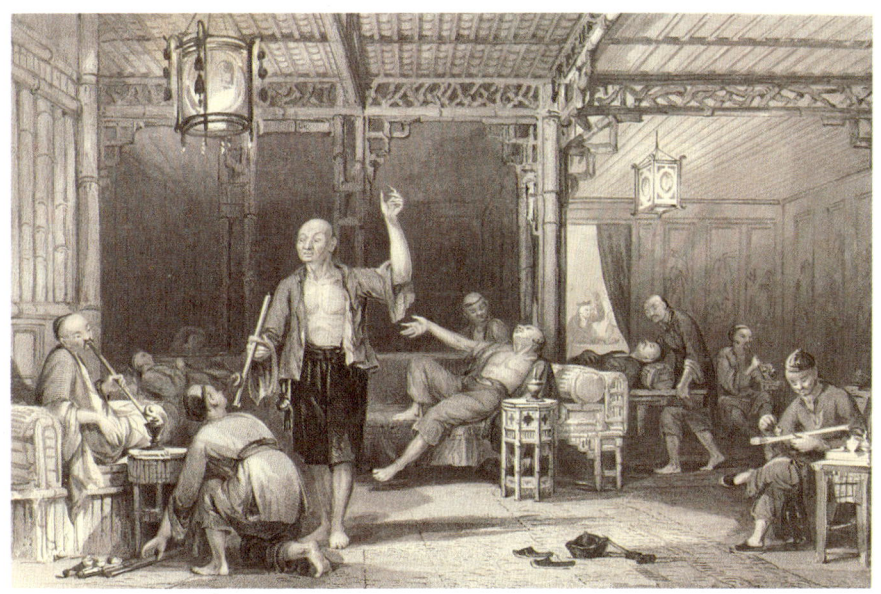

昔日生意火爆的鸦片烟馆

谕旨的省份，也是少数几个迟迟未关闭烟馆的省份之一。①湖南和上海也落在其他省份后面。②从1908年起，禁烟新政的成果在全国各地都已显现出来，不过在某些省份，比如山西和甘肃，在罂粟种植面积大幅削减之后，很快，罂粟生产又死灰复燃，因为农民难以抵挡高价格的诱惑，又开始偷偷地种植罂粟，政府最终还是靠武力将农民偷种罂粟的做法打压下去。③尽管如此，从总体上来看，禁烟新政还是取得了很大的成功，动用武力去实施新政的案例十分鲜见，即便动用武力也很有分寸。流血事件只是极个别的案例，比如像1908年山西开栅镇那样的悲剧事件，当地官员命令清军向造反的民众开枪，结果造成40来人死亡。④

---

① 《教务杂志》：1908年3月期，第143—145页。
② 王宏斌：《禁毒史鉴》，前引书，第304—308页。
③ 同上，第305—307页。
④ 沈艾娣：《中国的毒品、民族主义及阶级》，前引文，第163页。

禁烟新政谕旨颁布两年后，有些省份之所以迟迟按兵不动，一是因为地方官员对清廷禁烟的诚意估计不足；二是因为鸦片在当地经济中所占比重偏大。但在实行禁烟举措几年之后，有些具有相同结构特征的省份也走在了禁烟运动的前列。

对于沿海省份来说，罂粟种植并不是至关重要的经济筹码，沿海地区的有识之士，甚至公众舆论（至少在大城市里）都支持全面禁止鸦片毒品。积极推行禁烟的先锋派很快就在沿海地区组织成立各类禁毒协会，他们的行动规模浩大，气势恢宏。中国最早的反鸦片协会都是在沿海地区成立的，他们反鸦片的斗志也最为高昂。在有识之士的鼎力相助和积极推动下，地方政府对禁烟举措执行得既快速迅猛，又坚定果断，甚至将顶风作案、置各种禁令于不顾的高官拉下马，比如浙江省布政使就因吸食鸦片而被革职。① 在广东省，从1907年8月9日起，所有的鸦片烟馆都被勒令关闭，那一天是总督事先规定半年期限的最后一天。从那一天起，各餐馆、茶肆及其他所有公共场所都不得出售鸦片，违者将被处以罚金和监禁。所有烟民都应领取牌照，贩卖烟膏的商人也应领取许可证，只有拿到许可证的商人才能卖烟膏，而吸食者从此只能在自己家里享用鸦片。在两广总督的支持下，广东戒烟总会一直积极投身于反鸦片斗争之中，成为清廷与当地士绅联手禁烟的象征。这个协会当中有许多粤商的佼佼者，他们筹资开办了一个戒毒所，向烟民分发戒毒药，还不遗余力地向公众宣传戒烟的好处。广东戒烟总会还与巡警合作，清查地下鸦片烟馆，②并鼓动广东的其他城市成立戒烟协会，甚至鼓励像新会那样的小城市也去创立戒烟组织，即便有些城市和戒烟总会并没有什么

---

① 《教务杂志》：1908年3月期，第144—154页；《国际反鸦片委员会报告》，前引文，下卷，第74—77页；朱尔典的报告转引自包安廉：《现代中国与鸦片》，前引书，第72—86页。
② 包利威：《一种垂危的毒品史：1906—1936年间广州的鸦片》，前引书，第64—67页。

第四章　鸦片：内政的关键筹码

联系。①看到广东戒烟总会的章程时，人们总是对总会的做法感到钦佩不已，因为总会的运作极为民主：总会每周举办辩论会，会员在辩论会上的发言都是公开的；会员以举手表决的方式来决定要采取什么样的决策；戒烟总会会长及管理人的活动则由财务人员严格监督。②在禁烟斗争中，所有商人都趋于联合在一起，不管你来自哪个地区，也不管你做什么生意（这和传统的行会不一样，行会往往是按区域、按行业把商人聚拢在一起的），大家齐心协力，因为他们的目标是一致的，都是为了保护公众的利益。因此，我们不难看出这些禁烟协会已搭建出集合型的结构，虽然他们的行动还有很大的局限性，但处在清末时代的这些协会正在向新兴的公民社会迈出坚定的步伐。

在沿海各省，整个社会结构是以家庭族谱为依托的。③由于缺少这方面的研究资料，所以很难对此作出准确的评判，不过这些靠族谱维系的大家族已转变为禁烟新政的一个代言人。在实行禁烟十年计划时，人们看到在某些公开发布的族谱当中，出现了一些约束族人的行为准则，尤其是在族谱道德规范那一章节里，出现了强制族人遵守的训令。④有些大家族并不仅仅满足于强制族人不去吸食鸦片，而且还筹集资金，帮助有烟瘾的族人去戒毒。⑤有些大家族甚至会鼎力相助地方政府，比如帮助政

---

① 《粤东简氏大同谱》，1928年，卷11，第13a页；英国外交部档案：编号228/1697，1908年第三季度梧州情报报告。
② 埃克斯档案馆：卷宗编号GGI43019（戒烟总会章程）。
③ 从理论上讲，宗族的概念是指父系氏族同一祖先后代的所有人（这一祖先很有可能是虚构的），因此后代所有人都应姓同一姓。在华南地区，宗族其实就是一种无法回避的社会实体。除了祭祖、扫墓之外，同一宗族的人还有许多其他事情要做，比如相互帮助、要开办学校，还要管理共同基金（土地），基金的数额会非常大。这往往使人联想起古罗马的氏族社会。
④ 《刘氏宗谱》，卷3，1907年，转载于多贺秋季：《宗谱研究》，东京：东洋文库，1960年，第757页；《岭南冼氏宗谱》，1910年，卷8.1，第8b页。
⑤ 《时事画报》：第8期，1907年。

府稽查地下鸦片烟馆。① 和广东省一样，福建、江苏及浙江省政府也都积极行动起来，利用大家族的力量，以达到禁烟的目的，这一策略获得很好的效果。②

其他省份在执行禁烟计划方面有快有慢。罂粟生产规模大的省份对禁烟计划执行得非常缓慢，因为当地民众对强制禁烟有抵触情绪。云南省的例子则表明，地方封疆大臣，云贵总督锡良的态度在禁烟运动中有多么重要，锡良态度坚决，措施得力，从而很快就取得显著成果。③ 然而在所有内陆省份里，云南算是一个特例。在四川省，很多士绅都和鸦片生意沾点儿边，从中捞取不少好处，不仅如此，由于四川省内很少有洋药，因此鸦片问题与振兴国运，反对帝国主义列强没有太多的关联。即便成都工商会安排会员去接受戒毒，④ 当地士绅的态度也依然十分消极，政府只好亲自挂帅上阵，把禁烟事务统管起来。当地政府对吸食鸦片者进行登记，把毒品销售也控制起来，并开设戒毒所，戒毒所的管理者要先到成都接受专门培训。在成都，鸦片牌照都刻印在大木板上，要想悄悄地拿走是不可能的，这也会让那些还在吸食鸦片的人有一种羞辱感。⑤ 在北京，作为改革新政先锋的巡警在首都开设了一家拥有100张床位的戒毒所。烟民在接受戒毒治疗出院之后，巡警依然会定期对他们进行追踪回访。⑥

---

① 科大卫：《皇帝与祖先：中国南方的国度与宗族》，斯坦福：斯坦福大学出版社，2007年，第342—343页。
② 《北华捷报》：1909年2月6日（有关中国鸦片问题的专刊）。
③ 艾梅-弗朗索瓦·勒金德：《中国西南考》，前引书，第19页；王宏斌：《禁毒史鉴》，前引书，第310页。
④ 王笛：《街头文化：成都公共空间》，前引书，第140页。
⑤ 英国外交部档案：编号228/1758，1910年第二季度成都情报报告；苏粹博：《鸦片与晚清四川省的局面》，载于卜正民、若林正：《鸦片政权》，前引书，第213—224页；王笛：《街头文化：成都公共空间》，前引书，第140页。
⑥ 陆康：《帝国的遗孤：北京城及晚清时期（1800—1911）的城市管理》，博士论文，法国社会科学高等研究院出版社，2004年，第320—321页。

第四章　鸦片：内政的关键筹码

各地区的禁烟局势虽然有很大差别，但却无法掩盖这样一个事实：在清朝垮台之前，彻底铲除鸦片的斗争已走上一条正确的道路，即便在禁烟计划实施初期，对此行动表示怀疑的外国人也是这样看的。① 正如一位外国领事在谈起1911年四川禁烟局势时所指出的那样："要是拿这一地区三四年前的局面和现在的相对比，在如此短的时间内取得如此巨大的成果，确实令人钦佩。"② 除了外国人的意见之外，还有其他许多征象都表明，禁烟运动的确取得很大成功。虽然毒品价格涨得很高，但鸦片烟具的价格却降了不少，比如在梧州，1908年底的烟具价格只相当于禁烟谕旨颁布前价格的十分之一。③

不过有一点还是需要着重指出，吸食鸦片的陋习已深深地浸入到社会的每一个阶层，禁烟斗争虽然取得显著成果，但具有讽刺意味的是，这一成果并未提升清廷的威望，也未进一步巩固清朝的统治。尽管有人一直认为禁烟斗争是关乎民众健康的举措，但这场斗争的政治利益最终显得微乎其微。有人甚至提出这样的问题：禁烟计划是否适得其反，让清朝变得更加不得人心呢？

清朝放手让禁烟宣传活动在很大范围内开展起来，这也许是清廷犯下的一个错误。清廷原本是希望文人雅士戒掉吸食鸦片的习惯，好给民众做出表率，不成想却陷入无法控制的局面：全新的宣传攻势把民众都动员起来了。中国当然也有自己传统的教育民众的方法，其中最著名的方法就是自清朝初期起，向民众灌输康熙帝的禁烟令，向他们详细解释

---

① 法国外交部档案：新案卷，中国分卷，第590号卷宗，印度支那总督府农业及商业监察顾问布勒尼耶于1910年11月18日撰写的报告；法国外交部档案：新案卷，法国驻华公使德·马尔热里于1910年10月12日撰写的报告；《国际反鸦片委员会报告》，前引文；《教务杂志》：1911年7月，第389页。
② 法国外交部档案：新案卷，中国分卷，第590号卷宗，法国驻重庆领事于1911年3月20日撰写的电报文稿。
③ 英国外交部档案：编号228/1696，1908年第三季度梧州情报报告。

禁烟令的细则。比如在四川省，选派口才很好的人去接受专门训练，让他们以讲故事的形式向公众详解康熙帝的戒烟令。①但在1906—1911年间，清廷允许相对自由的社团去掌管宣传活动，是不是由此打开了潘多拉盒子呢？

禁烟十年计划同样也产生了严重的社会经济副作用，鸦片生产者、中间商以及吸食者对禁烟行动很不满意，这让风雨飘摇的清政府变得更加脆弱。②我们在前文已经介绍过戒烟行动对某些地区的经济局势所造成的影响。由于取消了鸦片税收，清廷还不是被迫去增加盐税吗？③这种做法也引起民众的不满。在四川省，不但盐税（当然还有糖税）增加了，而且连肉食品税也增加了，政府希望这一举措只涉及有钱人，而不会引起普通民众的不满。④当然所有依赖鸦片过活的人都面临一种类似剪刀差式的危机，一方面他们失去了经济来源；另一方面，他们还得去面对越来越沉重的税负。

实际上，舆论界的各个领域都是禁烟运动的狂热支持者，而且也都是反清的斗士，他们大多是沿海地区的进步知识分子及殷实家庭的子弟。⑤清廷被《中英禁烟条约》和《中英禁烟条件》束缚住手脚，有时甚至以此去抑制某些省份日益高涨的禁烟热情，这些进步知识分子对此感到极为失望。对于广大民众来说，禁烟新政是否有助于改变他们对清朝统治的看法，这还真的很难说。清朝想指望解决鸦片问题来拯救自己的命运，看来是不可能的。

---

① 王笛：《街头文化：成都公共空间》，前引书，第77页。
② 法国外交部档案：新案卷，中国分卷，第590号卷宗，法国驻重庆领事于1911年3月20日撰写的电报文稿。
③ 刘增合：《鸦片税收与清末新政》，北京：三联书店，2005年，第210—223页。
④ 李小雄：《罂粟及政治对策在中国》，前引书，第69页。
⑤ 法国外交部档案：新案卷，中国分卷，第592号卷宗，皮柯于1912年8月21日呈送给外交部长庞加莱的报告。

第四章　鸦片：内政的关键筹码

康熙帝雄才大略，励精图治，提倡禁烟，是一代圣主明君。上图为康熙帝在习练弓箭，周围有御前侍卫护驾；下图为康熙帝乘舟巡江南

不管怎么说，1911年年底的革命起义推翻了清政府的统治。2000多年的封建社会被彻底埋葬，毫无疑问，人类历史由此开辟一个新纪元：1912年1月1日，中华民国在南京宣布成立。最后一代皇帝宣统（溥仪）于2月宣布退位。

第四节 1912—1935年：革命者与军阀

共和国成立初期，禁烟斗争的努力依然一如既往，没有任何松懈。①临时大总统孙中山代表新政权宣布将不遗余力地展开禁烟斗争，并很快颁布了禁烟法律。②在共和国成立前四年当中，一个强有力的中央政权让禁烟斗争得以顺利进行。实际上，掌控着中国主要武装力量的袁世凯在推翻清朝统治的过程中发挥出关键作用，接着他又当上了中华民国大总统。在就任总统的第二年，他就把中国唯一的一次民主议会实践给抹杀掉了，并强行建立起专制制度。不过清朝禁烟的大方向还是保持未变。③在各个不同省份里，1916年前的局势几乎都差不多，此后局势稍一稳定，各省政府马上去实施禁烟政策。美国驻华外交官于1913年对中国各省的罂粟种植状况做了调查，这份调查报告称，各省一直在坚持执行禁烟政策。④鸦片价格在各地都居高不下就是明证。⑤

---

① 法国外交部档案：新案卷，中国分卷，第592号卷宗，皮柯于1912年8月21日呈送给外交部长庞加莱的报告。
② 马模贞：《中国禁毒史资料》，前引书，第566—567页。
③ 朱庆葆：《鸦片与近代中国》，前引书，第347—351页。
④ 《中国年鉴》，伦敦：劳特利奇出版社，1914年，第700页。
⑤ 《1911—1941年间的鸦片贸易》：阿奇尔德·罗斯于1913年5月25日就湖南局势所撰写的报告，菲茨莫里斯于1913年3月29日就山东局势所撰写的报告，朱尔典于1914年4月20日就福建局势以及1914年5月10和5月25日就浙江局势所撰写的报告。

第四章　鸦片：内政的关键筹码

袁世凯像

如果真有变化，也应该是方法有所不同，而不是民众缺乏禁烟的动力。正如我们在前文介绍的那样，十年禁烟计划是以说服民众戒烟为主要方向，并取得明显进步，而在辛亥革命推翻清政府统治之后，地方政府则表现出更高昂的激情，想加快禁烟的进程。然而他们的做法有时却遭到英国人的阻拦，英国人向各方施加压力，要求根除鸦片的进程要依照《中英禁烟条约》和《中英禁烟条件》所规定的步骤来实施。比如在安徽省，安徽督军已采取决策，准备彻底铲除鸦片，于是英国驻上海总领事弗雷泽便亲自跑到安徽，当面指责督军的做法。①我们还注意到，全国各地的革命者则采用更果断的手法去禁烟。单单在湘西的一个州，在1913年初，就有200多苗族农民被处死，因为他们不让政府把自己田里的罂粟苗都拔掉。②1915年初，在汕头地区，几个村庄的村民阻挡铲除罂粟苗的行动，因此而遭受政府军的炮击，造成数百人伤亡。③革命者还采取另外一些手法：比如在湖北武昌、广东三水及石龙等地，辛亥革命后掌权的地方当局组织游街活动，公开羞辱那些被政府逮到的鸦片瘾君子。④

1919年6月6日，袁世凯暴病身亡，这使局势发生了根本性的转变，中央政权由此很快便土崩瓦解了。在全国各地，罂粟种植死灰复燃，鸦片贩卖渠道又依照10年前的网络重新建立起来。这一现象呈蔓延之势。在过去10年当中，鸦片的生产和消费都已大幅度下降，其迹象也是很明显的。于是便出现了一些技术难点：要找到还能种的罂粟种子，还有罂

---

① 法国驻上海领事于1912年10月12日撰写的报告，摘自包安廉：《现代中国与鸦片》，前引书，第89—98页。
② 英国外交部档案：编号415，阿奇尔德·罗斯于1913年5月25日就湖南局势所撰写的报告。
③ 英国外交部档案：1915年第一季度汕头情报报告。
④ 《真相画报》，第一卷，第10期（1912年9月11日），第14期（1912年10月21日）；《南华早报》：1913年4月24日。

粟种植技艺也快被人忘光了。①总的来说,过去依靠鸦片过活的人相信局势又变得对他们有利了。

一、对军阀的一把双刃剑

从此,整个国家就不再有一个统一的禁烟政策了,军阀们各行其是,纷纷推出自己的对策,让鸦片给他们带来丰厚的税收。

广西省自1921年起就由桂系"三巨头"(李宗仁、白崇禧和黄绍竑)来管理,这个省份的局面很特别:作为云贵土药运往广东的必经之路,广西省的财政收入在很大程度上要仰仗对鸦片所征收的过境税,依照黄绍竑的说法,过境税要占到财政收入的一半以上。②位于西南地区的云南和四川省,那里的财政收入也同样重度依赖鸦片税收,比如在四川军阀刘湘所管辖的区域,在20世纪30年代初期,鸦片税收要占到财政收入的四分之一或三分之一。③

从总体来看,由于缺乏有效的管理,再加上掌控时间不长,军阀只能指望从鸦片种植、贩运以及在主要城市里的鸦片消费里获取资金。军阀混战,打得你死我活,往往就是为了争夺鸦片收入。1924年秋,浙江军阀与江苏军阀为争夺鸦片走私收入而大动干戈,因此当时有人在提起这场战争时,不无风趣地将其称为"新鸦片战争"。④1930年,当广西军阀起身对抗中央政府时,宣称代表中央政府的云南和广东军阀便起兵前

---

① 法国外交部档案:1918—1929年亚洲案卷,中国分卷,第123号卷宗,法国驻重庆副领事博代于1919年6月21日写给法国驻华大使博普的报告。
② 《近代中国烟毒写真》,前引书,上册,第584—585页;何银柳:《中国毒物问题》,载于中国经济情报社所编《中国经济论文集》第二集,上海:生活书店,1936年,第35—36页。
③ 朱庆葆:《鸦片与近代中国》,前引书,第116—119页。
④ 布赖恩·马丁:《上海青帮》,前引书,第55页。

去讨伐。当时目光敏锐的观察家注意到，在这场战争期间，争夺东兴港口的战事打得极为惨烈，因为东兴港是出口云南土药的必经之路。东兴港在军阀之间几度易手。①

尽管如此，要总是把军阀描绘成目光短浅、肆无忌惮的战争狂人也未免过于肤浅夸张。他们针对鸦片所采取的对策并非千篇一律、墨守成规，而是为适应其辖区内的政治、经济、社会及地缘战略条件而制定的。从某种程度上来看，这些对策也和军阀本人的个性有关。最新的研究成果表明，有几个军阀所采取的禁烟行动不但持续时间长，而且富有政治主见，完全不受个人利益左右。鸦片自然也不会置于这个尺度之外。这就需要推行一种强有力的禁烟政策，这其中最好的例子就是山西军阀阎锡山，他在20世纪20年代发动了一场声势浩大的禁烟运动。不过，他采取的这种对策只是在优越的地理环境下才有可能实现，大河高山将山西省与其他省份阻断开来，从而保护了这个极为贫穷的省份，也让周围省份的大佬们对山西省垂涎不已。不过，到了1931年，阎锡山却不得不改弦更张，让鸦片交易变得合法化起来。②

依赖鸦片收入同样也要付出政治代价，这促使军阀三思而后行，因为他们的政权虽然首先是靠武力来维持的，但他们不可能完全置民众的支持于不顾。当时民间有许多禁烟协会，而中华国民拒毒会更是以追随者众多而闻名全国。中华国民拒毒会成立于1924年8月，是中国人自发成立的组织，而不是受外国传教士鼓动而创立的，即使有中国的基督徒从中发挥了带动作用。它是第一个真正覆盖全国的民间禁烟组织。在中华国民拒毒会成立之后的几个月内，拒毒会的分会便在全国各地如雨

---

① 埃克斯档案馆：卷宗编号GGI42896，法国驻云南府领事于1930年5月23日撰写的报告；卷宗编号GGI42888，1930年7月7日从西贡发给殖民部的电报文稿；南特档案馆：北京案卷A，卷宗157号，法国外交部使团于1930年5月23日赴云南考察所撰写的报告。
② 《拒毒月刊》：第23期（1928年7月），第21—23页。

后春笋般地建立起来。由于拒毒会无法去推行禁烟的政治行动,所以,虽然它在各地号召民众向当局递交禁烟请愿书,可还是将禁烟斗争的方向放在宣传上,采用很新颖的手法去宣传自己的主张。拒毒会出版了许多小册子和期刊,最主要的期刊有《拒毒月刊》,还有一份英文期刊

中华国民拒毒会宣传画:奋起扑灭鸦片吗啡

"Opium, a World Problem[①]"。在拒毒会的倡议下,中学和大学组织学生进行写作比赛和辩论赛。拒毒会还组织公开演讲会,以影响更多的民众,同时还编排话剧,话剧的标题寓意深刻。有一出名为《黑烟红泪》的话剧,讲述了一个有钱人,身为一家之主,却整天躺在床上抽大烟,

---

① 《鸦片:一个世界性问题》。

连自己的生意都懒得打理。①散发传单，张贴宣传画，组织请愿活动，这些都是中华国民拒毒会在宣传禁烟主张时所采用的手法。②

中华国民拒毒会只是诸多禁烟组织当中最出名的。在全国各地还有许多类似的禁烟组织，他们为让禁烟的火种燃遍全国而进行不屈不挠的斗争。因此，在1929年，山西省就有101个禁烟协会，江苏省有39个，安徽省有36个，浙江省有24个，而黑龙江省只有一个。③当然还有其他类型的组织，其宗旨并非以禁烟为目的，比如工商会（在20世纪20年代的广东省）就发挥出一定的作用，代表工商界的力量，去施加压力。即便在极为微妙的局势下，工商会也会向民众灌输这样一种观念，即只有彻底铲除鸦片，社会才有发展前途。

因此，鸦片变得越来越不得人心，而鸦片税收却是不可或缺的财政手段，面对这种局面，每一个军阀都会采取一种特别的决策。人们不能不加区别地将20世纪10年代后半期的禁烟政策与鸦片后来普遍合法化的举措相对比，否则就会让人看到一幅具有讽刺意味的滑稽图像。当时中国并不存在一种简单化的二元对立：禁烟/弛禁，而是整个社会都处于一个临时过渡期。

比如在20世纪20年代初期的南京，当局对烟民和鸦片烟馆进行无情的打击，但对城里私下贩卖鸦片的行为却置若罔闻，巡警甚至从中抽取份子钱。同一年代，在张作霖统治下的东北地区，地方当局对城里人吸食鸦片的行为不加限制，但对罂粟种植却严令禁止。④

---

① 剧本全文载于《拒毒月刊》：第58期（约1932年），第38—47页。与此剧相近似的一个剧本由中华国民拒毒会于1928年单独出版，黄嘉谟：《芙蓉花泪》，上海：中华国民拒毒会，1928年。
② 爱德华·斯莱克：《全国禁烟联合会》，载于卜正民所编：《鸦片政权》，前引书，第251—256页。
③ 《鸦片：一个世界性问题》：1927年1月，第27页。
④ 英国外交部档案：编号228/3279，1921年第一季度及第三季度南京情报报告；英国外交部档案：编号228/3290，1920年第二季度奉天情报报告。

第四章 鸦片：内政的关键筹码

军阀通常会把鸦片税收事务交给一个财团去管理，或交给某个人去掌管，比如在1931年至1936年，广东把管理鸦片贩卖渠道的事交给商界大鳄霍芝庭去打理。①有些军阀的鸦片管理部门只是徒有虚名，充当门面而已，背后却是罂粟耕农自行其是。当然也有那种群龙无首却食客满门的军阀，其鸦片税收很难维持庞大的开支。②不过，在其他一些地区，则出现了官僚化倾向，管理体系也比较健全，把鸦片贩卖渠道监管得相当有成效。③云南省就是最典型的例子。在20世纪二三十年代，云南省最初的鸦片税收体系还很不完善，起初只是向罂粟耕农征收鸦片税，随后便逐渐完善这一体系，政府将罂粟采购统一控制起来，并把鸦片贩运也越来越严密地控制在自己手里，只向海外出口鸦片，到1935年，云南省政府就把鸦片生意垄断起来。尽管如此，云南省政府并非把整个鸦片贩卖渠道都掌控在自己手里，对于地方上的鸦片消费税，云南省政府则采取很现实的手法，将这部分税收留给地方。同样，某些少数民族聚居区也不受省政府控制。采取这种管理方法的目的是为了增加鸦片税收，同时又避免让地方截留过多的利润。④实际上，虽然相对于中央政府以及周边其他对手，军阀有相当大的独立性，但每个军阀都会不惜一切代价，把自己派系下的小军阀笼络住。因此，这个军阀就要确保在其势力范围内，将鸦片收入掌控在自己手里，因为其他地盘上的人也虎视眈眈地盯着鸦片收入呢，一旦羽翼丰满，他们就要动手抢食了。⑤不管采用什么样的方式来管理，当局都会给管理机构一个名分，比如将其命名为"禁烟

---

① 包利威：《一种垂危的毒品史：1906—1936年间广州的鸦片》，前引书，第112—115页。
② 1924年的广东就是这样一种局面。同上书，第96—97页。
③ 朱庆葆：《鸦片与近代中国》，前引书，第127—128页。
④ 包安廉：《民国时期的中国人和鸦片》，前引书，第99—101页。
⑤ 朱庆葆：《鸦片与近代中国》，前引书，第126页。

局"①或者给它一个让人摸不着头脑的名字,就像宜昌的那所"军事管控局"。②

在袁世凯去世后的十几年当中,中国在政治上成为一盘散沙,除个别情况外,假如某个军阀不去利用鸦片收入,那他无疑就是在自掘坟墓。当然,除了维持生存之外,所有意欲统一中国的地方政权都会把攫取鸦片收入当作首要目标,一方面是为了扩充自己的实力,另一方面也是为了削弱对手的财力。这是一个让人无法回避的现实,无论是共产党,还是国民党,他们都采取了这种策略。

二、共产党和国民党的做法

在共产党看来,鸦片是帝国主义用来侵略中国的工具,当时的革命文献里就有彻底铲除鸦片的宣传资料,在20世纪20年代末期建立的农村根据地里,铲除鸦片也是共产党领导人所关注的重点问题。因此,江西的苏维埃政权于1932年颁布法令,将大烟鬼与"豪绅地主、流氓、剥削分子和贪污腐化等阶级异己分子"并列在一起,在招收赤卫队员时,要加以甄别,不要将其招入到革命队伍中。③然而有一点是很清楚的,对于共产党来说,禁烟斗争并不是最重要的。在此问题上,毛泽东没有写过重要的文章,这种对鸦片缄口不言的作法很能说明问题。同其他人一样,共产党人善于区分哪些是鼓舞人心的口号,哪些是描述严峻现实的话语。

---

① 若了解1926年安徽省的状况,参阅英国外交部档案:编号228/3279,截止于1926年9月30日的南京半年情报报告,同一时期的河北情报报告;法国外交部档案:1918—1929年亚洲案卷,一般事务分卷,57号卷宗,法国驻天津领事于1928年11月8日撰写的总报告。
② 法国外交部档案:1918—1929年亚洲案卷,一般事务分卷,51号卷宗,1924年3月1日就华南政治经济局势所撰写的公文。
③ 载于马模贞:《中国禁毒史资料》,前引书,第1600页。

第四章 鸦片：内政的关键筹码

在国民党这方面，党内主要领导人（孙中山、胡汉民）反鸦片的态度是真诚的。国民党的做法与共产党的有所不同，他们虽然没有提出独具一格、引人注目的禁烟纲领，但就禁烟所拿出的论据还是十分缜密的。①尽管如此，从1924年起，国民党便在广州建立起鸦片专卖制度，并在不同的层面上抽取包捐税，其目的就是打着冠冕堂皇的幌子，从中获取最大的利润。北伐战争的很大一部分资金就来自于鸦片税收。②重开鸦片税收的设计师是宋子文，除了负责处理鸦片问题之外，他还承担着国民党财政事务的重任。他很快便显露出政治家的才华，在1928年至1933年间，他一直担任国民党的财政部长。③在禁烟斗争中，国民党既未做出最大的努力，也未推出持久的策略。

在20世纪20年代，由于鸦片贩运已在各地全面展开，而这种局面所引发的政治代价并不很高。国民党的力量已变得日益强大，尤其是从1926年起，国民党已将中国大部分地域统一在自己管辖之下，因此得以腾出手来，去考虑下一步的禁烟对策。

第五节 1935—1940年：六年禁烟计划获得局部成功

1928年，军阀混战的局面终于结束了，在南京政府的维持下，中国表面上形成统一国家，那么为什么不选择1928年作为这一章节的主

---

① 《禁烟宣传会刊》，中国国民党中央执行委员会宣传部印，南京：1928年，第17—28页。
② 包利威：《一种垂危的毒品史：1906—1936年间广州的鸦片》，前引书，第107—109页。
③ 帕克斯·小科布尔：《上海资本家与国民政府：1927—1937》，剑桥：哈佛大学出版社，1980年，第47—48，266—269页。

题呢？

实际上，中国的统一仅仅是形式上的。中央政府依然面临严重的军阀问题：中国的许多地区都程度不同地控制在这些军阀手里（如四川、吉林、黑龙江、辽宁、广西、广东等省）。之所以会出现这种局面，主要是因为地方军阀根深蒂固，而且善于利用地方民族主义情感，甚至还得到外国列强（尤其是日本人）的庇护，外国列强怀着不可告人的目的，想方设法去削弱中央政府的力量。当然，还有一个因素就是，国民党中的某些元老（如胡汉民和汪精卫）感觉自己地位不保，于是便竭力拉拢地方军阀，以便去抗衡蒋介石日益壮大的势力。

正如我们在前文所讲述的那样，国民党从1924年起就开始实行鸦片专卖制度，这一制度与军阀所实施的制度没有什么差别，不但所采用的手法（包捐税）毫无差别，而且连最终目的也相差无几，就是要在短期内获取更多的税收。随着北伐军在军事上取得节节胜利，禁烟局的管辖范围也在不断扩大，但禁烟局的性质并没有发生变化。虽然国民党也做了一些具体的事情，比如在1927年至1929年颁布了一系列禁烟的章程和条例，但禁烟政策却依然如故，没有出现质的变化。① 然而这一禁烟体系是仓促间建立起来的，目的是为北伐筹措必要的资金，这一体系有很多缺陷，尤其是要严重依赖于势力强大的鸦片商人，这些商人负责将鸦片由产地贩运到全国各地。此外，宋家（其中包括财政部长宋子文和蒋夫人宋美龄）的势力越来越大，宋家及其客商一直控制着鸦片经营，这让蒋介石的处境有些尴尬。对这一体系进行彻底重组的时机似乎已经成熟。

在20世纪30年代中期，所有的事情都发生了根本性的转变。1934年，蒋介石迫使与中央对抗的福建省就范，接着又让贵州省俯首称臣。

---

① 朱庆葆：《鸦片与近代中国》，前引书，第227—229页。

第四章 鸦片：内政的关键筹码

凭借发动"新生活运动"，蒋介石最终牢牢地巩固了自己的权威。南京政府还成功地推行统一的金融体制，这在经济层面上打击了那些各自为

蒋介石在新生活运动七周年纪念大会上讲话

政的省政府，因为地方银行发行的货币只能在本省内流通。①六年禁烟计划之所以能全面实施，是和一个强大的中央政府密不可分的。一方面，南京政府已将全国更有效地控制在自己手里，这给六年禁烟计划的实施奠定了基础；另一方面，整个国家正在形成一个新的中央集权：国家政体日臻完善，蒋介石的个人权力日益巩固，军阀也得到控制，六年禁烟计划正是在这样的背景下推出来的。

---

① 易劳逸：《流产的革命：1927—1937年国民党统治下的中国》，哈佛：哈佛大学出版社，1974年，第133—139，253页。

一、总原则

1935年,国民政府推出六年禁烟计划,宣布在六年当中彻底禁绝鸦片。其中在两年之内禁绝毒品(如吗啡和海洛因),不管在哪个时代里,这类毒品都是非法的。这是一个两年的过渡期,两年过后,任何吸食毒品的人都会判处死刑。① 而禁绝鸦片的步骤是要先设立鸦片专卖制度,推行"寓禁于征"的政策,以便在全国范围内将鸦片的采办、生

中华国民拒毒会宣传画:再接再厉消灭毒品

产、贩运控制起来。设立鸦片专卖制度遭到反鸦片人士的强烈批评,尤

---

① 朱庆葆:《鸦片与近代中国》,前引书,第376页;爱德华·斯莱克:《鸦片、国家与社会》,前引书,第108—109页。

第四章　鸦片：内政的关键筹码

其是遭到中华国民拒毒会的猛烈抨击，拒毒会认为这是朝鸦片全面持久合法化方向迈出的危险一步。但是，在国家层面上实施鸦片专卖制度却得到认可，并被人接受，甚至得到褒扬，因为有人认为在全国范围内通过逐渐降低鸦片产量，减少鸦片消费，进而达到全面禁烟的目的，恐怕这也是唯一可行的手段。

尽管如此，六年禁烟计划同样还有一种不可告人的目的。蒋介石的目标是把鸦片贩运渠道都控制在自己手里，一方面可以增加税收，另一方面将以此去切断对手的财路，不管这些对手是来自国民党内与他争权的派系，还是想闹独立的地方省份的军阀。此外，蒋介石还从这个新政当中捞取更多的政治资本，在国内和国际层面上突出了自己的正统地位。六年禁烟计划得以让蒋介石进一步巩固自己的权势，因为他已率领全国踏上禁烟的征程。

这项禁烟计划所采用的手法与1906年的禁烟计划有相似之处：在六年当中，逐渐减少准种区的罂粟种植面积，从而把鸦片产量降下来。在东部的豫、鄂、皖、赣、湘、苏、浙、闽等省份绝对禁止生产鸦片，这些地区一直控制得比较好，而且鸦片产量也相对比较低。①在鸦片的主产区，政府每年减少允许种植鸦片的县的数量。采用这一方法还是从便于管理考虑。在1935年秋天，云南省有38个县禁止种植罂粟，全都是云南首府周边的县。②不过，先让那些鸦片产量不大的县去改种其他农作物，这样帮助他们相对比较容易些。③因此，贵州首府贵阳城周边的县只是到1937年10月才全面禁止罂粟种植。④在某些地区，比如在甘肃省，当地政府鼓励农民去种植其他经济作物，比如种植棉花，政府负责发放棉花

---

① 朱庆葆：《鸦片与近代中国》，前引书，第375页。
② 《近代中国烟毒写真》，前引书，下册，第352页。
③ 包安廉：《民国时期的中国人和鸦片》，前引书，第219—220页。
④ 《拒毒月刊》：第99期（1936年4月），第25页。

种子。①

因此，鸦片生产应当逐年减少，而且烟民的数量也应相应减少。为了确保这一点，政府强迫吸食者去登记，并减少鸦片吸食量。和1906年的禁烟计划一样，政府官员、国民党员以及士兵均不得吸食鸦片，有吸食嗜好的，应立即戒烟，好给民众做出表率。对烟民进行登记之后，建立烟民登记表，按岁数分成五个年龄段，每个年龄段的烟民数量差不太多。1936—1940年，每一年都要让一个年龄段的烟民彻底禁绝鸦片，先从最年轻的年龄段入手。②此外，在极有象征意义的地区，如北平和香山县（孙中山先生的出生地，从那时起孙中山被奉为各种道德行为的楷模）就被标立为彻底禁绝毒品的城市。不过，有一点还是和1906年的禁烟计划有所不同，在1906年推行禁烟计划时，当局要求关闭所有的鸦片烟馆，但在六年计划里并没有强制性关闭所有烟馆的举措。这些烟馆之所以能开下去，其前提就是要接受政府的管制，因为烟馆本身也是控制烟民体系中的一个环节：只有持许可证的烟民才能进烟馆吸烟，而且卖给他们的鸦片数量也受控制。③然而，这一举措在执行起来似乎就出现了偏差，各烟馆的严谨尺度也极不相同。因此，在1936年4月，北平一家烟馆的老板就能让没有许可证的烟民来吸食。④

此外，帮助烟民戒毒的机构也建立起来，当局甚至建立起一个分布极广的戒毒治疗网。1936年，全国拥有1036家戒毒所。1936年5月，上海拥有4家戒毒所，其中第一家是在1934年7月开办的，北平、南京和天津各有两家。⑤这些数字给人的感觉是政府花费了很大心血，但采用这

---

① 《拒毒月刊》：第89期（1935年6月），第31页。
② 1935年4月4日颁布的组织法令，载于朱文原所编《国民政府禁烟史料》，第二册，台北：国史馆印书，2004年，第135—140页。
③ 朱庆葆：《鸦片与近代中国》，前引书，第185页。
④ 《实报》：1936年4月10日。
⑤ 《禁烟纪念特刊》：1939年6月3日；《拒毒月刊》：第80期（1934年），第26页。

些数字时要格外谨慎。实际上，只有几家戒毒所是新开设的。大部分情况下，都是在现有医院里开设一个戒毒治疗室，甚至只是设几张病床而已。于是，这些科室就被命名为"戒毒诊所"，由此可以看出，政府并没有做很大的投入。前来戒毒的人要么是自愿接受治疗的烟民，要么就是被巡警抓住的瘾君子，被强制送来戒毒。在接受治疗的过程中，医生让他们服用鸦片代用品，并逐渐减少用量，来帮助他们戒毒。此外，医院还向戒毒者灌输颂扬蒋介石英明领导，颂扬国民党政治路线的教育，美其名曰是为了让他们理解国家为禁烟斗争所花费的心血。[①]大城市和省会城市的戒毒所成为了政府向外展示自己形象的窗口，其实这些戒毒所并没有代表性，因为大部分基层戒毒都在艰难且勉强地维持着。在某些地方，比如四川的金阳县，戒毒所面临的最大问题是如何让病人能吃饱饭。[②]在河南省，有人说进了这样的戒毒所，还不如蹲监狱呢。[③]

官方文件还着重指出，除了采取禁烟措施之外，还有必要加强禁毒宣传，要组织游行，张贴宣传画，举办专题广播等。

我们注意到，一方面是凭主观意愿所采取的禁毒行动，另一方面是将鸦片贩运渠道控制在自己手里，这两种截然相反的行动却能相互依存，而控制鸦片贩运渠道既有利可图，又能减少鸦片的消费量。

二、管理机构的组织结构

国家建立特殊的管理机构，直接掌管禁烟运动，这是六年禁烟计划的一大特色。不过，我们还是想指出，在此不要去误解"计划"这个

---

① 《良友》：1935年10月期，第20—21页；包利威：《1839—1952年间广州的戒毒机构》，前引文，第640—653页。
② 《近代中国烟毒写真》，前引书，下册，第187—188页。
③ 同上，上册，第479页。

词，认为在计划公布之初，所有的行动纲领、方案都业已规划完毕，就差全面去实施了。实际上，在实施整个计划的过程中，国民政府一直在边摸索，边调整。

借助于历史学家王宏斌和爱德华·斯莱克的研究，我们可以一直追溯到六年禁烟计划生成的源头，即1934年4月。那时候，蒋介石下令取消清理湖北特税处，由十省禁烟督查处取而代之，以建立由他本人直接管控的禁烟体系，并朝这个方向迈出坚实的一步。当时清理湖北特税处腐败无能，只知道到处去捞取好处。蒋介石任命自己的亲信，鸦片问题专家李基鸿担任禁烟督查处处长。①督查处分成几个部门，每一个部门都刻意交给政府内某个小集团的成员去管理，目的是为了削弱宋氏家族的强大权力。这个新机构将用来控制鸦片贩运，并负责向鸦片贩运征税，与此同时，凭借更加强硬的手段，去打击鸦片走私。②

六年禁烟计划本身是在1935年4月推出来的，当时还成立了禁烟委员会总会。新机构负责统计数据，起草规章和章程，还要负责禁烟斗争的宣传工作。蒋介石担任禁烟委员会总会的会长。③禁烟委员会纷纷在各大城市、省会城市以及县城成立起来。这些官方机构在地方上承担着和总会一样的使命。④

1935年5月，在与禁烟计划有关的管理构架当中又设立了禁烟总监一职。仰仗军事委员会的权力，总监负责监督针对鸦片所采取的对策，在禁烟机构中担任要职的人都由总监任命。这样一个职位看来非蒋介石莫

---

① 王宏斌：《禁毒史鉴》，前引书，第414—415页；爱德华·斯莱克：《鸦片、国家与社会》，前引书，第136—137页。
② 包安廉：《控制鸦片与禁绝鸦片》，载于卜正民所编：《鸦片政权》，前引书，第276—279页。
③ 爱德华·斯莱克：《鸦片、国家与社会》，前引书，第110页。
④ 朱庆葆：《鸦片与近代中国》，前引书，第375页。

第四章 鸦片：内政的关键筹码

蒋介石像

属，6月5日，蒋介石正式担任这一职务。①

　　蒋介石既担任禁烟委员会总会的会长，又就任禁烟总监，由此不难看出国民政府的铁腕人物对禁烟新政极为上心，因为禁烟新政给他带来很多好处，这一点我们已在前文讲述过了。有人可能会反驳说，类似这样的重要职务蒋介石当时至少担任了21个。②不过，我们注意到，在很多场合里，蒋介石都把实施禁烟计划当作一个重要目标。比如在1935年3月，蒋介石带着极大的政治目的来到四川，他要把这个幅员辽阔的省份纳入南京政府的轨道，3月2日，就在到访的第一天，他竟然在重庆市看到街头上烟馆林立，极为震怒。他当即命令四川省军政首脑刘湘把烟馆统统关掉。蒋介石的暴怒后来倒真的发挥了作用。③

三、禁烟计划的结果与收效

　　和晚清政府推行禁烟计划有所不同的是，蒋介石的政权在实施禁烟计划之后，又维持了十来年。要想为这项计划作一个总结，还是十分棘手的，尤其是政府当初雄心勃勃，宣布要禁绝鸦片，但这一目标并未真正得以实现。况且，地方上有关计划落实情况的数据极不完整，让人无法对各省执行计划的结果作出评判。那么在六年计划的最后一年，即1940年，为计划作一番总结还真的有什么意义吗？当时的社会环境（抗日战争爆发，辽阔的国土已沦陷）已和计划推出时的年代背景截然不同。因此，有些英国历史学家则把1937年设定为计划结束的年份，他们的这种划分方法似乎还是有道理的。

---

① 朱庆葆：《鸦片与近代中国》，前引书，第376页。
② 易劳逸：《流产的革命》，前引书，第10页。
③ 《拒毒月刊》：第88期（1935年5月），第25—27页；第89期（1935年6月），第29—30页。

第四章　鸦片：内政的关键筹码

禁烟计划带来的最大变化就是有些省份的罂粟产量大幅下降。与此同时，蒋介石凭借这项计划将鸦片贩运渠道牢牢地控制在自己手里，贩运渠道从鸦片产地（云、贵、川）一直延伸到沿海省份。蒋介石成功地开辟了一条新的运输线路，将云贵土药运往湖南和长江流域地区，这是他取得的最显著的成果之一。这条运输线路不走传统的东线，而是绕开广西，另辟蹊径。广西省的军政首领（李宗仁和白崇禧）一直是最不愿意与中央政府合作的地方长官，然而新线路却削弱了他们的财力，让此前他们一直征收的鸦片过境税化为乌有。①

不过，蒋介石对鸦片贩运渠道的有效控制依然很不牢固。外国租界以及沦陷区都不受他的管控，其实这只是整个问题的一个方面而已。在某些边远地区，比如在广西和宁夏，对鸦片生产和消费的控制仍然十分脆弱。②广东省虽然在1936—1937年的禁烟斗争中顽强地坚持下来，但后来的研究表明，官僚的安定政策以及对蒋有利的集权控制只是停留在纸面上。包捐税体系依然在运行，以前从事鸦片运输和贩卖的人仍然干着同样的勾当。在新的禁烟官僚机构里，国民党的权势人物以及各派系之间仍然是明争暗斗，而在省内某些地区，那里的知名人物更是你争我夺，不亦乐乎。③尽管如此，还是有必要指出，在广东省，黑社会至少是置身局外的。实际上，在长江下游地区，虽然那里是蒋介石集权的中心地带，但他仍然要依赖于青帮的势力，去控制鸦片的贩运渠道。上海青帮头目杜月笙虽然只是禁烟委员会的成员，但却把持着该委员会的领导权，当然也是为了谋取更大的私利，他甚至在委员会的刊物上就"鸦片

---

① 中国第二历史档案馆（南京）：海关卷宗，编号679/32416；《近代中国烟毒写真》，前引书，上册，第608页。
② 同上，上册，第618页及下册第600—604页。
③ 包利威：《鸦片在广州：1912—1936，政治控制与社会习惯》，博士论文，里昂第二大学，2005年，第223—253页。

问题"撰文，拿出庄重的语气，夸夸其谈。①

和晚清所掀起的禁烟运动所不同的是，国民党毕竟在20世纪20年代中期接受过共产国际顾问团的培训，因此格外注意舆论工具，并确保将宣传手段直接控制在自己手里，对动员群众力量也倍加小心，从某种意义上说，整个运动倒像是国家在掌控，为此国家还设立了特别管理机构。另外，从1931年起，国民党便想方设法，甚至不惜采取下作的手法，去削弱中华国民拒毒会的力量。②中华国民拒毒会势单力薄，肯定是胳膊拧不过大腿的，最终被迫于1937年6月28日自行解散。拒毒会对六年禁烟计划一直持反对态度，因为拒毒会坚决反对让毒品合法化，哪怕是过渡性的合法化举措也不行。③不过，还应该从另一个角度去看待这个问题，国民党在禁烟宣传上就是想大权独揽。实际上，从中受益的并非是国民党，而是蒋介石本人，他的个人权力得到进一步的巩固。④

如果单看粗略的成果，六年禁烟计划并不比晚清的十年禁烟计划好多少，但是从长远角度看，两个计划好像在相互弥补各自的不足，也让各自的效果相得益彰。由于缺少地方的研究成果，因此很难做出详尽的结论，只能得出一个大致的概论，不过广东、福建和浙江等沿海省份的人在1910年前后已意识到鸦片是一种祸害，而这一观念只是在20年之后才被内陆省份的人接受下来，比如四川省人只是到1930年才认识到这一点，这就是禀受六年计划影响的结果。⑤

不过有一点也是不容忽略的：放眼鸦片的漫长历史，中国先后推

---

① 《禁烟专刊》：1—4卷（1935—1937）；布赖恩·马丁：《上海青帮》，前引书，第179—180页。
② 周永明：《20世纪中国禁烟历程》，前引书，第84—87，169—173页。
③ 爱德华·斯莱克：《全国禁烟联合会与国民党政权，1924—1937》，载于卜正民所编：《鸦片政权》，前引书，第262—266页。
④ 包利威：《禁毒斗争，国民党的灵丹妙药？》，前引文，第205—209页。
⑤ 李小雄：《罂粟及政治对策在中国》，前引文，第200—201页。

出两个禁烟计划，它们中间间隔的时间并不是很长。推行六年禁烟计划时，前一个禁烟计划的效果依然十分显见，让人感觉就像才发生过没几年的事。

第六节　1937—1949年：国民党的最后努力

尽管在实施六年禁烟计划期间爆发了抗日战争，但最新的研究成果表明，国民党仍然在尽力去实施这项计划。国民政府迁都重庆之后，让刘湘统领下的这个近乎于独立王国的省份拱手就范。[1]1940年是六年禁烟计划的终结之年，为实施这一计划而特设的机构也完成了历史使命，而被就地解散。[2]从那以后，地方政府将肩负起监督禁绝鸦片及毒品生产、运输和销售的责任。1941年2月19日，国民政府颁布了更为严厉的法令：无论是罂粟种植者，还是鸦片贩运商，或是烟馆开办者，一经发现，均被处以死刑或终身监禁。[3]

可是实际上，在重庆政府控制不到的地区，吸食鸦片的现象依然很严重。毒品价格持续猛涨，这也表明货源越来越紧张，不过像以往一样，物以稀为贵，铤而走险的鸦片贩子经不住高额利润的引诱，卖一票赚一票。在传统上由汉人控制的地区，禁绝罂粟种植的斗争取得了很不错的成效，但是，罂粟种植还是难以禁绝，种植又转移到其他方，转移到地方军阀控制的地区，或转移到少数民族聚居区，比如龙云管辖下

---

[1]　包安廉：《民国时期的中国人和鸦片》，前引书，第218页。
[2]　同上，第229页。
[3]　王宏斌：《禁毒史鉴》，前引书，第447—449页。

的云南、川西、西康、青海及宁夏等地。①但从沦陷区向国统区走私鸦片的活动依然十分猖獗。②不过有一位历史学家则提出另外的论点，他根据美国情报部门的报告，揭示了另一条走私鸦片的线路，即从四川、云南两省启运，向东部沿海沦陷区，尤其是向上海走私鸦片。③

抗战结束之后，国民党原本有可能再次掀起禁烟运动的高潮。但是，中国很快便陷入内战之中。在与共产党展开生死搏斗的时刻，谁还有精力去搞大规模的禁烟运动呢。况且禁烟斗争也远不是蒋介石优先考虑的问题，根据一本最新版的回忆录透露，蒋介石从1947年起就已抛弃在大陆维持自己政权的希望，并着手为撤至台湾做准备了。④1945年，国民党宣布在两年之内禁绝毒品，尤其要在前沦陷区采取特别措施，但这项计划并未真正实施起来。⑤尽管如此，鸦片依然被列为禁品，但问题是必须要弄清楚，禁绝法令是否得到严格的执行。翻阅广州和潮安在1945年至1949年报刊上的社会新闻栏目，给我留下的印象是，禁绝令并非是一纸空文。⑥

第七节　最后的斗争？中国共产党的禁烟运动

中国共产党推翻蒋家王朝，给中国带来翻天覆地的变化。1949年10

---

① 英国外交部档案：编号371/50647，英国驻华大使于1945年1月31日写给外交部的报告。
② 魏斐德：《上海的走私活动》，载于安克强和叶文心（主编）：《旭日东升旗下：日本占领下的上海》，剑桥：剑桥大学出版社，2004年，第129—132页。
③ 乔纳森·马歇尔：《鸦片与民国时期的强盗政策，1927—1945》，载于《亚洲问题学者通报》，第8期（1976年7—9月），第38—42页。
④ 陶涵：《大元帅：为现代中国而奋斗的蒋介石》，前引书，第370—371页。
⑤ 苏智良：《中国毒品史》，前引书，第439页。
⑥ 翻阅的报刊为：《粤华报》和《潮安县商会日刊》。

第四章 鸦片：内政的关键筹码

月1日，中华人民共和国宣告成立。1950年2月24日，新政府决定禁绝鸦片，并要求各级地方政府遵从中央政府的决策。①正如历史学家王宏斌所指出的那样，共产党最初采取了实用主义对策，首先去捣毁走私渠道，这项任务要比禁绝罂粟种植、定期核查烟民数量相对容易些，所涉及的范围也没有那么广。②1950年2月的政令还规定要在大城市里设立戒毒所，不过戒毒所的数量还远远不够，况且戒毒所的作用也没得到很好的发挥。③对违法者的惩罚力度也比较轻，而且从总体来看，各级政府的行动缺乏连贯性，规模不够大，协调配合也不够完善。贵州省是鸦片产量最大的省份之一，但在1951年，这个省份只有3300公顷的罂粟苗被铲除掉。南京是当时中国数一数二的大城市，而且具有很强的象征意义，但由于医疗条件不足，无法让戒毒所发挥应有的作用。④事实上，新政府的禁烟举措相对缺乏连贯性也情有可原，因为对于共产党人来说，从政治和经济上巩固新政权应该比禁烟斗争更重要。

共产党人以前所未有之势控制了中国社会的各个阶层，在新政权得到巩固之后，他们便依托于自己对社会各阶层的管控权，开始第二阶段的禁烟斗争。自中华人民共和国成立时起，共产党人通过警察和各级群众组织，最终牢牢地控制住各阶层的民众，进而把所有的鸦片走私网全都摧毁掉，轻而易举就把混杂在民众中的烟民识别出来。在各个城市里，1950年成立的各级单位完全服从共产党的领导，并把本单位职工子女的食物供应、医疗、教育全都承担下来，当然也能有效地监督他们的生活。在每一个街区，层层密布的居委会监督每一位居民。共产党的口

---

① 周永明：《20世纪中国禁烟历程》，前引书，第95—96页。
② 王宏斌：《禁毒史鉴》，前引书，第483页。
③ 广州就是这种情况：广东省档案馆：206-1-36号卷宗，《关于1950—1951年在广东省开展禁绝鸦片及毒品工作的报告》，起草于1952年1月17日。
④ 周永明：《20世纪中国禁烟历程》，前引书，第96—98页。

号已成为人们的生活准则。在1951至1952年间"三反"及"五反"①运动中所采取的方法，比如群众大会、公审大会等，则在其后展开的禁烟斗争中再次发挥出奇特的效果。②

鉴于首次禁烟运动的结果不甚理想，从1952年下半年起，中央政府决定加大攻势。与前两个禁烟运动（十年禁烟计划和六年禁烟计划）相比，新的禁烟运动发生了很大变化。烟民不再是禁烟运动所瞄准的主要对象，而且不会再为彻底禁绝种植、禁绝吸食设置一定的过渡期。运动的重点将放在摧毁鸦片销售网络上。鸦片销售渠道一旦被彻底捣毁，烟民再也买不到鸦片，别无他法，只好把烟戒掉。各级政府不再关注烟民用什么方法去戒毒。③从某种意义上说，人们又回到18世纪有识之士为禁烟而提出的方法上：切断供应链，而且只对供应链下手。尽管如此，还是不应该过分地夸大运动的残酷性。被处决的罪犯肯定要比1950—1951年所处决的多，但总体来说还是相对有节制的，尤其是要与同一时期其他运动所处决的罪犯数目相比，节制性是显而易见的。

禁烟运动取得卓越的成果，共产党人当然不会错过这个机会，让彻底铲除鸦片的成果去说话，突出宣传中国已转变为"无毒国家"。但这个成功的背后多多少少还是有点儿不足，因为成功并非全面开花。尤其是在边远地区，那里的禁烟运动并不能说十分成功。1958年，在贵州西南部再次掀起一场查禁鸦片运动，结果收缴了310公斤鸦片。④在20世纪90年代，人类学家周永明在云南作社会调查时，就亲耳听到有人说，在

---

① "三反"是指1951年12月在共产党、军队和国家机关内开展的"反贪污、反浪费、反官僚主义"运动；"五反"是指1952年4月在资本主义工商业者中开展的"反行贿、反偷税漏税、反盗骗国家财产、反偷工减料、反盗窃国家经济情报"的斗争。
② 凌青、邵秦（主编1951年12月开展的）：《从虎门销烟到当代中国禁毒》，成都：四川人民出版社，1997年，第107—109页。
③ 王宏斌：《禁毒史鉴》，前引书，第486页。
④ 《近代中国烟毒写真》，前引书，下册，第328页。

第四章　鸦片：内政的关键筹码

少数民族聚居的边远地区，直到60年代，依然有人在种植罂粟，并拿鸦片作药物使用。①更令人感到震惊的是，即使在靠近中央政府的省份里，

在共产党的领导下，禁毒运动取得胜利。图为
戒毒成功的人成为自食其力的劳动者

许多证据表明，鸦片禁绝并不彻底。比如在60年代中期，有一位鸦片贩子在江苏新浦被逮捕。在"文化大革命"十年期间，鸦片种植在浙江省衢县又死灰复燃。②尽管如此，这些旁枝末节（至少从目前的研究成果看）并不能抹杀共产党禁烟运动的巨大成果。

鸦片只是从19世纪30年代中期，才成为中国当局所面临的重要问题，那时候，鸦片还主要是被当作一个经济问题来处理。19世纪30年代末，轰轰烈烈的禁烟运动因鸦片战争而遭受挫折。在19世纪后大半段时

---

① 周永明：《20世纪中国禁烟历程》，前引书，第114页。
② 《近代中国烟毒写真》，前引书，上册，第349及420页。

185

光里，清廷在鸦片对策方面没有建立起一个明确的指导路线，即使当时给予鸦片产供销合法化地位已是大势所趋。不过，从那时起，鸦片却在清廷振兴国运的过程中发挥出重要作用，清廷也由此而扩大了管辖范围。在那个时代里，鸦片确实是重建税收结构的一个关键筹码，重建后的税收结构有利于清廷为自己雄心勃勃的计划筹集资金。

到了20世纪，人们认为禁绝鸦片是确保公众健康的一种举措。当时执政的政权通过推行禁烟来巩固自己的合法地位，在经历过历史转折点之后，去控制社会，在更深的层面上去重组社会结构。实际上，当政的政府利用十年禁烟计划，或者利用六年禁烟计划，来加强对社会各阶层的控制，甚至去强化中央集权，并将自己的影响力扩展到边远地区。不过，政府在这方面的成果并不理想。

共产党之所以有那么大的能量，主要是因为它建立了一整套管理体系，从20世纪50年代初期，便有效地把整个国家都管控在自己手里。从那时起，共产党就对毒品的贩运渠道施加了强大压力，根本不考虑把鸦片当作一种税收手段。由于采取新的禁烟政策，而政府的角色也发生了转变，共产党于1952年掀起的禁烟运动取得很大成功。然而这一成功恰好让人们注意到，只有当中国成为一个中央集权制的国家时，一条彻底禁绝鸦片的道路才得以展开。当然，中国为此也付出了沉重的代价。

第五章
烟民：变化过程及特征

要是把烟民们都想象成在东南亚一隅生活的水手或小商贩，那么人们永远也写不出第一批吸食烟草的中国人的故事，除非有脑洞大开的戏剧性变化，但这样的变化似乎未必会有。那时候竟有人冒出一个念头：不再吸食烟草，而直接改吸纯鸦片，这个颇有创新精神的家伙是怎么冒出这个想法的，又是从什么时候开始有这么一个怪念头的，恐怕没有人能准确地说出来。只有当鸦片不再是少数有钱人所钟情的癖好，转而成为社会精英们趋之若鹜的消费品时，我们才有可能写出各阶层烟民的故事。对烟民的研究涵盖了从1800年至1949年这150年的历史，在这150年当中，有三个明显不同的时段：首先是毒品逐渐侵入到中国社会各阶层的阶段（1800—1890）；其次是发生决定性转变的阶段，尽管这一阶段十分短暂（1890—1916）；最后是一个对各阶层烟民有清楚认识的阶段（1916—1949），虽然人们对他们的认识依然自相矛盾，且信息来源渠道也有所不同，但不管怎么说，这些烟民已经被社会边缘化了。

第一节　1800—1890年：毒品蔓延势头难以阻挡

就这一阶段初期的烟民而言，由于缺乏信息来源，人们无法去管窥各阶层烟民的状况，但在毒品市场上，鸦片供应量却在不断增加，烟民的数量也由此持续增长。正如我们在前文所看到的那样，直到19世纪70

从1800年开始，富人阶层的烟民的数量呈递增之势，穷人阶层亦然。图为两名正在吸食鸦片的穷人，他们破衣烂衫，精神萎靡

年代，进口鸦片一直呈增长态势，当进口洋药咄咄逼人，企图鲸吞中国市场时，内陆地区的土药生产开始发力，以取代进口洋药。

这一阶段，鸦片以难以阻挡之势蔓延开来。鸦片是通过两个途径蔓延开的：一个是社会环境，上行下效；另一个是地域因素，由沿海向内陆扩散。为了论述方便，我们将分别探讨这两个途径，虽然这两个途径显然是难以割裂的。

第五章　烟民：变化过程及特征

一、地域蔓延

就在雍正皇帝于1729年颁布诏令的那个时候，朝廷的几位大臣就鸦片问题向皇帝呈递奏折，明确地提到涉及福建省、台湾岛（台湾当时行政上隶属于福建省）以及广东省的现象。①鸦片或许正是经台湾传入大陆的，在当时的情况下，这种事并不令人感到意外。后来，从18世纪末叶，毒品便在广东地区迅速泛滥开来，因为印度鸦片正是在那个时候开始大量涌入中国。19世纪初叶的行政文书也明确指出，有四个沿海省份毒品泛滥最为严重，即广东、福建、浙江和江苏四省。但是从19世纪10年代起，种种迹象已表明，鸦片已开始有组织地从这几个沿海省份向内陆省份蔓延，即向安徽、四川及湖北等省蔓延。②此外，也就是在那个时候，爆发出的几个事件揭露出京城许多官员都在吸食鸦片。在帝国的核心层里，已在官场上担任一官半职的朝臣，比如要去参加会试的考生就有机会去品尝鸦片的滋味。帝国的科举考试制度是每隔三年在京城举办一次会试，此前在院试及乡试里脱颖而出的考生前来京城碰碰运气。然而在这些来自南方的考生里，有些人已经是吸食鸦片的瘾君子了。③从那时起，鸦片就在帝国高层官员当中扎下根来，而官员们对鸦片的依赖之态持续了将近100年。④其实这个史实的重要性非同一般，因为帝国的官员在其政治生涯当中流动性很大，基于回避原则，他们往往会被派往非原籍地任职，只有当家中亲人去世时，他们才能返回家乡，守孝三年。况且，享有崇高名望的高官染上此等"雅兴"，也让有幸与其谋面或共

---

① 冯客：《毒品的文化：中国毒品史》，前引书，第33—34页。
② 贝杜维：《鸦片与帝国之界限》，前引书，第119—123页。
③ 马模贞：《中国禁毒史资料》，前引书，第12—13页；郑扬文：《中国的鸦片社会史》，前引书，第57—66页。
④ 最早见证此事的西方人是约翰·巴罗，可参阅其著作：《中国之旅行》，费城：拉夫林出版社，1805年，第102—103页。

事的地方士绅们纷纷效尤。官员们任职累迁,居无定所,况且又享有极高的威望,无形中就成为将吸食鸦片陋习传往其他地区的传播媒介。

尽管如此,这些官员并非是唯一的传播者。最传统的传播方式还是贸易渠道,消费习惯往往也是随贸易渠道而传播开来的,就像贸易渠道曾将瘟疫向四处传播一样。比如在广西,在19世纪30年代鸦片进入中国腹地的过程中,作为贸易主渠道的西江就发挥着核心作用。[①]最有钱的商人在其中也同样扮演着非常重要的角色,尤其是他们不仅仅是消费者,而且他们很快就明白,要想赚更多的钱,就必须建立起完善的销售渠道。山西太谷县知县于1817年立了一块石碑,碑文也印证了鸦片经贸易渠道传播一事。这件事发生在一个纵深内陆很远的县城,又是在那么久远的年代,因此值得人们关注,这位知县在碑文上提到有人吸食鸦片的事。他明令要求南下广东、福建、浙江及江苏的晋商发誓不将鸦片带回本县。[②]

虽然官员和商人在鸦片传播过程中发挥了推动作用,但鸦片在各地的传播进度还是有快有慢,在19世纪30年代中期,有些省份(尤其是东北地区)还不知道鸦片究竟是何物。[③]然而到了19世纪后半叶,在前述因素的影响下,这一局面发生了很大变化,特别是中国地产罂粟异军突起,加快了鸦片向各地蔓延的进程,有些边远落后、交通不便的省份(比如云南)则致力于罂粟生产,鸦片消费很快就占了上风,这些省份后来又成为向周边省份输出土药的基地,因为进口洋药很难运到其相邻的省份。[④]

---

① 史景迁:《鸦片》,载于《中国纵横》,前引书,第246页。
② 碑文的译文刊载于贝杜维:《鸦片与帝国之界限》,前引书,第313—315页。
③ 在1838年7月13日呈递给皇帝的奏折中,黑龙江将军庆幸下属官员依然恪守祖先的简朴生活方式,并未染上吸食鸦片的陋习,载于马模贞:《中国禁毒史资料》,前引书,第71—72页。
④ 贝杜维:《鸦片与帝国之界限》,前引书,第230—231及237页。

第五章 烟民：变化过程及特征

在19世纪的最后三十年当中，鸦片消费已蔓延到全国各地，这已成为一种无法回避的事实。然而，全国各地虽然都有人吸食鸦片，但这并不意味着其消费程度也是一样的，皇家鸦片委员会的报告倒不失为一个让我们了解当时状况的信息来源，报告当中的细节也确认了这一点。皇家鸦片委员会就鸦片消费起草了一份调查问卷，并于1894年第一季度向公众发放并采集答案，调查问卷的问题都很明确，问卷所采集的答案也被写入委员会的报告。① 有些搜集问题的提问者并未和中国公众有更深入的接触，因此他们所采集到的答案很不均衡，况且有人是带着偏见来看这个问题的。因此，在看待这份报告时，一定要格外谨慎，比如在江西的九江市，有两个接受调查采访的人，一个是当地的商人，另一个是居住该城的牧师，他们所给出的答案差别竟然大得出奇，一个人认为吸食鸦片的成年男人只占人口比例的5%，而另一人则认为这一比例高达70%！② 要是想依照皇家鸦片委员会的报告去绘制一份烟民在中国的分布图，那绝对是极不现实的。不过，有些在中国生活过，或到中国部分省份旅行过的人所提供的信息倒是相互吻合的，这些信息足够完整、全面，让人得以确定哪些省份是受鸦片毒害的重灾区。他们当中很多人都描述了四川和山西的烟民，在这两个省份里，沉溺于鸦片的烟民比例确实非常高。甘肃、云南和贵州省的烟民比例要略微少一点。③ 因此，我们注意到，出产鸦片的内陆省份往往也是鸦片消费大省，这一现象在民国时期尤为明显。

---

① 1893年，在格莱斯顿担任首相期间，议会任命组成皇家鸦片委员会，委员会将就适时禁止鸦片贸易表明自己的态度。皇家鸦片委员会：第五卷，前引书，第212—343页。有关这个调查委员会的细节，请参阅大卫·欧文：《英国在中国和印度的鸦片政策》，纽黑文：耶鲁大学出版社，1934年，第311—328页。
② 皇家鸦片委员会：第五卷，前引书，第300—301页。
③ 皇家鸦片委员会：第一卷，前引书，第128—129页，第五卷，第216，232，246—247，264—266，286，295页。

从地域角度看，我们注意到这样一个事实：凡是能近距离采购到鸦片的地区，其烟民的比例就非常高。在鸦片涌入中国的初期，在靠近印度洋药进口渠道近的地区，尤其是沿海地区，烟民的比例一直居高不下。①后来，进口洋药的数量越来越少，其市场地位也越来越弱，而在罂粟生产省份，尤其是四川和山西，鸦片不但产量足，而且价格便宜，吸食鸦片的人自然就非常多。有些烟农自产自用，很容易就能得到鸦片，因此在罂粟生产省份里，很多人就是这样成为烟民的。在烟民数量上，这些省份后来明显超过沿海的浙江、江苏和广东省，一是因为罂粟不宜在沿海地区种植，二是因为鸦片运输路途遥远，再加上厘税、运费、中间商的利润，鸦片最终送到烟民手里时，价格已涨得非常高了，这极大地限制了烟民的消费。美国记者韦尔伯·伯顿于1933年所撰写的报道就很有代表意义，此文读起来也非常有趣：伯顿注意到土药在云南省卖得最便宜，因此云南的烟民要比广东的多很多。②在20世纪30年代，以江苏省的一位烟民每天吸半两云南土药来计算（以每两2.8元计算），他一个月要花费42元钱。而在距离云南较近的重庆，当地的一位烟民若吸同样的量，则只需花12元钱。③重庆烟民的鸦片开销只相当于江苏烟民的四分之一，即使沿海地区比内陆省份更富有，这么大的价差也肯定会给消费带来很大的影响。

虽然价格问题是区域间消费差异的主因，④但其他因素也不容忽视，而且更值得考虑。在疟疾横行的云南省，鸦片从19世纪初期就一直被当作是预防疟疾的良药，这也算是当地过高消费鸦片的一个原因吧。⑤

---

① 英国议会文件：第31卷，第320—325页，1855年11月6日霍布森医生写给鲍林爵士的报告。
② 《中国评论周刊》：1933年9月23日，第148页。
③ 《拒毒月刊》：第89期（1935年6月），第28页。
④ 马寅初：《关于禁烟问题几个要点（1928年）》，载于马模贞：《中国禁毒史资料》，前引书，第889页。
⑤ 皇家鸦片委员会：第五卷，前引书，第216, 227—228页。

二、社会蔓延

在19世纪，鸦片之所以在整个中国社会里蔓延开来，毫无疑问，鸦片价格持续走低应该是主因，而快速发展的罂粟种植又让鸦片价格一降再降。廉价的鸦片让市场触角一直延伸至衣食无忧的家庭及普通民众。然而，这个因素不如地域蔓延所起的作用大，因为在土药尚未大规模发展之前，市场上只能买到印度洋药时，那些买不起纯鸦片的烟鬼们也能靠吸烟灰渣去过过烟瘾。

尽管不断下降的价格带来结构性的格局变化，让越来越多的贫苦阶层也能接触到鸦片，但社会各阶层对鸦片趋之若鹜的心理动因就是想去模仿社会精英，这是为人所熟知的消费心理学现象。我们在前文里已经讲述过帝国的高层官员因任职累迁，赴任所履新，而对鸦片传播起到一定的影响作用。不过，我们还是应该强调指出，开启吸食鸦片之先河的正是处于帝国金字塔尖的最高层统治集团。皇室在很早的时候就开始吸食鸦片了，甚至连皇帝本人也不例外。在19世纪30年代末期，首次倡导大规模禁烟的道光皇帝，年轻的时候就喜欢吸食鸦片，也许正是自身的经历促使他下决心去铲除鸦片。①皇室一直没有彻底戒除鸦片，从1861年起直至1908年

道光帝年轻时是个瘾君子。图为其在御花园中的画像

---

① 朱庆葆：《鸦片与近代中国》，前引书，第315—316页。

去世，一直在幕后实际掌控国家的慈禧太后，始终在吸食鸦片，尽管吸食量并不是很大。①在实施十年禁烟计划期间，有些官员一直没有戒烟。其中最有名的官员是都御史陆宝忠，他因无法戒烟而于1908年春辞去官职。类似陆宝忠这样的官员还有很多，比如军机大臣瞿鸿机，贵州巡抚鹿鸿书，以及封疆大臣等。②

自18世纪起，官员们都把吸食鸦片当作一种奢华的雅兴。由于鸦片具有镇痛作用——也算是一种万能药吧，人们或多或少总是拿鸦片与古人所祈求的长生不老药相比较，而且往往把鸦片看作是有身份、有地位的象征。吸食鸦片并不是仅仅为了满足生理上的需要，而是为了以此来炫耀，显摆自己生活奢靡，吸食者不但要有雄厚的家产做后盾，还能拿鸦片来满足自己的虚荣心。因此吸食鸦片的人并不是真的喜欢这个口味，而是如皮埃尔·布迪厄所说，是一种"奢侈的癖好"。实际上，依照社会学家布迪厄的说法，"奢侈的癖好"不过是富裕阶层用来显摆自己的方式，因为"这些人生活条件优越，衣食无忧，自由自在，就像有人所说的那样，手里有雄厚的资本，花钱像流水似的"。③

在19世纪初，有些文人墨客还作诗颂扬烟具，尤其是讴歌烟枪。其中有些诗一直流传至今，因为这些诗被刻在烟管上。这些文人墨客秉承明清文学的传统，因为自明代起，文学界便十分盛行尺牍小品，小品文或抒情，或叙事，或绘景，描绘生活中所见物品（如书籍、茗茶或香薰等），但所讴歌的物品绝非平庸物件。他们追求超凡脱俗的高雅情趣；他们魂牵梦萦的恰好是雍容闲雅的生活品质，他们的诗作不但刻画烟具

---

① 布兰和巴恪思：《慈禧太后治下的大清》，前引书，第411，496—497页。
② 王宏斌：《禁毒史鉴》，前引书，第257页；苏智良：《中国毒品史》，前引书，第210页；《中国之声》：1908年5月23日。
③ 皮埃尔·布迪厄：《区隔：一种趣味判断的社会学批判》，巴黎：子夜出版社，1979年，第198页。

第五章　烟民：变化过程及特征

慈禧太后油画像，胡博·华士（1855—1935）绘于1905年

的产地、所用的材料,而且还颂扬制作烟具的工匠。①这类文雅的思辨活动显然造就了文人墨客吸食鸦片的情趣。如今许多博物馆都收藏着制作精美的鸦片烟具,这也从一个侧面表明,当时烟客们刻意追求矫揉造作物品的情趣。制作烟枪所用的材料也很珍贵,有珍稀斑竹,还有象牙材料,烟枪上的图案雕刻得非常精致。有些著名工匠制作的烟锅将典雅与完美的线条融合在一起,即便今天看到这样的作品,我们也会对此感到惊叹不已。

以鸦片会友,颂扬鸦片的社交功能,这也算是最早吸食鸦片的文人墨客所喜欢的传统主题。其实这只不过是他们在以茶会友,以诗会友,以画会友,以乐会友之外,又多了一项消遣休闲活动罢了,在谈到这些人时,有人说他们是在"分享兰花的香气"。他们不吝笔墨,颂扬吸食鸦片的"雅兴",倒像是几个知己借机在一起交流感情似的。在这些小团体里,还流行一些文雅的礼数,也算是专为吸食鸦片而设立的礼仪,尤其是那种挑烟膏、烧烟泡的精妙手法。他们甚至拜经验老道的人为师,自己甘做弟子,拜师认徒的做法在知识界十分盛行,因为孔子的教育思想是认可这种做法的。于是,经验老道的鸦片吸食者便为刚入道的人做启蒙示范,慷慨地拿出自己的鸦片,与他人分享,同时告诉对方,该怎样做才不会上瘾。在19世纪90年代初期,有一位鸦片吸食者曾说:"在大部分失败的例子里,滥用毒品主要是吸食者没有经验和无知造成的。"这种说法也许有夸张之嫌,但由此不难看出,当时对指导新入道的人还是很重视的。②那时有人称鸦片吸食者为"道友",这个称呼就包含着接纳他人入道的意思,这清晰地表明鸦片吸食者之间的关系,鸦片并不仅仅是一种简单的休闲活动,而是一种生活情趣。

---

① 柯律格:《长物志:近代早期中国的物质文化和社会地位》,檀香山:夏威夷大学出版社,2004年(1994年第1版),第56—65,73—73,82—83页。
② 皇家鸦片委员会:第五卷,前引书,第225—226页。

第五章 烟民：变化过程及特征

然而，鸦片消费群体当中的精英必然会注意到，由于上行下效，吸食鸦片的做法已逐渐蔓延至整个社会。在19世纪下半叶，持续走低的鸦片价格很快就把吸食之道赶下奢华的圣坛，让吸烟变得不那么高雅了。不过，精英们并没有放弃这一做法，而是做出不同的反应。

首先，他们抨击放任毒品向社会各界扩散的做法。他们的做法清晰明确，其实在很早的时候，就已经出现揭露放任毒品向社会底层扩散的文章，认为毒品已经蔓延至"无赖"阶层。[①]

其次，到19世纪下半叶，有些对鸦片的批评文章描述让人感觉含混不清，称鸦片是一种毒药，但又是一种乐趣，一种迷人的生活情趣，要是不去享受这种乐趣，可真是太遗憾了。恰当的鸦片消费准则也就是在那个时候被人提出来。这和鸦片会让人上瘾有关，张昌甲虽然在其《烟话》中颂扬了鸦片给人带来的种种乐趣，但还是明确地指出，鸦片会让人上瘾。[②]这也正是有理智的鸦片吸食者和滥用毒品者之间的差别。最早的吸食鸦片者都是家境富裕的有钱人，况且他们又有闲暇时间去玩这种"高雅"的玩意。他们将此作为一种休闲的乐趣，因此知道即便自己喜好这一口，也应该有所节制。吸食鸦片就是一种惬意的闲情逸致，只要不去滥用就不会给自己造成伤害。但那些滥用毒品的人却不是这种情况，他们手头钱不够多，而且又无法像有品位的人那样知道控制自己，于是便自暴自弃，直至彻底毁掉自己。有钱人将吸食鸦片看作是一种消遣活动，是对生产活动的一种补偿，吸食者花费时间和精力去挣钱，因此适度抽抽大烟，放松一下，既合情合理，又给社会带来一定的好处，因为他拿出部分挣到的钱，消费出去，返还给社会。[③]这种想法相当明确

---

① 郑扬文：《中国的鸦片社会史》，前引书，第88—90页。
② 马克梦：《财神爷的堕落》，前引书，第201页。
③ 戴沙迪：《鸦片，闲暇，上海：城市消费经济》，载于《鸦片政权》，前引文，第171—179页。

地反映出，烟民当中的精英已开始感到不安，尤其是19世纪下半叶，吸食鸦片现象已呈强攻之势向全社会蔓延开来。

　　第三个反应就是要在吸食的过程中，不断探索新的感受：吸食鸦片是一个极为复杂的过程，需要为鸦片精心设置一种"矫揉造作的潜势"，让精英们总能感觉高人一等：他们选用不同品种的印度洋药，使用珍贵的烟枪，出入奢华的高档烟馆，再不然就雇用专人服侍他们吸食鸦片。①这就是为什么在19世纪下半叶，在面对廉价地产土药时，印度洋药依然能够在市场上占据一席之地的原因。晚清时许多花边新闻都描述过喜好吸食鸦片者讲究的做法：他们让女佣挑烟膏、烧烟泡，为自己省去了许多麻烦，甚至在自己家里布置出吸烟室，可分别在冬季和夏季使用。②

　　他们甚至强烈谴责吸食烟灰渣的做法，抨击那种拿烟灰渣当大烟抽的陋习，烟灰渣价格便宜，吸食方便，但也让鸦片消费群体拉开了档次。③烟灰渣及其衍生物和高档进口洋药根本没法比，是鸦片消费当中最低档的东西，有品位的吸烟者是绝对瞧不起这玩意儿的。一般情况下，依照那些没落烟民自己的叙述，吸食烟灰渣则表明他们已对鸦片产生依赖性，那时候，这样的烟民越来越多，不过大多数烟民并不承认自己已经上瘾了。④然而，烟灰渣的价格和口味恐怕并不是让烟民如蚁附膻似的去吸烟屎的主因。与精品鸦片相比，烟灰渣抽起来更简易方便，这也表明烟民更关注毒品的效果，而非享受吸食的过程。为此，烟灰渣的优势就很明显了：吸食快速，烟具简单，价格低廉，效力更强，其效果堪与现代毒品如麦角酸或冰毒相比拟，这和精英群体讲究吸食的乐趣和体验大相

---

① 古伯察神父：《"鞑靼西藏旅行记"成书之后的中华帝国》，前引书，第33页。
② 彭养鸥：《黑籍冤魂》，载于阿英（编）：《晚清文学丛钞》，"小说三卷"，北京：中华书局，1982年，第134—135页。
③ 皇家鸦片委员会：第五卷，前引书，第223—226页。
④ 《粤华报》：1935年6月11日。

第五章 烟民：变化过程及特征

径庭。①

在19世纪八九十年代，鸦片在全社会蔓延开来，而精英阶层此时尚未放弃吸食鸦片，鸦片似乎在中国社会各阶层里深深地，甚至永久地扎下根来。在所有的社交场合里，几乎总能看到鸦片的身影（参阅第六章）。在某些婚庆宴会上，鸦片也摆上台面，供客人享用。依照有些人的说法，向客人表示欢迎的最好方式就是送给他一支烟枪，就像奉上一杯茶一样。②那时候，有关中国吸食鸦片人口比例的数据听起来让人感觉危言耸听，但看到这种社会状况，人们也就不会感到惊奇了。③

实际上，估算中国究竟有多少人在吸食鸦片是一件非常棘手的事情。通常所采用的统计方法是，用鸦片总量（土药和洋药的总和）除以烟民的平均消费量。不过当时无论是对土药的生产水平，还是对洋药进口总量，都没有一个确切的统计数字，况且烟民平均消费量又难以估算，因为人们不知道该如何去估量烟灰渣回用的数量，这就让准确统计烟民数量变得难上加难。当所有人都在关注鸦片问题时，即在1906年推出十年禁烟计划时，有关土药产量和洋药进口量的数据还算是准确的。当时提出一个估量烟民数量的方案，即以吸食鸦片上瘾的最小量（每天一钱）为界限，将统计数据放入此框架内进行计算。如按25800吨或38300吨鸦片来估量的话，那么所得出的结果就是：在1906年，这些鸦片数量足够1620万或2760万鸦片上瘾者吸食。如果把中国人口总数估为4.5亿，那么这些烟民就能占到人口总数的3.6%或6.1%。这个大致数据足以证明，鸦片吸食者人数众多，况且这些数据还没把烟灰渣的消费量统计

---

① 包利威：《禁止颂扬：民国时期鸦片烟民价值体系的研究》，载于《起源》杂志，第62期（2006年3月），第76—79页。
② 《中国各通商口岸1871—1872年度贸易报告》，上海：通商海关总税务司统计科，1874年，《1871—1872年度宁波贸易报告》，第136页；皇家鸦片委员会：第五卷，前引书，第219，226，247页。
③ 《中国之友》杂志很擅长报道这方面的内容，尤其是在19世纪80年代。

进去。

然而即使这些统计数据坐实了许多人的证言，他们认为中国吸食鸦片的人非常多，但如果以为鸦片在蔓延过程中已均衡地渗透到社会各个阶层，这种想法也是错误的。当然，这种趋势愈演愈烈，我们在后文将更详细地论述这个问题，但从19世纪后半叶起，除了我们在前文已经提到过的精英群体之外，有些普通民众阶层也越来越沉溺于吸食鸦片。

吸食鸦片对军队战斗力的影响则引起各方高度关注。然而，显然只有两类部队受鸦片的影响最大。一类是驻扎在大城市里的八旗军队。[①]1908年，清朝一位满族官员在奏折中宣称，在驻扎福州城的八旗军队当中，六至七成的士官都是瘾君子。[②]另一类是驻守帝国边陲地区部队的士兵，为排遣百无聊赖的烦闷感，他们只能拿鸦片来聊以解闷，从少得可怜的消遣活动中获得一点乐趣。1908年，汉学家保罗·伯希和前往新疆，他在日记中记载了一个护送他们的士兵，"他是一个22岁的年轻人，十分健谈，也很乐观，已驻守边陲一年半了"。这位年轻人身上最显著的特征就是他不抽大烟。[③]有一位外国旅行者进入川西山区，他注意到吸食鸦片的现象在军队中十分普遍，各级官兵纪律松懈，已毫无战斗

[①] 在清军入关推翻明朝的过程中，是按八旗制组织的，除了满族八旗之外，还设立了汉军八旗和蒙古八旗。清朝统一中国之后，八旗的士兵及其家属便驻扎在帝国的主要城市里，并在那里设置驻扎营地。为了确保士兵们效忠于朝廷，清政府为他们设置了一些特权，尤其是给他们封官加爵，让他们享有一种特殊的合法地位，甚至享有司法特权，还给他们许多物质奖励。虽然这些旗并不全都是由满族士兵组成的，但各旗士兵设置特权已成为一种趋势，西方观察家得以将其与其他部队区分开来。
[②] 乔伊斯·梅丹西：《钦差大臣林则徐留下的问题》，前引书，第189页。
[③] 保罗·伯希和：《1906—1908旅行日记》，巴黎：古印度学识出版社，2008年，第225页，也可参阅第42页。

第五章 烟民：变化过程及特征

汉学家保罗·伯希和在莫高窟做研究，查理·纳内特摄

力可言。①法国的一位驻华武官在参观海南岛时也注意到,当地的驻军亦沉溺于吸食鸦片。②除了这两个例子之外,部队官兵抽大烟现象究竟严重到何种程度,也让各方争论不休。在民国时期,尽管军中士兵依然喜欢抽大烟,尤其是在军阀的部队当中最为盛行,但总体局面已有很大改观。有些军阀部队被冠以"双枪兵"的绰号不是凭空而来的,双枪当中的另一杆枪就是指"烟枪"。③这种局面在鸦片价格低廉的省份尤其明显。但有些军阀如吴佩孚和冯玉祥则下令禁止在军中抽大烟,以确保部队的战斗力。④

但有一个部门,大家公认那是晚清时代瘾君子的巢穴:这些瘾君子就是在衙门里供职的小官吏。尽管从历史渊源看,衙门里的小官吏在民众当中口碑极差,⑤况且还有人故意夸大这一现象,但许多旅居中国的西方人都证实,这个阶层的人确实耽于吸食鸦片。⑥伊莎贝拉·伯德也证实,19世纪末叶,她在四川腹地旅行探险时,官方派遣了一支由143人组成的护送队,其中只有两个人不抽大烟。⑦

妓女也是引人注目的一个社会阶层,因为当时女性在吸食鸦片量上远远不如男性,但妓女则另当别论。她们当中大部分人很有可能是陪客人一起吸,但有些妓女则试图从毒品里得到慰藉,以应对这种生不如死

---

① 艾梅-弗朗索瓦·勒金德:《中国西南考》,前引书,第92—93,136页。邦瓦洛特:《勇闯无人区》,巴黎:阿歇特出版社,1892年,第377,405,412—415页;柯乐洪:《穿越华南边疆:从广州到曼德勒旅行记事》,下册,前引书,第133页。
② 樊尚军事档案馆:第7N1669号档案《1904—1910年间有关华南地区局势的报告》,布里索-德玛耶于1907年7月1日就海南局势写给陆军部长的信函。
③ 戴安娜:《军阀的兵:中国的普通士兵,1911—1937年》,纽约:剑桥大学出版社,1985年,第40页。
④ 朱庆葆:《鸦片与近代中国》,前引书,第150页。
⑤ 白德瑞:《爪牙:清朝县衙之书吏及差役》,前引书。
⑥ 英国外交部档案:编号228/1662,1906年10月至1907年1月济南情报报告;皇家鸦片委员会:第一卷,第24页,第五卷,第225—226,228,235—236,264,288页。
⑦ 伊莎贝拉·伯德:《扬子江流域及其腹地》,前引书,第286页。

的凄惨生活。[1] 20世纪50年代初期,当上海第一批妓女被送去劳改之前体检时,体检结果令人吃惊(这一结果并不具有代表性):她们当中大部分人已对鸦片和海洛因上了瘾。[2] 依赖毒品的妓女竟然会有这么多,其中的缘由就是妓院鼓动嫖客去吸食鸦片,以便能给妓院带来更多的收入。这些妓女的做法和酒吧女郎鼓动消费者纵情豪饮的手法如出一辙。[3]

第二节　1890—1916年:衰退与宣传

一、鸦片消费量减少以及烟民的变化

在1890至1906年间,烟民当中也发生了一些变化,详细解释这些变化是一件很棘手的事情。单从消费量层面上看,鸦片消费增长趋势的拐点尚未到来,土药产量依然在暴涨,洋药进口量则持续下降,[4] 由此推断烟民数量维持不变,甚至略有增长也是合情合理的,烟民数量只是到十年计划推出时才真正降下来。虽然在沿海地区上流社会里已出现鸦片消费下降的趋势,但这一趋势却被鸦片向边远地区、向贫困阶层蔓延的势头给抵消掉了。有些迹象也确实印证了这一点,比如在梧州,鸦片烟馆的数量不但没有减少,反而还在增加,从1897年的45家,增加到1901年

---

[1] 皇家鸦片委员会:第五卷,前引书,第248、260、268—270、273、305页。
[2] 贺萧:《上海色情业管理:1920及1951年对妓女的改造》,载于魏斐德与叶文心(主编):《上海旅居者》,伯克利:东亚研究学院,1992年,第175页。
[3] 亨利-梅尔基奥尔·德朗格勒:《19世纪巴黎的咖啡馆和专卖店》,巴黎:法兰西大学出版社,1990年,第141—148页。
[4] 《中国评论》:第21卷(1894年6月—1895年7月),第270—271页。

的50家。①1905年，一位对四川省极为熟悉的法国医生声称，他注意到四川省的鸦片消费近20年来一直呈增长势头。②在中国做传教士的外国医生在1899年接受调查时也宣称，依照自己的所见所闻，他们认为整个中国的鸦片消费依然在增长，这些人确实倾向于夸大毒品的影响。③

从1906年开始，让人难以言述的局面已逐渐变得明朗起来，社会各阶层的烟民数量都呈下降趋势，这一趋势不但平稳，而且来势很快。沿海各省烟民数量下降的势头尤为迅猛。驻华外交官的报告也证实了这一局面，尤其是社会精英已对鸦片不感兴趣，这与十年计划对他们提出的要求不无关系，十年计划要求他们为民众做出表率。④

不过，还是应着重指出，帝国在1906—1911年间所推行的禁烟计划确实非同凡响。在短短几年之内，鸦片消费衰退得既猛烈，又出人意料，让这个在中国社会里似乎深深地扎下根的消费习惯几乎完全消失了。尽管这一局面在中国历史上可谓前所未有，但许多人对此并不十分了解，甚至连中国人自己也不甚了解。这也许是由于民众对已陷入绝境、难以革新的王朝抱着一种偏见，认为这个日暮途穷的王朝干不成什么大事，百姓心中这样一个王朝的形象怎能和禁烟成功的辉煌成果挂上钩呢？轰轰烈烈的辛亥革命在社会上引起极大的反响，这场革命让清朝的禁烟努力变得黯然失色。辛亥革命推翻了两千多年的封建王朝统治，与此同时，也把末代王朝禁烟的成果给湮没了。

1912年过后，西方观察家们注意到，辛亥革命后的新一代社会精英

---

① 《十年期报告：1892—1901》，下册（南方口岸），上海：海关总税务司署统计科，1906年，《梧州十年期报告》，第283页。
② 艾梅-弗朗索瓦·勒金德：《中国西南考》，前引书，第486—488页。
③ 柏乐文：《在中国一百名以上内科大夫对服用鸦片的鉴定》，前引书，第12—18页。
④ 英国外交部档案：编号228/1662，1906年第四季度福州情报报告。

第五章　烟民：变化过程及特征

都受过现代化教育，许多人甚至曾在海外求学，他们全都抵制鸦片。①从20世纪20年代起，国民党在主导国家的命运，其领导人（孙中山、胡汉民、汪精卫、蒋介石、廖仲恺、宋子文、孔祥熙）没有一个人吸食鸦片，甚至在高官当中也鲜有人吸食鸦片。唯独一个例外就是许崇智（1887—1965），他自20年代中期便在国民党内担任主要军事领导人，而他手中的王牌就是有把兄弟做靠山。他后来的种种荒唐举动也是闹出了名声，他原本有可能成为国民党的主要领导人，跻身于上述那些政治家的行列，但他的政治生涯最终未能达到这一巅峰。②我们还注意到，没有任何人出面指责共产党人吸食鸦片，甚至就连最恨共产党的人也没有提出这样的指责。虽然自半个世纪以来，有些历史文献把军阀描述得声名狼藉，但吸食鸦片的军阀为数并不多，这也着实让人感到吃惊。不过，在那些著名的军阀当中也有例外，比如龙云、张作霖、张学良都吸食鸦片。③桂系"三巨头"当中的黄绍竑也坦言承认自己曾在20年代吸食鸦片。④还有一些名气不太大的军阀，如在20年代就任贵州省长的周西城，⑤陕西军阀党玉琨等人也是吸食鸦片的瘾君子。⑥

在那时，在承担救国治国重任的政治人物当中，吸食鸦片的人可谓凤毛麟角，这与晚清统治阶层内为数众多的吸食鸦片者形成鲜明的比

---

① 阿奇尔德·罗斯于1913年5月25日就湖南的局势所撰写的报告，载于《1910—1941年间的鸦片贸易》，前引书，第3卷。
② 《论语》杂志：第35期（1934年2月），第567页；《华星三日报》，1927年6月1日，第4页；《广州高地第街许氏家谱》，广州：广东人民出版社，1992年。
③ 英国外交部档案：编号228/3290，1920年第二季度、第四季度，1922年第四季度奉天情报报告；后藤朝三郎：《中国的臭味》，东京：半文社，1933年，第203页。
④ 《近代中国烟毒写真》，前引书，上册，第581页。
⑤ 《拒毒月刊》：第33期（1929年9月），第64页。
⑥ 魏丕信：前引讲坛（无页码）。

照。这是一个至关重要的变化,在此后的几十年当中,这一趋势一直保持未变。

二、认知方面的变化

在1890年至1916年,这短短的20年当中,中国社会又出现另一个重要变化。尤其是在十年计划期间,禁烟宣传运动进行得如火如荼,到民国时期,禁烟宣传势头依然有增无减,而那一重要变化正是起源于轰轰烈烈的禁烟宣传运动。这一变化就是烟民在公众中的形象得到彻底改变。一种突如其来的变化展现在世人面前:烟鬼总是给一种似人非人、似鬼非鬼的形象,从各方面看都不招人待见,不过表面看上去还有点儿魅力,因为他们毕竟和社会精英有着不一般的关系,他们的相貌逐渐被刻画成某种典型人物,就像是社会的反衬人物一样,因为从20世纪初起,人们总是把他们描绘成衣衫褴褛的苦力,脸上带着惊恐不安的神色,一副瘦骨嶙峋、弱不禁风的模样。烟鬼的这副形象并非只出现在禁烟宣传运动的招贴画上,相反,在各类报刊杂志上,人们也能看到烟鬼这副人不人鬼不鬼的样子。①

为什么一看到瘦骨嶙峋的人,就会让人联想到烟鬼呢?这其中的缘由也应该引起人们的注意。②其实这种联想很早以前就已露出苗头,至少在19世纪中叶就已有人在这样描绘烟鬼了。瘦骨嶙峋的模样只不过是烟鬼典型的外貌特征罢了,除此之外,鸦片还给他的身体留下其他痕迹,比如勾腰驼背、泪眼婆娑、哈欠连天、目光呆滞、牙齿黄黑、一脸病

---

① 可参阅四川出版的《通俗画报》,1912年8月5日。
② 有关这个问题,参阅我们的文章,其中有一段文字对此作了综述,包利威:《禁烟宣传及如实报道鸦片在中国的局势,1895—1937》,载于《欧洲东亚研究杂志》,第七卷,第2期(2008年),第229—262页。

态……到19世纪末期,瘦骨嶙峋的模样已变成烟鬼最显著的外貌特征,反而让其他病态征象变得不那么明显了,吸食鸦片的恶果已深深地渗透到烟鬼的躯体里。

然而,烟鬼这副瘦骨嶙峋的模样倒有一层深刻的重要意义,人们得以凭此去展现鸦片给人带来的危害,人一旦变成这副模样,也就离死期不远了。烟鬼到最后吸出一副骨瘦如柴的身板,把自己整个人变成了一具骷髅。禁烟宣传运动往往也把烟鬼的这幅模样画到一组组连环画里,形象生动地描绘出吸食鸦片给人身体造成的损害。况且,谁要是有一个骨瘦如柴的身体,那他肯定是个家徒四壁、吃不饱饭的穷光蛋,在中国的各种宣传画册里,贫穷是最让人丢面子的事。因此,在海关总署为西方官员编撰的宣传册里,就明确提出一些具体建议,比如当他们第一次拜会中国高官时,要用好话来恭维高官,夸他"容光焕发"……不过这份宣传册在后文又补充说,如果对方身材消瘦,那么这种恭维话可千万说不得。① 将吸食鸦片的恶果与贫穷和体弱联系在一起是一种极为重要的宣传策略,因为正如我们在前文所看到的那样,在许多喜好鸦片者的眼里,鸦片不但是一种万能药,而且还是一种奢侈品,一种极为讲究的生活方式。

这种表现形式已深深地融入到民众的想象之中,比如当时在街头巷尾流传的儿歌里也能听到反鸦片的内容。其中有一首儿歌流传于20世纪30年代的北平城,听起来非常有意思,歌词当中所包含的主题并非一下子挑明,而是由浅入深,最后道出烟民沦落为皮包骨头的烟鬼这一悲惨处境:

  吸毒成瘾家境危,败家毁业路难归,瘦骨嶙峋遍体痛,生不如死悔莫追。

---

① 《与中国官方交往的礼仪手册》,上海:海关总税务司署统计科,1912年,第4页。

常年累月吸鸦片，瘦得只剩皮包骨，手臂细如麻秸杆，脖颈顶个大脑壳。

　　万贯家财已吸尽，财富随枪化灰烬……脑袋又打歪主意：祖传房屋尚可卖。

　　卖了这间卖那间，卖完房梁卖椽子，换来金钱又吸毒，家中资财尽抽光……了结生命入地狱。

　　暴毙街头无人敛，巡警路过瞧见他，拿支警棍来扒拉，看他是否还有气。

　　饿猫疯狗来咬噬，尸首分家罹厄运。①

　　有些人的想法已根深蒂固，他们认为吸食鸦片是一种可以接受的行为，吸食者只要能自我节制，不去伤害自己的身体，就不会上瘾。为了彻底动摇这些人的想法，禁烟宣传运动刻意强调指出，只要无节制地增加鸦片吸食量，烟民必然会踏上步入地狱的不归路。禁烟宣传运动还非常有效地推翻了界定烟民与非烟民之间的界限，因为有人只是偶尔抽上一泡大烟。因此，禁烟宣传便拿普通烟民和吸鸦片成瘾者来作对比，尤其是在宣传画册当中用一幅幅画去展现形如枯槁的鸦片吸食者与正常人之间的差别。假如鸦片与误入歧途的人搭上瓜葛是18世纪初期才出现的事，富庶家庭子弟在鸦片烟馆里败坏家产的事也常见报端，那么到后来扰乱社会治安的事往往都是贫困的烟民闹出来的，为了能搞到毒品，他们不惜铤而走险，去干杀人越货的勾当。

　　在把吸食鸦片描绘成一条将人引入颜面丧尽，犯罪，乃至死亡的不归路的同时，禁烟宣传还依赖贴切的宣传内容以及同禁烟组织的合作，

---

① 夏白龙：《北平童谣：论中国民间歌谣》，巴黎：法国-波兰出版社，1935年，第157—158页。

第五章 烟民：变化过程及特征

把这场运动搞得轰轰烈烈，同中华国民拒毒会的合作也越来越深入，在推行六年计划期间，中华国民拒毒会已发展成为一个全国性的组织。然而，面对这样一个日益壮大的组织，烟民却没有自己的组织机构，甚至连处于萌芽状态的组织都没有，更不要说属于自己的出版物了。虽然有些团体在私下里也蠢蠢欲动，想搞一些抗击禁烟举措的行动，但这些人并不是烟民，而是想利用鸦片销售渠道发财的不法商人。因此，在烟民内部所形成的价值体系在民国时期就土崩瓦解了，这也是大势所趋。

文学作品也同样向我们诉说着那一时代所发生的深刻变化。我们在前文已经看到，在19世纪，有些小品诗也在讴歌吸食鸦片的乐趣。在19世纪末叶，张昌甲在其《烟话》中就吸食鸦片的行为作了相当细腻的描述。进入20世纪之后，各类文学作品在提到鸦片时，竟然无一例外，通通发出强烈的批评声，从欧阳山对龌龊的鸦片烟馆的描述，到老舍对北平烟鬼的刻画，这些烟鬼竟成为向日本人卑躬屈膝的象征。[①]大作家钱钟书具有深谋远虑的精神和大无畏的勇气，只有像他这样的人才敢于摒弃主流意见的束缚，用幽默的手法去评述鸦片，[②]即便是著名的讽刺性杂志《论语》也不敢这么做，尽管《论语》在针砭时事时总摆出一副玩世不恭的样子。

不过，上述描述已经清楚地概括了烟民的变化，因为当时两股决定性的潮流正处在一个交汇点上：一方面，在社会层面上，那些衣食无忧且受过教育的阶层（有可能是在文学作品中倾诉衷情的人）正逐渐抛弃这一习惯；另一方面，在思想品行层面上，那些仍然钟情于鸦片的特殊

---

① 欧阳山：《赌徒》，载于《欧阳山文集》，广州，花城出版社，1988年，第二卷，第660—669页；《痞棍世界》，载于《欧阳山文集》第一卷，第362—377页；老舍：《四世同堂》（法文版），巴黎：法国水星出版社，1996—2000年，三卷本。
② 钱钟书：《围城》（法文版），巴黎：克里斯蒂安·布尔卦出版社，1987[1947]年，第48—50页。

阶层对自己抽大烟的行为不再感到荣耀。他们在其社会阶层里感觉自身难保，况且反鸦片的人还抓住他们的许多把柄，因此他们不敢宣称自己是烟民，更不敢去美化毒品给他们带来的乐趣了。

  对鸦片的这种痛斥极为有效，有些迹象已清楚地表明，甚至连烟民本人也对此变得敏感起来。在问到吸烟的感受时，他们往往自己也承认这种陋习是该遭到唾弃的。皇家调查委员会当中许多调查员也都听到类似的表述。30年过后，一位在香港的华商告诉国际联盟远东调查委员会，他本人完全同意吸食鸦片是一种不良嗜好的说法，而且他认为，所有的中国人都是这样看待鸦片的。①当然，说这种话的人是不是如实道出自己内心的真实感受，对此持怀疑态度也是情有可原的。不过，广东的报界报道了一个社会新闻，这件事清楚地表明，有些话并不仅仅是为了恭维采访者的观点，这些采访者通常都是外国人，而且对鸦片抱着一种敌视态度。1936年1月，有两个西方人试图在广东某个小镇上的烟馆里偷拍鸦片烟客。②那篇报道说，烟客发现有人在偷拍，便愤然起身，向外国人发起火来，其所做所为倒像是个爱国者，因为他们觉得外国人拍照是在羞辱抹黑中国人。他们并非只是把外国人赶出去，而是强迫他们交出拍照的胶片。这些烟民聚集在一个专卖吸食毒品的场所里，认为吸食鸦片会有损于国家的声誉（这是报纸的解释），也许他们觉得这事不光彩，或者至少在享受自己陋习的时候不应该被人拍照下来。人们注意到，反映清末及民国时期烟民吸食鸦片的照片十分鲜见，尽管摄影爱好者能找到越来越便于携带的照相器材，那么这件逸闻恐怕和这类照片十分罕见有一定的关联。这倒不是因为西方旅行者对这一现象不再感兴趣了，恰好相反，许多西方旅行者对此一直很感兴趣，其中包括著名记者

---

① 国际联盟档案：S196卷宗，1930年1月20日广生行总经理冯伟成的访谈录。
② 《粤华报》：1936年1月28日。

第五章　烟民：变化过程及特征

艾比特·伦敦以及俄国小说家鲍里斯·皮利尼亚克,[①]他们对吸食鸦片及烟民很好奇,反而是中国人不愿意在吸烟的时候被人拍照下来。

　　在宣传过程中刻意去展现鸦片的恶果,确实对打消人们吸食毒品的念头起到很重要的作用。无论是在生活方式上,还是在日常习俗方面,城市里的社会名流都有了很大的转变,这也间接地影响了鸦片的命运。尤其是新的娱乐方式也开始渐渐时兴起来。正如澳大利亚记者约翰·帕尔在其《回忆录》中谈到上海居民时所描述的那样,在20世纪20年代里,逐渐流行的爵士乐"把那些无精打采的老烟民转变为爵士乐的狂热

爵士乐源自非洲裔美国人的音乐与舞蹈。图为正在演奏爵士乐的非洲裔美国人

爱好者,他们身上充满了活力",[②]这种说法也许太夸张了。尽管如此,

[①] 鲍里斯·皮利尼亚克:《中国日记（1926年）》,奥伯西蒂安出版社,1985年（1928年俄语第1版）,第17—19、72页。
[②] 引自安德鲁·菲尔德:《上海的舞蹈世界:小酒馆文化及城市政策,1919—1954》,香港中文大学出版社,2010,第54页。

那时候整个娱乐活动领域还是出现了很大的变化，至少在大城市里这种变化是很明显的，尤其是出现了来自西方的新娱乐方式。因此，不但舞场吸引了一大批人，而且电影院、酒吧也加入了竞争的行列，再加上媒体对这些新娱乐方式进行连篇累牍的宣传报道，把新娱乐方式描述得十分吸引人，让那时在娱乐方面一直占主导地位的烟馆、茶肆和青楼难以为继。年轻人，尤其是香港的年轻人则把目光投向体育，而且开始喜欢上各种体育运动，大家都明白，鸦片和体育运动绝对是不相容的。[①]20世纪30年代，身材健壮的人物肖像越来越多地出现在各种出版物上，这和烟鬼那副瘦弱、枯槁、驼背的模样形成强烈的反差。1934年所推出的新生活运动显然也在鼓动人们去培养新的生活情趣。这场运动颂扬一种尚武的生活方式，推崇艰苦朴素的生活，促进开展体育运动，鸦片再次成为运动所打击的目标也就是顺理成章的事了。此外，随着小学教育的普及，20世纪初叶出生的人一直经受禁烟宣传的熏陶，20世纪30年代，就连小学课本里都有禁烟宣传的内容（国民政府一直致力于把宣传内容编写得更连贯）。[②]除了执行正常的教学计划之外，每年6月3日学校还要组织禁烟的专题活动，各个班级都要参加禁烟宣传游行。[③]许多亲历这场运动的人后来回忆说，学校的老师告诉他们，吸食鸦片是一种陋习。[④]

当然，香烟也来挤压鸦片的市场，香烟消费不但省时省力，而且同生活方式的转变很合拍。香烟看起来很卫生，20支装的香烟盒可以放进衣服口袋里，携带起来也很方便，在任何场合下都可以吸食，甚至连走

[①]　国际联盟档案：S196卷宗，1930年1月17日英国学校高级学监埃德温·拉尔夫访谈录；英国外交部档案：编号228/1662，1906年第四季度福州情报报告。
[②]　《小学常识课本》，上海：中华书局，1933年，第7册，第4—7页；《高小历史课本》，上海：中华书局，1937年，第3册，第30—31页；《新编初小常识课本》，上海：中华书局，1937年，第8册，第6—7页。
[③]　《论语》杂志：第74期（1935年11月），第95—99页。
[④]　对他们的采访是在广州于2006年7月和2008年7月分两次举办的。

第五章　烟民：变化过程及特征

路的时候都可以吸，这些都是香烟的优势。①用工业化手法制作的香烟成本很低，最初也是由英国公司生产的，后来中国本土公司也能制造，中

克里米亚战争中，英国人从土耳其人那里学会了吸香烟，从此香烟逐渐传播到世界各地。这幅19世纪中期的油画生动地反映了香烟兴起的情景

国的烟草公司甚至有钱去打广告，广告做得既丰富又巧妙，处处透出现代化气息。②香烟或许正是仰仗挤压鸦片的市场才得以迅猛发展的。代沟也来为这一现象添枝加叶，年轻人逐渐把鸦片看作是"老一辈人"的毒品。

---

① 迪迪埃·努里松：《烟火撩人：香烟的历史》，巴黎：帕约出版社，2010年，第160页。
② 高家龙：《中国的大企业：烟草工业中的中外竞争，1890—1930》，剑桥：哈佛大学出版社，1980年，第201—220页。

第三节　1916年后鸦片"死灰复燃"的问题

历史学家们一致认为，在1906—1911年，鸦片消费出现明显的下降趋势，但又无一例外地把民国时期描绘成鸦片消费的"死灰复燃"期。他们没有拿出证据，却断定鸦片消费又恢复到1906年之前的水平上，有些历史学家甚至认为，局势比晚清的时候还要糟糕。[①]我们可以这样认为，中国的史学家趋于过分地抹黑1930—1940年中国的社会形象，以损害国民党的名声。对于共产党的历史编纂学而言，关键点显然是以此来颂扬20世纪50年代初期彻底根除鸦片的"辉煌业绩"。

然而，尽管当时的政局对鸦片消费的"复兴"极为有利，而且鸦片的供货量又非常庞大，但1916年之后，中国并没有出现鸦片"死灰复燃"的局面。正如我们在前文所看到的那样，民国时期罂粟的产量并未达到1906年之前的水平。鉴于民国时期进口鸦片的数量微乎其微，而且考虑到人口的增长，人均消费鸦片的数量只会减少，而不会增多，因此我们可以断定，烟民无论是在数量上，还是在总人口当中所占的比例上，都比19世纪末叶的相应数据要少很多。当人们试图梳理鸦片消费下降的估算数据时，问题就随之而来了，尤其是要想知道这种下降趋势是全国的普遍现象，还是仅出现在个别地区，因为全国按城市或地区所统计的数据少得可怜。只有广州市对烟民的各种数据作了系统性的研究。根据在1936—1937年所登记的烟民数量（共计21721人），再依据以鸦片烟馆为基础所估计的烟民数量，同时将广州市进口鸦片的数量也包括进来，当地的研究者对这些数据进行交叉核对，得出烟民约占人口总数4%～5%的比例值。这个比例要比19世纪90年代的比例低很多，那时烟民

---

① 朱庆葆：《鸦片与近代中国》，前引书，第197页。

第五章 烟民：变化过程及特征

约占人口总数的10%还多。当然，全国各地的烟民数量不可能都下降这么大的幅度。但至少已有相当多的迹象表明，在其他像广州这样的大城市里，烟民的数量也都呈下降趋势。西德尼·甘博曾撰写过两部专著，对1920—1930年的北平社会及北平人的日常生活作了细腻的描述，但书中几乎没有提到过鸦片。①贺萧针对天津的劳动者作了一项研究，在这部专著中，她把各劳动阶层的人在日常生活当中的消遣方式一一列举出来，其中包括逛市场，下赌场，泡茶馆，看街头杂耍，听评书，听相声，逛窑子等，但却没有提到吸食鸦片。②

1949年之后，共产党的禁烟政策取得巨大的成功，除了新政权所采取的方法极为有效之外，还与烟民本身的处境不无关系：吸鸦片的人已为数不多，且十年来一直在背地里偷偷吸食，家境贫穷不说，年龄也都偏大，沦落为社会最贫困的阶层。因此，对于共产党在20世纪50年代初期发起的严厉的禁烟行动，他们根本毫无招架之力。1951年二三月，广州登记在册的烟民人数为4762人，与1936—1937年所登记的21721人相比，禁烟成果并不十分显著。在同年八九月份实施补充登记时，烟民人数就只剩下500人了。③历史学家何杰尧完全有理由强调，要说新政权在1949年接手一个鸦片肆虐的烂摊子，以表明新政权花费多大的努力去禁烟，这种说法难以令人信服。④不过从总体来看，共产党的成功还有另外一个因素，即在大陆之外的华人世界里，比如在台湾、香港和澳门以及侨居海外的华人社会里，鸦片也都销声匿迹了，虽然这一过程出现得稍微晚了一些，人们由此可以清楚地看出，这些地区如同大陆一样，鸦片在那里也已成为强弩之末。比如在20世纪80年代初期，香港在500多万人

---

① 西德尼·甘博：《北平的中国家庭生活调查》，纽约/伦敦：芬克与瓦格纳出版公司，1933年；《北平的社会调查》，纽约：G.H.多兰出版社，1921年。
② 贺萧：《天津工人：1900—1949》，斯坦福：斯坦福大学出版社，1986年，第182—192页。
③ 广东省档案馆：206/1组，第36号档案，1952年1月15日就禁绝毒品与鸦片所起草的报告。
④ 何杰尧：《理解广州：重构共和时期的大众文化》，前引书，第97—98页。

口当中，仅有几百名鸦片吸食者（香港自1946年禁止吸食鸦片）。吸毒者从那时起几乎只吸海洛因。①

第四节　20世纪烟民透视

在毒品进入中国几十年之后，鸦片吸食者很快就变成越来越另类的社会团体。在缺少更多原始资料的情况下，就武断地认为毒品在整个19世纪发生了质的转变，倘若这种看法是不现实的话，那么有人仍然想从中领悟出某种发展趋势，尤其是以更广阔的角度去看待20世纪初期的社会现象。因此，正如我们在前文所阐述的那样，正是当鸦片消费呈衰落之时，我们才能以更精准的手法把烟民的种种特征描绘出来。鸦片消费好似一幅压印图案一样，将中国社会的某些层面清晰地展露出来。

一、年龄、类别及职业

儿童吸食鸦片的现象在各地都极为罕见。不过，南方和北方还是存在着很大差异，南方人绝对反对儿童吸食鸦片。二十来位在上海接受皇家鸦片委员会采访的人异口同声地宣称，儿童不抽大烟。无论是在长江三角洲的其他城市里，还是在广州或其他南方大城市里，情况也都基本是这样的。②相反，在华北地区以及内地出产鸦片的省份里，儿童吸食鸦

---

① 拉克伦·麦夸里(主编)：《香港的药物依赖者》，香港理工大学社会研究学院，1983年，第12—13页；迈克尔·威森：《表象掩盖之下：香港的吸毒问题》，前引书，第28页。
② 皇家鸦片委员会：第五卷，前引书，第216—228，240—258，305—309以及329—332页；领事事务局：《由菲律宾问题委员会委任的服用鸦片调查委员会报告》，前引书，第88—91页。

第五章　烟民：变化过程及特征

片还是比较常见的现象。[①]

　　无论是在19世纪，还是整个民国时期，各个年龄段的成年人都有吸鸦片的，尽管如此，我们还是注意到，在30～50岁的成年人当中，吸鸦片的人数最多。最先提出相关数据的是一位传教士，1847年，他在厦门的一家鸦片馆里询问了烟客的年龄。[②]其他数据是后来在传教士的戒毒所里搜集到的，情况也基本相同。[③]1930—1931年，在青岛、南京和北平因吸鸦片犯罪而被逮捕的嫌犯当中，30～50岁年龄段的人最多，[④]而日本人在占领东北期间就当地人犯罪所统计的数据也印证了这一点。[⑤]

　　中国20世纪初期人口特征表明，由于死亡率高，50岁以上的人口已显著减少：1912年，50～54年龄段的人口数只相当于30～34年龄段人口数的63%。[⑥]至于说70岁以上的老人，因很少有人活过这个年纪，如此长寿的老人在族谱里是值得大书特书的！[⑦]考虑到这样一个事实，50岁以上的烟民虽人数稀少，但或多或少也算是和人口年龄结构相吻合。相反，20～30岁这个年龄段的人吸鸦片的并不多，和30～50年龄段的烟民数量拉开很大差距，后一个年龄段的人无疑是最大的吸鸦片群体。在20世纪30年代中期，上海对烟民进行注册登记，在所登记的30833个烟民当中，61.3%的人年龄为30～50岁，而20～30岁的人只占登记烟民总数的

[①]　比如可参阅《中国之友》：第四卷，第9期（1881年2月），第238页；《拒毒月刊》：第36期（1929年12月），第44页，第40期（1930年6月），第16页；沈艾娣：《中国的毒品、民族主义及阶级》，前引文，第157页；皇家鸦片委员会：第五卷，前引书，第338—341页。
[②]　施美夫：《访问中国各设领事馆城市及香港和舟山群岛记事》，前引书，第436—442页。
[③]　《中国之友》：第四卷，第1期（1879年10月），第10页：福州传教士医院收治了203位20～30岁的烟民，454位30～40岁的烟民，261位40～50岁的烟民。
[④]　《禁烟委员会报》（禁烟委员会官方刊物）：第7—11卷（1931年7月—12月）。
[⑤]　玛丽亚姆·金斯伯格：《罂粟与金合欢：在大连与广州的日租界，鸦片与帝国主义，1905—1945》，博士论文，加利福尼亚州立大学，2009年，第143—144页。
[⑥]　米红、李树苗、胡平、王琼：《清末民初的两次人口调查》，载于《历史研究》，1997年，第一期，第63页。
[⑦]　《岭南冼氏宗谱》，1910年，卷3.4，第4a—5a页。

7.3%。①在北平和广州也同样出现青年烟民低比率的现象。②

这样的事实与当下的毒品消费趋势形成鲜明的反差，如今无论在中国，还是在西方，吸毒的主群体大多是二十来岁的年轻人，这样的事实该如何解释呢？在1991—1994年，在深圳戒毒所接受戒毒治疗的1297位吸毒者(绝大部分人都是吸食海洛因)当中，13~25岁的年轻人竟占总数的74.5%。③

之所以会出现这种局面，倒不是因为受经济因素制约，而是因为鸦片吸食者往往刻意追求吸毒的效果。正如我们在前文所阐述的那样，他们所追求的效果之一，就是要"消除烦恼"，而毒品的镇静特性恰好能给人带来这种感受。在中国社会里，中年男子所承受的压力最大，他既要抚养孩子，还要照顾已年迈无法劳作的父母，因此单从这一层面上看，他是最易受毒品诱惑的人。鸦片可以让人去承受更沉重的工作负担，还能减弱人的病痛感。在这两种情况下，与20岁上下的年轻人相比，40来岁的中年人恐怕更需要用鸦片来麻醉自己。我们还注意到，吸食鸦片和社会混乱现象并没有什么必然联系，而人们往往习惯于将社会混乱归咎于吸食鸦片，因为吸食鸦片的并不是年轻人，更不是误入歧途的青少年，而是有很强自我意识的中年男子。在19世纪80年代，有人曾在上海的一家鸦片烟馆里询问一位修鞋匠，问他为什么会醉心于吸食鸦片，这位手艺人大概把自己当成几百万普通烟民的代言人，只是简单地回答说："因为这是我唯一的乐趣。"④这样的答复反映的恰好是现实，但人们却很有可能低估了其重要性。

如果在吸毒问题社会学里确实有一种不变量，那就一定是女性吸毒

---

① 《拒毒月刊》：第100期（1936年5月），第35页。
② 《北平市政统计揽要》，北平市政府秘书处第一科统计股，1936年，统计部分；包利威：《一种垂危的毒品史：1906—1936年间广州的鸦片》，前引书，第251—252页。
③ 凌青、邵秦（主编）：《从虎门销烟到当代中国禁毒》，前引书，第344页。
④ 《中国之友》：第七卷，第11期（1884年11月），第221页。

第五章 烟民：变化过程及特征

的现象少之又少。①这一普遍现象在中国当然也不会例外，因为不管是哪个时代，所有的信息来源都一致认定，确实很少有女性吸食鸦片。即便在吸食鸦片最盛行的19世纪90年代，皇家鸦片委员会所搜集到的证言也和这一事实相吻合。②毫无疑问，与男性相比，女性若吸食鸦片会遭到更多的来自社会各阶层的斥责。然而这并不意味着女性在烟民当中的比例一直没有任何变化，随着时代迈入20世纪，女性在烟民当中的比例完全有可能进一步缩小。其中的原因就是此前女性烟民占比最高的精英阶层已逐渐放弃鸦片，因此女性消费鸦片的局面已呈崩溃之势。20世纪上半叶，在从业人员(重体力劳动者和工匠)当中，很少能看到女性的身影，而在这类行业当中，烟民的人数最为集中。在靠卖苦力为生的家庭里，鉴于家庭收入的来源毕竟全要依赖丈夫，如果吸食鸦片能鼓起丈夫劳作的力气，那么只要家中有闲钱，让丈夫去抽大烟也是家庭默许的，但如果他妻子也去抽大烟，那就完全不是一码事了。③

虽然大家一致认为女性吸鸦片的人数非常少，但女性在烟民当中的比例却因城市不同而有所变化。1904年，在接受菲律宾问题调查委员会的咨询时，香港的一位华商认为，香港女性吸鸦片的人数非常少，不过"在北方地区，吸鸦片的女性还是挺多的，尽管在总数上她们要比男性烟民少"。④20世纪30年代，在各戒毒所里接受戒毒治疗的女性比例差

---

① 在世界各地有关毒品的论著极为丰富，这些论著都认为确实存在这样一个现象。我们在此仅列举三部著作，这三部著作的作者讲述了许多类似的例子。大卫·柯特莱特：《烟草、咖啡、酒……上瘾五百年》，剑桥：哈佛大学出版社，2002年；《时代展望》杂志2009年第3期，特刊号：《毒品：全球的消费特征》；安妮·休伯特和菲利普·勒法耶：《鸦片：亚洲地区让人欢乐与放纵的植物》，巴黎：拉尔玛丹出版社，2000年。
② 参阅皇家鸦片委员会：第五卷，前引书，在各地采集的证言，如第258—263页（晋江），第264—266页（汉口），第266—276页（营口），第276—277页（福州），第277—288页（烟台），第316—317页（海南）。
③ 包利威：《一种垂危的毒品史：1906—1936年间广州的鸦片》，前引书，第51—52，256页。
④ 《由菲律宾问题委员会委任的服用鸦片调查委员会报告》，前引书，第88页。

也揭示出，人的这种主观印象恐怕还真是以现实中的比例差为依据的。在广州，在1937年开办的戒毒所里，前来戒毒的女性只占接受治疗总人数的1%，而在北平类似的戒毒所里，女性的比例高达13.8%。①如同儿童吸食鸦片的情况一样，在出产鸦片的地区，女性吸鸦片的数据则截然不同，因为那里的鸦片价格低廉，所以吸鸦片的女性也就更多些。②20世纪30年代中期，在成都登记注册的烟民有27819人，其中20.6%的烟民是女性。③而在鸦片出产地以外的农村地区，吸食鸦片的女性好像极为罕见，怪不得有人见此就像看见稀罕事似的，不无惊讶地发出感叹："连女人都抽大烟啊。"④

《拒毒月刊》上刊载了一篇文章，描述了江苏松江的卖淫及吸食鸦片的现象，松江距离上海约1个小时的火车车程，文章尤其关注女性吸鸦片的人数。⑤上海于1934年7月开办了戒毒所，前来戒毒的女性约占接受治疗人数的19.7%。⑥在1935年1月至4月间，在南京一家相类似的戒毒所里，前来接受戒毒的女性比例高达23.7%。⑦尽管这些统计数据很不完整，但至少表明除了鸦片出产地区女性吸鸦片的比例相对较高之外，长江下游地区的女性烟民占比较大，要比广州和北平的相应数据高很多。之所以会出现这种局面，或许是因为这一地区比较富庶，在经济方面能承受得起女性吸鸦片的家庭也比较多。

不过从总体来看，进入20世纪之后，越是处于社会底层的人，烟民

---

① 广州市禁烟委员会：《广州市戒烟医院年报》，广州：1937年，统计部分；《北平市政统计揽要》，前引书，第85页。
② 皇家鸦片委员会：第五卷，前引书，第257—258页。
③ 《拒毒月刊》：第108期（1937年1月），第42页。
④ 《中国之友》：第四卷，第9期（1881年2月），第238页；艾梅-弗朗索瓦·勒金德：《中国西南考》，前引书，第138，369页；《拒毒月刊》：第36期（1929年12月），第34页，第96期（1936年1月），第14页。
⑤ 《拒毒月刊》：第60期（1932年11月），第65—66页。
⑥ 《拒毒月刊》：第82期（1934年），第18页。
⑦ 《拒毒月刊》：第91期（1935年8月），第46页。

第五章 烟民：变化过程及特征

《拒毒月刊》是中华国民拒毒会所办杂志。图为其中一期
月刊上的宣传画：协力拒毒，国民之责

的占比就越高。1937年,广州一家戒毒所的数据清楚地表明,与开店铺的店主及大商人相比,在那些流动商贩或摆地摊的小商贩里,吸毒的人更多;但若与苦力相比,他们当中吸毒的人还不算多。中华国民拒毒会

中华国民拒毒会的拒毒宣传画:高举孙中山先生的拒毒遗训,展开轰轰烈烈的拒毒运动

派驻各地区的通讯员在提到烟民人数最多的社会阶层时,大多数都采用"劳工"这个词。比如在湘西的东山县,吸鸦片的几乎全是苦力。在陕北,几乎所有的劳工尤其是烧屋瓦、伐木头的劳工都在吸食鸦片。[①]除了劳作艰辛、需要提神之外,苦力通常都是背井离乡的人,或至少是刚进

---

① 《拒毒月刊》:第8期(1927年1月),第6页;第12期(1927年6月),第15页;第36期(1929年12月),第35—55页;第82期(1934年),第11页;第96期(1936年1月),第14页。

城的乡下人。雇主特意为劳工设一个烟馆,这样就轻而易举地把发给劳工的工钱再赚回来。在马来西亚从事种植橡胶和开采锡矿的华人苦力为世人所熟知,因为在那荒凉偏僻的地区,鸦片烟馆是这些穷苦人唯一的消遣娱乐场所。在日本占领下的东北地区,有些把头在招募苦力时,也采取相类似的手法,来盘剥劳工。①

那么农村地区的鸦片消费又是怎样一种状况呢?人们对此几乎一无所知,鉴于农村人口庞大的基数,要是鸦片消费很普遍的话,那么这个问题就会变得更加棘手了。我们找到清末时期一些人的证言,他们的证言听起来极为恐怖,依照他们的描述,山西省某些村庄倒真成了名副其实的"鸦片村"。在他们的描述下,那些村民看上去面如土色,内心好似惶恐不安,外表衣衫褴褛,家境贫寒,房屋破败不堪,田野也都荒芜了。最终的结果就是"他们一个个地死去了,只留下一处处残垣断壁,一间间无人居住的破房子,房子连屋顶都没有了,在过去的几百年间,这里的农民安居乐业,日子过得很幸福,而如今,周围的山岗如死一般的寂静,一点人声都听不到"。②尽管如此,这种局面只出现在某些村庄里,而且出现在鸦片最猖獗的年代里。最近有人对山西省的三个农业县(太古、太原、徐沟)在民国时期的鸦片消费状况作了研究,研究表明在推行十年计划之后,鸦片消费虽又死灰复燃,但还是大大低于19世纪末叶鸦片巅峰期的消费量。③此外,山西省个别村庄的局面并不是普遍现象。然而总体局面却恰好相反,广大农村地区并未遭受鸦片的侵蚀。当然,还要看具体情况,有些大财主很有钱,也有机会接触更高雅的娱乐活动,因此他们比普通农民更容易染上吸毒的陋习。因此,在20世纪30

---

① 玛丽亚姆·金斯伯格:《罂粟与金合欢》,前引书,第122—124页。
② 纳柯苏:《穿越神秘的陕西》,纽约:查尔斯·斯克里布纳尔出版社,1902年,第57—59页。亦可参阅《教务杂志》:1871年1月期,第213—214页。
③ 沈艾娣:《中国的毒品、民族主义及阶级》,前引文,第153—154页。

年代，陕北杨家沟地区的几个财主家族一蹶不振，甚至逐渐没落下去，这和财主吸食鸦片上瘾不无关系。① 正如我们在前文所看到的那样，烟农自产自用是农村地区鸦片消费居高不下的主要原因，有些例子已经表明，在少量出产鸦片或不出产鸦片的地区，即使距离鸦片出产地只有十几公里远，那里的鸦片消费也明显低很多。②"鸦片村"的局面只出现在像山西或四川那样的鸦片出产地区。③

在说起鸦片在农村地区的局面时，几乎所有接受调查的人都说这是一场灾难，似有危言耸听之嫌，尤其是华北地区的人总是这样说。不过若仔细观察的话，人们不难发现，吸食鸦片的习惯是通过小城镇由城市传入农村的，这一传播途径已为历史学家和社会学家所熟知，正是这一途径导致鸦片消费量出现异常"上升"的局面。④ 我们还是举陕北地区的例子，延安城内的烟民数量要比其周围村镇里的多许多，⑤ 一般情况下，当有人把城市和农村放在一起对比时，很多时候都是为了断定农村也会像城市那样去消费鸦片。⑥ 当人们最终开始梳理社会各阶层，看哪个阶层最沉迷于吸食鸦片时，正如中华国民拒毒会在20世纪20年代末期所作的

---

① 周锡瑞：《一个封建堡垒中的革命：陕西米脂县杨家沟，1937—1948》，载冯崇义、古德曼（主编）：《抗战时期华北的政治生态》，兰哈姆：罗曼和利特菲尔德出版社，2000年，第62页。
② 法国外交部档案：1918—1929亚洲案卷，一般事务分卷，第55号卷宗，《1924年春，法国驻成都领事辖区的鸦片局势》（马塞尔·博代的公文）。
③ 这也正是艾梅-弗朗索瓦·勒金德对川西边远地区所作的描述：《中国西南考》，前引书，第370—371页。
④ 劳奈：《中国传教史：广东传教事业》，巴黎：德吉出版社，1917年，第126页。
⑤ 欧内斯特·波尔斯特-史密斯：《辛亥革命前后的延安》，伦敦：西莱出版有限公司，1917年，第72页。
⑥ 比如对于19世纪70年代的宁波地区，可参阅《中国各通商口岸1871—1872年度贸易报告》，前引书，第136页。对于20世纪初期的四川省，可参阅艾梅-弗朗索瓦·勒金德：《中国西南考》，前引书，第486页。对于20世纪30年代的云南省，可参阅《中国评论周刊》：1933年9月23日，第148页。还能找到许多有关这方面内容的证言，参阅皇家鸦片委员会：第五卷，前引书，第234—235，278，285—286，330页。

第五章 烟民：变化过程及特征

调查那样，却从未有人提起过农民的状况。①

因此，我们完全有理由相信，从比例上来看，城市的鸦片消费肯定比农村的高。不过我们还是应该着重指出，这种差距已变得越来越小了。

二、民族与宗教

许多研究都把关注点放在吸食鸦片者的年龄、职业以及烟民的类别上，我们再来看看中国社会的另外两个层面：民族和宗教，看它们是否有一种相互关联的共性。

虽然中国人绝大多数都是汉族，但中国10%的人口为少数民族，尤其是在中国的西部地区，那里是少数民族的聚居区。少数民族有自己的语言，自己的风俗习惯，还有自己的宗教信仰。壮族、回族、维吾尔族、蒙古族、满族、藏族、苗族、瑶族是少数民族当中人口相对较多的民族。各个民族对鸦片的态度极不相同，这也并不令人感到意外。我们在前文已经讲述过八旗士兵吸鸦片的例子，也讲述过驻守帝国边陲的满族官员抽大烟的史实，然而鸦片与少数民族的关系却很少有人提及，北部及西北部地区的游牧民族主要依赖畜牧业生活，这或许能让他们远离毒品。比如贝杜维注意到，在19世纪30年代末期的禁烟运动中，没有出现过一个蒙古族人吸食鸦片的例子。②50多年过后，有亲临其境者（R.T.特里）宣称蒙古族牧民根本不知道鸦片是何物。③20世纪20年代初期，一位法国领事指出川西一带的藏民从未接触过毒品。④

在广西省，少数民族对鸦片不感兴趣，毒品在那里只是城里人和汉

---

① 《拒毒月刊》：第36期（1929年12月），第25—55页。
② 贝杜维：《鸦片与帝国之界限》，前引书，第217页。
③ 皇家鸦片委员会：第五卷，前引书，第267页。
④ 法国外交部档案：1918—1929亚洲案卷，中国事务分卷，第123号卷宗，微缩胶片文档P10050号，法国驻成都领事博代于1921年9月17日起草的公函。

人喜欢的东西。①然而西南山区的部分少数民族从19世纪初叶就开始种植罂粟，吸食鸦片，因为他们在本地区享有很高的自治权。②因此，在19世纪下半叶，正是云南和贵州的苗族和瑶族人在移民过程中，将罂粟种植方法带入老挝和越南北部地区。③尽管如此，他们只是种植罂粟，但并不吸食鸦片。④在20世纪初叶，聚居在四川省的彝族人开始吸食鸦片，尽管吸食者的比例比汉人的要低。⑤作为彝族人的一个分支，诺苏族人一直生活在川西南部的凉山地区，他们主要靠种植罂粟，拿鸦片去和周围的汉民进行交易。在那里，吸食鸦片倒成为一种高雅的活动，只有贵族、巫师以及少数有钱人才能吸食。⑥

汉人与少数民族之间的界限也发挥着一定的作用，因为在少数民族与汉人的混居区，正是汉人将鸦片引入这一地区，因此人们不难想象，少数民族的人若吸食鸦片，则被人看作是"学汉人的样子"，由此造成反对吸食鸦片的势力越来越强大。若从这个角度来看的话，西藏的局面就变得非常有意思：西藏的第一个禁烟条例是1944年在拉萨颁布的，当时的背景是，西藏统治阶层对来自内陆地区和印度的风俗习惯持反对态度。⑦有关西藏人吸食鸦片的报道少之又少。在20世纪40年代，只有两个例子被报道出来，其中一位是富商，另一位是西藏贵族。这位贵族名叫索康达桑，是亲汉民派别中的一位重要人物；那位富商名叫拉巴丹增，

---

① 法国外交部档案：1918—1929亚洲案卷，一般事务分卷，第55号卷宗，法国驻广西总领事于1924年2月23日就广西鸦片局势所撰写的报告。
② 贝杜维：《鸦片与帝国之界限》，前引书，第249，263—271页。
③ 柯乐洪：《穿越华南边疆：从广州到曼德勒旅行记事》，下册，前引书，第197，298页；阿米-雅克·拉潘：《殖民前及殖民期间老挝的社会及鸦片》，前引书，第203—212页。
④ 《中国之友》：第五卷，第12期（1882年12月）。
⑤ 艾梅-弗朗索瓦·勒金德：《中国西南考》，前引书，第369页。
⑥ 刘绍华：《从珍品到毒品——鸦片类物质的道德经济学》，载于《中国饮食文化》，第6卷，第1期(2010年)，第47页。
⑦ 文献编号：IOR L/P&S/12/4201:1944年4月最后一周，英国驻锡金使团负责拉萨事务的官员助理梅杰·谢里夫所写的信函。

第五章 烟民：变化过程及特征

住在西藏东部地区，和内陆省份有许多贸易交往。①

虽然客家人不能看作是典型的少数民族，因为他们是岭南汉族的一个分支，在古代便迁徙到华南的偏远山区来居住，但他们仍然是汉族当中一个特殊群体，有些人的证言表明，他们当中有许多人都吸食鸦片。②

在各种史料当中，没有人特别提到宗教信仰对吸食鸦片的影响，宗教信仰究竟是促动，还是阻止人们去吸食鸦片呢？这个问题有必要仔细研究。我们是否应该轻信传教士的说法呢？传教士们声称拒绝为烟民做洗礼，而且还要毫不客气地把他们从教堂里赶出去。③即使传教士想做出高调的许诺，以更好地撇清和毒品的关系，但这事听起来依然十分可疑。假如有些传教士承认在他们的基督教社团里确实有人吸食鸦片，④那么人们可以猜测在基督教徒当中吸鸦片的人并不像传教士所说的那么多。⑤

很少有史料暗示某些省份（比如云南省）的穆斯林与鸦片有什么联系，这让人感觉和非穆斯林相比，穆斯林很少吸食鸦片，他们甚至因此而萌生一种优越感。⑥

当然，千万别相信那些描写和尚和尼姑在寺庙或烟馆里抽大烟的故

---

① 文献编号：IOR L/P&S/12/4208/P3452：英国驻西藏亚东的贸易代表，英国负责锡金、亚东及拉萨事务的官员助理于1945年6月15日所写的报告；文献编号：IOR L/P&S/ 12/4197 / P6072：印度政府代表团于1946年访问拉萨的报告，理查森于1947年1月17日撰写。在此感谢爱丽丝·特拉韦尔为我提供了这些信息。
② 在这些提供证言的人当中，有一位名叫门罗的传教士（汕头）；一位居住在广州的商人，年约43岁，已吸食鸦片20年；还有一位鞋店的老板（广州），也已吸食鸦片20年，皇家鸦片委员会：第一卷，前引书，215页及223—226页。
③ 罗凯玲：《反鸦片的十字军战士》，前引书，第33页。
④ 劳奈：《中国传教史：广东传教事业》，前引书，第23页。
⑤ 有关这方面的内容，参阅艾梅-弗朗索瓦·勒金德：《中国西南考》，前引书，第370页。
⑥ 邦瓦洛特：《勇闯无人区》，前引书，第436—437页；柯乐洪：《穿越华南边疆》，下册，前引书，第151, 157—158页。皇家鸦片委员会：第一卷，前引书，第45页。

227

事。①这类逸闻趣事往往都是不信佛教的人编排出来的，他们把和尚说成馋鬼、懒汉，尤其是把他们描绘成好色之徒，在不信佛教的人看来，和尚是泼脏水的最佳对象。②然而这类逸闻趣事并不具有代表性。1928年4月，报纸在社会新闻中披露，有五个和尚因在广州光孝寺内吸食鸦片而被逮捕，这件事只是一个例外，而非普遍现象。③实际上，佛教将吸食鸦片看作和饮酒及其他麻醉人精神的东西一样而加以禁止。④但归根结底，西方人（包括西方传教士）从未把和尚以及佛教徒看作是吸食毒品的群体，难道这不是最令人信服的事实吗？我们还注意到，在20世纪30年代所公布的数据里，戒毒所并未把信教的人单独列出来进行统计。

虽然出于概括的需要，能把汉人当中典型的烟民描绘出来：这是一位男性，中等年纪，从事体力劳动，但我们还想强调指出，鸦片对社会的影响极为微妙。有些有钱人一直固守着帝国时代抽大烟的方式。而吸食鸦片的女性和年轻人的数目也相当可观。不过，我们还应着重指出，鸦片以其特有的方式给某些社会阶层打下深深的烙印。鸦片的效用能缓解从事某种职业的人所面临的特殊压力，比如苦力们干的行当都是最辛苦的，他们需要拿某种东西去支撑自己的体力；拉洋车是一份很苦的差事，因此车夫当中吸食鸦片的人比干其他行当的人多很多。不过还有另外一类人，他们吸食鸦片也和其所从事的职业有关：这些人是戏剧演员，无论是在北京，还是在广州，他们已经吸毒很久了，为了演出他们

---

① 可参阅彭养鸥：《黑籍冤魂》，前引书，第153—154页。
② 戴文琛：《16—18世纪通俗小说中放荡的和尚形象：戏谑、嘲弄、教训的对象》，载于《远东—远西》杂志，第24期(2002年)，第95—115页；高万桑：《剖析反教权的论坛：〈申报〉：1872—1878》，载于同一期杂志，第116—131页。
③ 《广州民国日报》：1928年4月23日。
④ 可参阅《觉社丛书》，1918年第二期，第21—27页。

第五章 烟民：变化过程及特征

往往要熬夜，因此需要用鸦片来提神。①尽管如此，毒品所带来的刺激作用并不能完全解释演员吸毒的现象。从事某种特殊行业的人之所以去吸食鸦片，往往是出于社交层面的考虑，或出于某种集体归属感的策略考虑。

而这恰好是一个关键因素，由此表明犯罪团伙偏爱吸毒并不是侦探小说所虚构的故事。对于一个处于社会边缘的团伙来说，团伙的归属感是一种决定性的关键因素。然而，鸦片越是受到社会的痛斥，就越让那些走上歧途的人感觉鸦片是一种让自己标新立异的手段。从19世纪50年代起，小刀会的许多会员都开始沉湎于吸食鸦片。②有些黑帮成员比如三合会的成员把和吸食鸦片相关的手势拿来当密语使用。③不过，黑帮当中吸食鸦片最有名的人物当属青帮首领杜月笙，他是出了名的瘾君子，但在中年时就把大烟给戒掉了，不过后来为了克服晚年的失落感，他又抽起了大烟。④

实际上，几乎所有的黑帮似乎都按一个模式去发展。在20世纪20年代，一位英国医生在东北落入一帮强盗手里，他注意到："如果需要的话，鸦片可以替代所有的东西，可以代替吃的，可以打消人的困意，还能让人消遣娱乐。其实要是和鸦片相比的话，其他所有需要及乐趣都不值一提，鸦片才是最大的乐趣！如果手头上有充裕的鸦片，他们就显得很高兴，也好打交道。但是如果他们手头上没有鸦片了，和他们待在一起就感觉像下地狱一样。许多人都是因需要抽大烟才投靠黑帮的。"⑤在

---

① 在北平戒毒所里，在1935年2月—1936年4月间接受戒毒治疗者当中，有2%的人是京剧演员，而17%的人是拉洋车的车夫。参阅《北平市政统计揽要》，前引书，第83页。亦可参阅《中国丛报》：第4卷，第7期（1835年11月），第342页。
② 苏智良：《中国毒品史》，前引书，第156—157页。
③ 威廉·施丹顿：《三合会或天地会》，上海：别发印书局，1900年，第97页。
④ 章君谷：《杜月笙传》，台北传记文学出版社，下册，第264—269页。
⑤ 哈维·霍华德：《被中国土匪绑架的六周》，巴黎：皮埃尔·罗歇出版社，1930年（1926年第1版），第156页；亦可参阅另一个西方人被山东土匪绑架的故事：《中国评论周刊》：1923年5月19日，第406—407页。

民国时期，湖南省有很多民团，在围剿红军的战斗中，他们是正规军的补充力量，但为了其自身的利益，他们就和土匪一样，烧杀抢掠，无恶不作。民团当中的有些首领是出了名的烟鬼，甚至是狂热的瘾君子，和同伙一起抽大烟倒成了维系他们之间关系的一种手段。① 这样的例子不胜枚举，不过毒品在犯罪团伙当中泛滥最明显的证据就是，即使被抓进监狱，他们也要花钱买通看守，在大牢里抽大烟。②

吸食鸦片的始作俑者是朝廷高官及富贾豪绅，而吸食鸦片的现象则在整个19世纪里越来越严重地侵蚀着中国社会。到19世纪80年代，鸦片

清末一位吸食鸦片的富家子弟

---

① 爱德华·麦克考：《民国时期湖南地方恶霸与民团》，载于《二十世纪中国》杂志，第34卷，第2期（2009年4月），第25—26页。
② 《中国评论》：第4卷（1875年7月—1876年6月），第117页；《时事画报》：第6期（1907年4月），第13a页；《民国日报》：1930年10月24日。

第五章 烟民：变化过程及特征

的泛滥达到巅峰状态，那个时候，毒品似乎已深深地扎根于社会各阶层当中。在这种局面下，鸦片虽然一直被人视为洪水猛兽，但却依然在其向社会蔓延的过程中保持着一丝光泽，因为它毕竟被看作是一种社交工具，而且是被讲究时髦的人奉为至宝的东西。

时间跨入20世纪，这对烟民来说是一个重要时刻，100多年来鸦片强势泛滥的势头终于被遏制住了。大家对烟民的感受也发生了彻底的转变：吸烟者变成了衣衫褴褛、骨瘦如柴的穷光蛋，死神随时会卷走他的生命。就连烟民本人也承认，抽大烟是一种不光彩的举动，一旦抽上大烟，就会沦落为社会里最贫困的贱民。十年禁烟计划正是借助于这股呼吁变革的动力而推出来的，同时又给禁烟行动提供了一个平台，鸦片消费由此开始出现大幅下降。

民国时期鸦片消费的死灰复燃不过是一种假象。社会对鸦片的痛斥非但没有减弱，反而有增强的趋势。因军阀混战，全国出现混乱的政治

民国时期各省多有禁烟之举，大大遏制了吸食鸦片的陋俗。图为热河禁烟总局的特别印花税票

局面，要是把整个局势描绘成这副样子，那也有些过分夸张。实际上，推行禁绝鸦片的政策可以说是十年计划的后续行动，在20世纪10年代的后半段，人们依然能感受到这一政策的严厉性，从那时起到六年计划之初（1934年），这中间只隔开了很短的时间。因此，人们注意到鸦片消费的死灰复燃绝不是一种普遍现象。

然而正是在那段时间里，人们反而更清楚地看出烟民的特征：烟民绝大部分都是男性，中年，尤以鸦片出产地的人为众。尽管如此，在那时，少数几个社会阶层的人依然死抱着鸦片不放手，而吸烟人数最多的就是无产者阶层。

第六章
吸食鸦片的场所

即使鸦片可以拿到自己家里吸食，那也是上流社会才能玩得起的雅趣。不管在哪个年代，只有阔气的吸烟者才有足够的财力为自己配置必要的吸烟工具。由于鸦片烟具价格昂贵，况且自己家里又没有那么大的空间，普通民众要是在自家吸食的话，就会面临这样的条件限制，而鸦片烟馆却能解决这样的问题。当然这并不意味着因为没有其他选择，烟民就只好去烟馆里吸烟。其实烟民更愿意和大家聚集在一起吸烟，来巩固他们因吸鸦片而建立起来的联系。有些烟馆很有吸引力，这说明它们确实有自己的诀窍。

当提到民众聚集在一起吸食鸦片时，人们首先想到的就是烟馆，即便如此，烟馆也并不是唯一的选择，而且远远不是仅有的选择。有迹象表明在整个19世纪里，吸食鸦片俨然已成为一种难以更改的习惯，越来越多的公共场所都开始配备烟具，好为烟民们提供方便。

第一节　赌场、妓院和茶肆

鸦片曾被拿来做镇静药用，以延长性交时间，因此妓院理所当然就成为消费鸦片的理想场所之一。最早证明鸦片进入妓院的史料是沈复的描述,1793年底,沈复途经广州,有机会登上一艘颇有名气的"花艇",所谓花艇就是泊在珠江上的妓船。①在此后的几十年当中,随着吸食鸦片的风气在精英阶层蔓延开来,几乎所有上档次的妓院都为嫖客备好鸦片。在19世纪中叶的扬州,任何一位嫖客,只要迈入青楼,就会蒙受花言巧语的撩拨去吸食鸦片。②和西方所不同的是,晚清时高档青楼并不以提供性交易为主要目的,烦琐的礼仪活动则成为维系名妓与那些所谓仰慕者之间关系的纽带。这些仰慕者要想最终赢得名妓的宠幸,就要用大把的银子来铺路,摆上一桌桌丰盛的宴席,送上一件件珍贵的礼品,还要耗上相当长的时间。③在这样一个背景下,让仰慕者心仪的名妓来调制烟泡,不但可以挨身贴近她,还能和她调调情。人们不难想象,虽然有些嫖客并不常吸鸦片,但这种意外的好处让他们心荡神怡,也会毫不犹豫地索要毒品,借机去贴身靠近名妓。鸦片当然还有其他功能,比如有嫖客来青楼,点名要哪个招牌妓女,可碰巧这妓女正在接客,于是他就在另一个房间里抽上一泡烟,一边消磨时间,一边为接下来的美事想入非非。于是被点到的招牌妓女就先过来和他打个招呼。④鸦片在青楼里的重要性不言自喻,有些制作精美的小物件也就应运而生,其中有些物件流传下来,也让我们能一饱眼福。这些物件大部分都是用来装鸦片的小盒子。小盒子制作得极为精致,盒子上的图案是春宫图,再不然就要点小把戏,将抽大烟和性交糅合在一起。⑤因此,在19世纪初期,也许正是高档妓院将吸食鸦片的风气在精英阶层里推广开来,而且高档

---

① 沈复:《浮生六记》(法文版),巴黎:伽里玛出版社,1968年,第135页。
② 邗上蒙人:《风月梦》(英文版),纽约:哥伦比亚大学出版社,2009年。
③ 安克强:《上海妓女:19—20世纪中国的卖淫与性》,巴黎:法国国家科研中心出版社,1997年,第42—45,253—255,279—285页。
④ 罗澧铭:《塘西花月痕》,前引书,下册,第21—22页。
⑤ 约翰·拜伦:《一幅中国天堂的影像:晚清色情与性习俗》,伦敦:四方书屋,1987年,第27,68—74页。

第六章　吸食鸦片的场所

妓院一直是鼓动嫖客吸食鸦片的重要场所,正如我们在前文所描述的那样,它凭借烦琐的礼仪活动,将嫖客转变为瘾君子,而那些低档的窑子或许也采取相同的手法去怂恿嫖客抽大烟,不过有关这类低档窑子的状况我们了解得并不多。

鸦片并非集中出现在其他公共场所(除烟馆之外)里,况且很晚才进入到这些公共场所当中。只是当鸦片呈蔓延之势,大众普遍抽大烟时,才在这些场所里见到鸦片的踪影,当然这并不是为了吸引潜在的客户,特意要他们来此吸烟,而是为了把这些客户拢络住,好让老主顾在犯烟瘾的时候能抽上一口大烟。到19世纪末叶,无论是上海的奢华酒店,还是云南小镇上那脏兮兮的客栈,客人都可以在其下榻的地方吸食鸦片。[1]冉默德在其《北京:中央帝国回忆录》中描述了北京一家奢华的餐馆,他们包下一个单间,有两个中国人陪他一起吃晚饭,紧挨着单间的空间里摆着一张罗汉床,中间用一个木栅隔板隔开,木栅隔板上贴着彩纸。吃过饭之后,客人可以让店主把烟具摆上来,他们就能躺在罗汉床上抽上一泡烟。实际上,有人告诉他,"要是饭菜太丰盛,饭后抽上一泡鸦片烟,倒有助于消化呢,所有上档次的饭店都在餐厅里设置了吸食鸦片的长沙发"。[2]

可以说,在20世纪初叶鸦片盛行的巅峰时期,人们在几乎所有的社交场所都可以吸食鸦片。澳门的赌场也会安排客人在远离赌桌的小客厅里吸鸦片。[3]上海有一家很大的茶肆,名叫青莲阁,在19世纪80年代也为

---

[1] 路易·皮雄:《云南之旅》,前引书,第240页;柯乐洪:《穿越华南边疆》,前引书,上册,第240页;《中国评论周刊》:1927年3月12日期和1933年7月22日期;《中国之友》:第四卷,第9期(1881年2月),第236—239页;后藤朝三郎:《中国的臭味》,前引文,第211页。
[2] 韩邦庆:《海上花列传》(1892—1894),法文版仅有节译本(巴黎:德诺埃勒出版社,王建有编译);冉默德:《北京:中央帝国回忆录》,巴黎:布隆出版社,1887年,第251页。
[3] 弗雷德里克·潘菲尔德:《苏伊士运河以东的锡兰、印度、中国和日本》,伦敦:贝尔父子出版公司,1907年,第285—286页;徐珂:《清稗类钞》,北京:中华书局,1984(1917年第1版),第10册,第4911页。

茶客提供鸦片，在让茶客吸食鸦片的同时，还让他们享受各种消遣娱乐活动。① 有一本日本人撰写的专著声称，在那几年之后，遍布全国的各中高档茶肆都为茶客提供吸食鸦片的服务，还特意为他们设立了吸烟室，这种说法有夸张之嫌。② 不过，我们还应看到，在乘船旅行时，乘客也靠吸食鸦片来打发时间，1845年英国植物学家罗伯特·福琼乘船从宁波前往上海，就发现乘客已养成这种习惯。在此后的几十年当中，不管是乘帆船，还是乘刚刚问世的汽轮船，烟民都会在船上吸食鸦片，来自西方的旅行者也有过和福琼同样的经历。③

在鸦片消费量极大的省份，即使在最不可能抽大烟的地方，也都设置了吸烟室，重庆的公共浴池就是一个典型的例子。④

然而，我们不能因此就断定鸦片已在所有的社交场合里赢得一席之地。我们还应强调指出，上文所描述的场所只是19世纪末叶的景象，而且更值得注意的是，这些地方都是高档场所。

第二节　鸦片烟馆的龌龊传说

因此，鸦片烟馆并不是瘾君子们唯一的庇护所。不过，烟馆却十分重要，因为它是唯一专为鸦片消费而设立的社交场所。我们将会看到，

---

① 包天笑：《钏影楼回忆录》，载于马模贞：《中国禁毒史资料》，前引书，第320页。
② 宫内猪三郎：《清国探险录》，东京：东阳堂出版社，1894年，第14页。
③ 罗伯特·福琼：《快乐的漂泊者》，巴黎：奥埃贝克出版社，1944年，第246页；《教务杂志》：1869年1月期，第181页；爱德蒙·考托：《漫游远东：走访日本、中国、印度支那、东京湾的旅游者（1881年8月4日—1882年1月24日）》，巴黎：阿歇特出版社，1884年，第222—223页；后藤朝三郎：《中国的臭味》，前引书，第193—194页。
④ 《近代中国烟毒写真》，前引书，下册，第8—9页。

第六章　吸食鸦片的场所

尽管有许多龌龊的传说，烟馆却能在诸多常见的社交场所当中站稳脚跟，这是在19世纪最后30年才能观察到的现象。在此之前，即使烟馆早已存在于世，但由于缺少可靠的史料，人们对烟馆的确切情况也是一无所知。

一、禁烟斗争首选的攻击目标

说起鸦片烟馆，众所周知的事实是，在传教士的描述下，西方人所看到烟馆大多是声名狼藉、肮脏龌龊的样子，此后有些热衷于描述东方场景的作家又步传教士的后尘，对烟馆作了类似的描述，而那些喜欢撰写骇人听闻故事的文人更是拿美国唐人街的场景，或者拿在欧洲城市里开设的烟馆去作丑化性的描述，这些烟馆大多是在美好时代时期[1]开设的。

不过，在中国的背景下，在鸦片诸多危害当中，烟馆倒是一个最久远的重要因素。因此，揭露鸦片烟馆的罪恶便成为禁烟斗争的首要目标。从19世纪20年代，当局对在公共场所里聚众吸食鸦片的现象开始感到担心。清政府对此一直保持高度的警惕，尤其是鸦片消费当时只出现在福建和广东等边远省份，而这两个省份最有可能发生暴乱。这些省份不但远离中央政府，而且还是反清复明斗士的避难场所，在此之前几十年当中，那里曾爆发过几场大规模的反清起义。

驻守广东的一位将领一直对鸦片抱敌视态度（当时还是和烟草掺在一起混吸），1728年，他向皇帝呈递了奏折，将鸦片烟馆描述成骚乱的策源地，将会威胁整个社会的稳定，这是绝对不能容忍的。鸦片烟馆整宿开放，会毁了那些吸烟者的家庭，因为有些无赖恶棍把良家子弟都带坏了。[2]由此看来，社会风险并不是由鸦片本身所引起的，但人们却往往

---

[1]　美好时代是指法国在1900年前后所经历的一段社会稳定、经济繁荣期。
[2]　苏明良于1728年12月6日呈递给皇帝的奏折，载于马模贞：《中国禁毒史资料》，前引书，第4页。

把这一风险归咎于毒品。雍正皇帝于1729年颁布禁烟诏令,这一诏令背后所反映的恰好是清政府的担心。依照诏令的旨意,鸦片烟馆的老板无异于传播邪教的帮凶,要被处以绞刑。①

在18—19世纪,鸦片烟馆并不受人待见,而鸦片本身其实也好不到哪儿去,当局更关注于鸦片对年轻人所造成的恶劣影响,而不是去考虑

清末的高档鸦片烟馆,装饰精致,环境优雅

鸦片对政治局势所造成的破坏。因此,每当实行禁烟政策时,鸦片烟馆

---

① 苏明良于1728年12月6日呈递给皇帝的奏折,载于马模贞:《中国禁毒史资料》,前引书,第5页。

总会成为首要的攻击目标，人们对此也就不会感到吃惊了。正如我们在前文所讲述的那样，1839年，林则徐在广州采取的第一个禁烟举措就是勒令关闭鸦片烟馆。在19世纪下半叶，地方官员相继掀起禁烟运动，如江苏巡抚谭继洵在1880年、山西巡抚张之洞在1882年先后组织起禁烟运动，在此期间，他们首先采取的举措就是关闭鸦片烟馆。1906年推出的禁烟计划也采取相同的对策，所有的烟馆都被责令禁止营业。1906年11月1日，清政府公布了十条禁烟章程，第四条章程明确规定："禁止烟馆以清渊薮。烟馆往往引诱少年子弟无业游民麇聚其间，最为蠹毒，应由地方官陆续禁止，勒限六个月内一律停歇改业。饭庄酒楼不准备烟供客，亦不准来客携带烟具自吸。凡售卖烟具各店限六个月内停卖，违者议罚。"[1]

在这种局面下，民国时期的进步知识分子并不想拾人牙慧。大家对鸦片烟馆始终抱着一种戒备心理。[2] 伤风败俗依然是永恒的主题，鸦片烟馆一直被视为怂恿人吸毒的理想场所而遭到谴责。

鸦片烟馆就是荒淫的场所，是强盗出没的危险场所，是黑帮的老巢，这就是鸦片烟馆的主要罪证。鸦片烟馆在中国各城市里泛滥开来，鉴于这样一个事实，人们常能听到对鸦片烟馆所作的这四种描述。

二、对鸦片烟馆的描述

有些人极为担心鸦片会造成严重的灾害，在他们的笔下，许多富有想象力的描述跃然纸上，他们不厌其烦地讲述着鸦片烟馆在各城市间泛

---

[1] 苏明良于1728年12月6日呈递给皇帝的奏折，载于马模贞：《中国禁毒史资料》，前引书，第400页。
[2] 欧阳山：《赌徒》，前引书，第二卷，第660—669页；《痞棍世界》，同前，第一卷，第362—377页。

滥的场景,"无烟馆不成街""烟馆多于米店"等说法常见报端。①当然,这种说法有夸张之嫌,我们不必去纠缠其字面的意思。同样,当有人就鸦片烟馆的数量提出一个数字时,这些数字似乎都不准确。这其中有人肆意篡改、夸大其词,更有人心中有一种顽念,只是想随便说一个数,所有这些手法都被用来引起公众的注意。不管是有意还是无意的,人们往往会把鸦片专销店、社交场所、熬制烟膏店和鸦片烟馆混淆在一起。专销店通常仅卖毒品,而社交场所只是应某些客人的要求,为他们提供鸦片,权当是一种额外的服务。某一城市(县城)行政管辖区域内的烟馆统计数字是造成上述混淆的主要原因,这些数字只涉及城区内的烟馆。而反鸦片的人却趋于把城里烟馆云集的地方当成一种普遍现象,烟馆之所以集中出现于城里某一特定区域,是有各种各样原因的。比如在上海,烟馆大多集中在法租界一带,在北京则集中在南城,而在广州则集中在河南一带。②

  许多历史学家都轻信这种耸人听闻的估计数字,这会造成很大的问题。其中有一个估计数字是《申报》作出来的,《申报》于1872年断定上海拥有1700家烟馆,上海当时的城市规模还很小,这一数字流传很广。各种报刊杂志纷纷转载这一数字,但没有一家报社认真去核对这一数字,然而有趣的是,由于各报反复转载,发布这一数字的原始文章究竟是哪天发表的却找不到了。③

---

① 《粤华报》:1930年7月18日,1931年6月11日,1932年6月21日,1936年2月9日;《游戏报》:1897年8月14日,载于戴沙迪:《鸦片,闲暇,上海:城市消费经济》,前引文,第170页。
② 《拒毒月刊》:第71期(1933年12月),第21页;《论语》杂志:第30期(1933年12月),第277页。
③ 参阅王宏斌:《禁毒史鉴》,前引书,第244及257页;郑扬文:《中国的鸦片社会史》,前引书,第125页;戴沙迪:《鸦片,闲暇,上海:城市消费经济》,前引文,第170页。在查询《申报》的过程中,我们找到了这篇文章的刊载日期,它于1872年5月23日发表在《申报》上,我们还注意到《申报》并未注明这一估计数字的来源,这一数字明显太夸张了。

第六章 吸食鸦片的场所

重庆鸦片烟馆的规模也碰到同样的问题,在20世纪30年代中期,有人说重庆大约有1500家烟馆,①这一数字后来被人反复引用,以此来说明重庆是一个烟馆云集的城市。重庆位于出产鸦片省份的核心地带,鸦片价格便宜,当地人也许比其他地方的人更容易吸食鸦片。但实际上,这一庞大的数字其实也可以这样去理解,重庆的烟馆规模都很小,烟馆通常只有几张床榻,用于接待老主顾。②

然而这样一个事实却被严谨的专题著作忽略掉了,在拷问这些估计数字真实性的同时,在将其置于当地的社会及经济背景之下的同时,这样的事实恰好可以印证数字是否真实有效。广州是唯一以这种手法统计烟馆的城市,根据这一统计,广州在20世纪30年代初拥有350家烟馆,这一数量和茶馆的数量不相上下,相当于每2860位居民拥有一家烟馆。③若与法国同期的咖啡馆数量对比的话,还是很有意思的,在两次世界大战间隔那段时间里,法国平均每百人左右拥有一家咖啡馆。④

假定所有的数字都是缜密得出来的,那么从估计数字里就会得出一个双重印象。首先,从时间顺序上看,从19世纪下半叶直至民国时期,对烟馆的估计数字有一个很大的差距,19世纪下半叶对中国东部城市烟馆的估计数字非常高,尽管民国时期中国城市人口数量有了很大增长,但烟馆数量却比19世纪估计的数字低很多。这种差距在长江下游地区尤其明显,比如苏州和杭州就是典型的例子,有人估计在19世纪末叶苏杭拥有几千家烟馆(苏州在1870—1880年可能拥有1200~3000家烟馆,甚

---

① 《拒毒月刊》:第88期(1935年),第25—27页。
② 《拒毒月刊》:第21期(1928年5月),第44页。
③ 包利威:《城市里的鸦片》,载于《现代中国》,2009年9月,第35卷,第5期,第503—506页。
④ 菲利普·阿里耶斯(主编):《私生活史》,巴黎:瑟伊出版社,1987年,第5卷,第120页。

至有人说苏州拥有3700家烟馆），①相比之下，到20世纪30年代，苏杭估计也就只有几百家烟馆。在广西，法国一位外交官在20世纪20年代中期注意到，鸦片烟馆在广西大城市里并不多见（龙州只有25家，南宁有80家，梧州有100家），他还补充说明，"与鸦片禁绝政策颁布之前相比，烟馆数量并未出现明显的增长"。②鉴于当时的总趋势就是刻意夸大吸毒场所的规模，我们由此认为各地方当局并未对1906年之前的估计数字做出修正。

  第二个印象就是在清末，甚至在民国时期，鸦片生产省份的内陆城市（如昆明、成都和重庆）与东部城市形成强烈的反差。根据《拒毒月刊》杂志通信员的报道，在20世纪30年代，成都拥有1800家烟馆，昆明拥有2300家烟馆。③相比之下，汕头和福州只拥有60家烟馆，而人口众多的汉口地区也只有300家烟馆。④

  在20世纪30年代中期，有一个名叫张澜的人在东北走访了几家鸦片烟馆，他本人不吸鸦片，只是想了解鸦片肆虐的状况。在走进一家烟馆之后，堂倌十分客气地问他："您是老主顾？"他刚说自己不吸烟，只见一位小姐已在一个单间里面开始为他备烟。他对此感到措手不及，于是便向年轻女子解释说他不吸烟。为了摆脱这种窘境，他借口说上午曾碰到过她，见她长得很漂亮，便想过来当面恭维她。这位德高望重的叙

---

① 《中国之友》：第二卷，第3期，1876年10月，第76页；《上海皇家亚洲艺术协会北中国分会简报》：第19期（1884年），第43页；史景迁：《鸦片》，载于《中国纵横》，前引书，第250页。
② 法国外交部档案：1918—1929亚洲案卷，一般事务分卷，第55号卷宗，法国驻广西总领事于1924年2月23日就广西鸦片局面所撰写的报告。
③ 《拒毒月刊》：第82期（1934年），第17页，第89期（1935年6月），第8页。
④ 《拒毒月刊》：第23期（1928年7月），第27页；第36期（1929年12月），第44页；第97期（1936年2月），第20页。不过，我们还应指出，厦门拥有700家烟馆，这是一个非典型的例子，说明在沿海一带，台湾的鸦片走私贩子依然十分猖獗。

第六章 吸食鸦片的场所

事者以为自己的说法很圆滑,没想到才脱虎口却又入狼穴,因为这位小姐马上就动手宽衣解带了,并要他戴上套套,好一起云雨一番。①

把鸦片烟馆描绘成荒淫的场所而加以痛斥是一种极为普遍的做法,有些烟馆确实一直干着卖淫嫖娼的勾当。由于长久以来妓院里总是备着鸦片,以平缓嫖客的性欲,延长性交时间,因此鸦片消费在传统上总是和嫖客集体光顾妓院相互依附在一起。不过,有些烟馆的确既是抽大烟的场所又是妓院,在19世纪末叶的上海,这类烟馆似乎还颇有市场。在这里根本看不到高档妓院里的烦琐礼仪,它只是嫖客发泄性欲的场所。民众将此称为"花烟间"。②

但是,虽然有些叙事者对鸦片烟馆的描述十分清晰,如类似张澜那样的叙述,可许多斥责烟馆的文字只满足于拿含含糊糊的描述来装点门面,比如说烟馆是"藏污纳垢"之地。③当然也不排除有些人因顾及礼仪规范而进行自我审查。有些文字描述或多或少是在暗喻风流艳情,或把为客人备烟的侍女描写成举止轻浮的女子,尽管如此,我们还是要格外小心,不要轻易将此视为改头换面的嫖娼行为。④当然,长时间贴身为烟客备烟(尤其是在豪华烟馆的包间里),对于行苟且之事倒也是极好的机会,这一点亦不容否认。不过广州烟花坊的例子则表明,大部分女堂倌是不卖淫的。她们只不过是躺在男人身边,服侍他们抽大烟,但这样的举止足以让人认定是伤风败俗的行为。中国传统上是讲男女授受不亲的,男女密切接触是有违这一传统的。⑤西方人在走访烟馆时,看到男女

---

① 陶亢德:《鸦片之今夕》,前引书,第10页。
② 安克强:《上海妓女:19—20世纪中国的卖淫与性》,前引书,第95页。
③ 《申报》:1872年5月16日;《楼岗月刊》,1929年11月,第13、27、29页;《广州民国日报》:1925年7月23日。
④ 《拒毒月刊》:第58期(1932年9月),第24页。
⑤ 包利威:《毒品与违背社会公德:1930年代广州的女子与鸦片》,《克利俄》杂志:第28期(2008年),第223—242页。

243

共卧一榻的场景感到很吃惊,为此我们不会轻信这些人的证言。最令人信服的例子是英国废除鸦片贸易协会财务主管所写的文字,1876年,他在走访上海的一家烟馆之后不无天真地写道:"这些烟馆笼罩着一种值得敬重的气氛,比我所预料的要可敬得多。"①

鸦片烟馆往往被描绘成"声名狼藉的匪巢",②难道它们真的是匪巢吗?换句话说,难道人在那里真有可能会丢掉性命,或被洗劫一空吗?在各个不同时期,暴力洗劫烟馆的案子还是屡见报端。在20世纪20年代的武汉,十几个携带手枪的歹徒在晚上9点左右闯入小硚口的一家烟馆,他们把保险箱里的银元、烟枪和鸦片烟都抢走了,甚至对烟客挨个搜身,抢走他们身上携带的首饰,还掠走部分衣物。歹徒逃走之后,馆主估计被抢走的财物约值600银元。③

然而,一般情况下,在将烟馆视为危险场所之前,人最基本的判断力不是要大家三思而后行吗?烟民通常都是成群结队地前往烟馆,这是不争的事实。假如知道到那里肯定会遭凶杀或洗劫,那么他们还想去吗?有些逸闻趣事倒是很能说明问题的,包天笑在其回忆录里讲述了烟馆的场景:1884年他9岁的时候,父亲带他去了一家上海的烟馆。④当然,他去的是一家豪华烟馆,但我们在后文将看到,即使在档次不太高的烟馆里,也不会出现更多的暴力事件。

民国时期广州的例子表明,烟馆只是整个社会气氛的共鸣箱而已。比如当军纪涣散的部队驻扎在城中时,城里总会出现死亡案件。然而在整个气氛相对平静的时期,烟馆里只会出现一些冒失的斗殴事件。

---

① 《这些烟馆笼罩着一种值得敬重的气氛,比我所预料的要可敬得多》,载于《中国之友》:第二卷,第1期(1876年6月),第17页。
② 《传播信仰》:第79卷(1907年11月),第415页。
③ 《汉口民国日报》:1927年6月1日。
④ 包天笑:《钏影楼回忆录》,载于马模贞:《中国禁毒史资料》,前引书,第320页。

第六章　吸食鸦片的场所

当然可能还有另外一个原因，让烟馆看上去比其他社交场所（如餐馆或茶肆）更容易发生暴力事件。和烈性酒一样，鸦片本身并不会让人变得更好斗，不过在烟馆里当有些烟客因手头紧而抽得不尽兴时，也会变得暴躁起来，随时都有可能和别人打起来。①在烟馆里失窃的风险也比其他社交场所的大很多，因为各种烟具尤其是烟枪价格都十分昂贵。烟客还得格外小心，以防备个人物品被偷走。有一幅石版画描绘了19世纪80年代上海一家烟馆内的场景，烟馆里贴着一张布告，要烟客看管好自己的物品，如有遗失，馆主概不负责。②在云南、四川和西康三省的交界处，有一个小市镇，镇上有一家烟馆，1928年冬，那里发生了好几起失窃案件。有一个做小买卖的流动商贩在烟馆里被人偷走了全部家财（43块大洋），而窃贼其实就是和他一起做买卖的商贩。他把钱放在布腰带里，缠在自己腰上，和他住在一起的商贩看见了这笔财物，于是便拉他去了一家烟馆，趁对方抽完大烟昏昏欲睡的工夫，用刀子割开布腰带，偷走了银元。③

侦探小说也来为禁烟宣传品添油加醋，向公众灌输这样一种观念：烟馆是黑帮聚会最理想的场所，在晚清和民国时期，个别地区甚至是黑帮当道。④不过对具体情况还是要加以区分：一方面，黑帮以"保护"之名，对鸦片烟馆实施敲诈勒索，甚至直接插手管理烟馆；另一方面，黑帮成员确实也很喜欢光顾烟馆。

这方面的局势还是有很大差别的：无论在上海（青帮），还是在四

---

① 包利威：《一种垂危的毒品史：1906—1936年间广州的鸦片》，前引书，第192—194页。
② 《点石斋画报》："革"卷，第87页。
③ 任乃强：《西康图经》，前引书，《民俗篇》，第281页。
④ 让·谢诺：《中国19世纪和20世纪民众运动及黑帮》，巴黎：马斯佩罗出版社，1970年。

川（哥老会），或是在汉口，黑帮确实是把烟馆控制在自己手里。① 不过对此还是要加以防范，不要让这种局面扩散得太快，只要能攀上一位高官，烟馆也就不必担心受黑帮的掣肘了。当整个局势能有效地掌控在地方当局手里，巡警也能为烟馆提供必要的保护时，比如像北平和广州那样，黑帮也就无法控制烟馆了。

第三节　苦力烟馆、豪华烟馆及街区烟馆

就在翻看烟馆这一幅幅影像的时候，我们预感到，正是由于对烟馆的负面评价广为传播，才产生种种问题：不管在哪个时代，也不管在哪个地界，反鸦片的人总能找到他们所需要的东西。即便伤风败俗的烟馆影像应该遭受质疑，那么首先也应从表现形式上看，该如何给各类烟馆作出一个恰当的描绘。法语或英语在描绘烟馆方面的词汇太贫乏了，在这两种语言里，只有一个词汇（法语为fumerie d'opium，英语为opium den，英语这个词带有明显的贬义）用来表示聚众吸食鸦片的场所，这个因素难免会给烟馆那一幅幅影像蒙上一层阴影。相反，在表述烟馆时，中文词汇却十分丰富（至少有15个词），这也从另一个角度反映出烟馆的多样性。

从19世纪下半叶开始，三种不同类型的烟馆清晰地展现在众人眼前。

---

① 布赖恩·马丁：《上海青帮》，前引文，第45—63页；《近代中国烟毒写真》，前引书，上册，第507页；让·谢诺：《中国19世纪和20世纪民众运动及黑帮》，前引书，第59，121页。

一、苦力烟馆

苦力烟馆好似是苍天赐给反鸦片斗士的弹药。反鸦片斗士的篇篇檄文充满了大无畏精神,他们对各大城市鸦片烟馆的描述极为相似。他们都说,当踏上晃晃悠悠的楼梯,拉开脏兮兮的窗帘时,看到的是黑乎乎

民国时期的苦力烟馆

的房间,里面横七竖八地躺着瘦弱不堪的苦力,他们对此感到愤怒,内心感到极为不安。①

---

① 《中国之友》:第三卷,第7期(1878年2月),第106—107页;《拒毒月刊》:第89期(1935年6月),第8页;《中国评论周刊》:1936年11月28日,第458页;张文钧:《旧社会吸毒、贩毒琐记》,载于马维刚:《禁娼禁毒》,北京:警官教育出版社,1993年,第436页。

鸦片最初还是一种极为珍贵的物品，早期的鸦片烟馆因找不到能替代昂贵印度洋药的物品，于是就拿烟灰渣给苦力们吸。再往后，鸦片进货渠道日渐丰富，且价格也一跌再跌，但给苦力们吸的还是品质很差的土烟，再不然就把少量的鸦片和大量的烟灰渣（或其他辅药）掺在一起，拿给苦力们吸，当然卖给他们的价格也都很低。在晚清及民国时期的广州，有些烟馆被人称作"二烟馆"，专门向烟民提供那种以烟灰渣为主掺少量土烟的廉价混合物。[①]苦力烟馆的另外一些称呼通常和烟馆提供的烟品没有太多的关联，而是与其档次有关，比如那种"低级戒烟室"就是指苦力烟馆。

　　这些烟馆的外表通常都不起眼，在汉口，烟馆只是在门口挂一盏灯。[②]烟馆往往把烟民们安排在一个大通间里。烟馆设在底层的好处是进出方便，但有些烟馆也会开设在二楼里，楼上的租金会便宜些。[③]烟馆内部环境往往被描述成混乱不堪、阴森黑暗、肮脏龌龊的样子。烟榻沿墙而设，中间留出走动的过道。对烟馆细节的描述看上去让人感到恶心。昆明烟馆里所用的枕头里面装的都是碎纸片。[④]而广州的低档烟馆为了省钱，竟然把居民家中淘汰的炕席买来铺在烟榻上，而居民是因家中有人过世才要扔掉炕席的。[⑤]有一幅画像展现了晚清广州一家低档烟馆的内景，里面的家具破烂不堪，墙壁斑驳脱落，道友们拥挤在一起，个个都露出穷困潦倒的样子。[⑥]有的烟馆则非常小，比如香港有一家烟馆，全部家当只有两支烟枪、四个烟锅、四根烟针和两盏烟灯。除了这些烟具之外，还有用来回收烟灰渣的装备，另外还有六只枕头，一把茶壶和五只

---

① 包利威：《一种垂危的毒品史：1906—1936年间广州的鸦片》，前引书，第184—186页。
② 《近代中国烟毒写真》，前引书，上册，第507页。
③ 《拒毒月刊》：第57期（1932年8月），第46页；第90期（1935年6月），第4页。
④ 《拒毒月刊》：第89期（1935年6月），第8页。
⑤ 《粤华报》：1933年6月25日；《人间世》：第38期（1935年10月20日），第20页。
⑥ 《时事画报》：1907年7月，第12b页。

第六章 吸食鸦片的场所

茶杯。①一般来说,吸食鸦片时,总有茶水相伴,不过茶水却是这类烟馆所能提供的唯一奢侈品。②人们不难想象,开办这样的烟馆并不需要很大的投资,甚至可能连雇员都不必聘用。

这类烟馆的主顾绝大部分都是苦力,可能也有一些是工人。这些人总是被描绘成面色苍白、瘦弱憔悴的样子,这是过度吸食毒品的典型特征,而有些见证者往往是带着偏见才把他们描绘成这副模样的。此外我们注意到,在广州有些只供应烟条的烟馆都开在拉洋车的车行附近。有些烟馆甚至是车行老板开办的,他让车夫们夜里就睡在烟馆的床榻上。③有些最不要脸的老板甚至强迫那些借宿的车夫每天吸食一定量的鸦片,④这激起报界极大的愤怒。

在这类烟馆当中还有一些不合法的烟馆,他们通常向烟客提供走私鸦片,价格相对比较便宜,这些黑烟馆往往都开在隐蔽的小巷子里。有些黑烟馆就是简陋的窝棚,开在政府控制不严的城乡结合部。⑤在20世纪60年代,香港最后一批烟馆就开在九龙城寨里,个个烟馆都是简陋的窝棚,因为香港早在第二次世界大战末期就明令禁止吸食鸦片。窝棚内装饰极为简陋,破床上铺着几层地漆布,再摆上几个木枕头。每家烟馆都有好几个出入口,还有人放哨,见警察来时,赶紧提前报信。⑥

在边远的农村地区,当局的禁烟行动鞭长莫及,那里的烟馆也都是简陋的窝棚,他们那里往往也卖走私鸦片,广东的楼岗地区就是这样一种情况。⑦只有华北和福建一带的烟馆才会向烟客推销吗啡。那里的烟客

---

① 国际联盟档案:总干事分卷,卷宗1642号,法国驻香港总领事于1935年1月15日撰写的报告。
② 《拒毒月刊》:第40期(1930年6月),第18页;第89期(1935年6月),第4—9页。
③ 《香港工商日报》:1935年6月18日;《人间世》:第38期(1935年10月20日),第20页;《粤华报》:1934年10月6日,1936年11月2日,1936年11月3日。
④ 《粤华报》:1934年2月4日,1934年3月9日。
⑤ 《图画日报》:第294期(1910年),第9页;《时事画报》:1908年4月期,第5b页。
⑥ 迈克尔·威森:《表象掩盖之下:香港的吸毒问题》,前引书,第82—83页。
⑦ 《楼岗月刊》:1929年12月,第27—29页。

一般都极为贫苦，很多人都是在脏乱不堪的环境下吸食鸦片。①

二、豪华烟馆

在19世纪70年代初期，上海有些烟馆已不再是仅提供吸烟服务的功能性场所，而是转变为豪华的娱乐中心，其内部装饰奢华高雅，吸引顾客前来观赏；同时还能提供多种多样的服务，让客人可以随意挑选。在19世纪70年代中期，上海至少已拥有六七家豪华烟馆，这些豪华烟馆的名气无与伦比。它们的名气如此之大，要是到上海游览，不去参观一家豪华烟馆，那么上海之行就不算完美，因此豪华烟馆的名字都被列入最早出现的旅游指南里。②1873年开设在法租界里的南诚信烟馆就是名气最大的豪华烟馆。烟馆里挂着名家的绘画和书法作品，一株株价格不菲的大型盆栽把烟馆装饰得极为奢华。③一幅1884年印制的石版画再现了大厅的场景，一群衣着华丽的绅士太太们聚集在大厅里，还有几个孩童陪伴在他们身边。④宽敞的大厅可以分隔成若干个独立的空间，里面摆上几张床榻，但不会给典雅的环境带来丝毫影响，因为分隔单间用的都是精美的雕花隔板。⑤

在19世纪70年代，其他地方（比如苏州）⑥还没有像上海那样的豪华烟馆，但是从19世纪末叶，中国每座大城市都有极为豪华的烟馆。英国驻汉口领事于1903年在报告中写明："规模宏大的豪华烟馆……类似上

---

① 严景耀：《中国的犯罪问题与社会变迁的关系》，前引文，第182页。
② 葛元煦：《沪游杂记》，上海：上海古籍出版社，1989年（1876年第1版），第31页。
③ 《近代中国烟毒写真》，前引书，上册，第87—88，97页；《中国之友》：第七卷，第11期（1884年11月），第220—221页。
④ 《申江胜景图》：1884年。
⑤ 《中国之友》：第七卷，第11期（1884年11月），第221页。
⑥ 《申报》：1872年9月24日。

第六章 吸食鸦片的场所

海福州路那一带的豪华烟馆,最近刚刚开张,而且生意兴隆。"①不过在一些中等城市,比如湖北的宜昌以及四川的富川,后来也出现了几家类似这样的豪华烟馆。②

19世纪八九十年代,上海著名的画刊《点石斋画报》尤其喜欢绘制上海的奢华场景,这份画刊将豪华烟馆的内景细腻地展现出来。摆设着床榻的房间顶棚很高,显得宽敞、明亮。墙上挂着绘画和字幅,屋里摆着高档家具,还有漂亮的雕花罗汉床以及珍贵的摆设,这地方也因此而显得格外典雅。③这些画面也表明,也许人们就不该这样去打造这些烟馆,因为这里面掺入太多的传统奢华元素,让人看到某种怀旧的物质文化痕迹。其实,人们从中看到的恰好是从西方那里学来的现代化元素,比如挂钟等物件。④电力是1878年开始在上海出现的,从19世纪80年代初期,上海的有些烟馆同剧院、茶肆及餐馆一起成为最早使用电灯照明的公共场所。当时许多人对这一新事物赞叹不已,有些人想去参观烟馆,就是为了体验一下使用电灯的感受。⑤也就是在那个时候,一位住在杭州的传教士注意到,玻璃不仅仅用来装在窗户上,而且有些烟馆将其用来做门,这在当时真是一件稀奇事。⑥

最新的研究成果表明,在19世纪下半叶,在向公众传播来自西方的现代舒适概念方面,高档妓院及西餐厅起到极大的推动作用。⑦其实豪华

---

① 英国外交部档案:编号106/25,关于1903年汉口总局势的报告。
② 陈鸿儒:《宜昌陈家鸦片烟馆旧事》,载于《近代中国烟毒写真》,前引书,上册,第524页;《拒毒月刊》:第78期(1934年),第13页。
③ 可参阅《点石斋画报》:"巳"卷,第32页,"土"卷,第7页,"木"卷,第8页。
④ 《点石斋画报》:"土"卷,第7页,"巳"卷,第86页。
⑤ 冯客:《异国情调商品:中国的现代化物品与日常生活》,纽约:哥伦比亚大学出版社,2006年,第133—135页。
⑥ 《中国之友》:第五卷,第9期(1882年9月),第253页。
⑦ 叶凯蒂:《上海之爱:妓女,文人与娱乐文化,1850—1910》,西雅图:华盛顿大学出版社,2006年;马克:《饮食怀旧:上海食物文化与城市经验》,斯坦福大学出版社,2009年,第119—123页。

烟馆也起着同样的作用,而且高档烟馆刻意追求使用最新的技术成果,来吸引烟客前来消费,尽管这类新技术成果价格还十分昂贵。在20世纪上半叶,豪华烟馆在应用最新技术方面一直走在前列。电风扇和收音机开始进入豪华烟馆,而这两件物品在平常人家里还是极为罕见的。① 在广州,无线发射服务是在1929年5月开始投入使用的,但仅仅几年过后,人们就看到豪华烟馆配备无线接收器的报道了。② 因此,和其他社交场所一样,豪华烟馆也是传播新技术成果的媒介,让烟客们有机会去熟悉新事物,好鼓动他们去购买。

在20世纪30年代,众多的信息来源让人清楚地看到豪华烟馆是如何运作的,尤其是烟馆内部是如何有效地组织起来,以满足客人需求的。其中一个最重要的特征就是同时接待众多烟客的能力:成都规模最大的豪华烟馆拥有60盏烟灯。③ 此外,烟馆的名称也与众不同,在四川,它们往往被称为"雅室","室"这个字从泛义上讲是指大空间的奢华场所,比如茶肆也被称为"茶室"。④

因此,豪华烟馆都设在高大的建筑物里。福州最漂亮的豪华烟馆是利用一座旧寺庙改造而成的。⑤ 不过豪华烟馆通常都是占用好几层楼,或者干脆把整幢洋楼都包下来,比如汕头原有一家三层楼酒店,后被改造成最著名的"西天"豪华烟馆。⑥ 烟馆门口设置非常显眼的霓虹灯,或放置大型布艺招牌,门口两边还贴上对联,写上诸如"闻香下马"这样的

---

① 《华字日报》:1928年5月26日,这家烟馆夜里遭贼光顾,那两台电风扇被偷走了,窃贼还把所有的烟枪、烟膏以及现金都卷走了。
② 《拒毒月刊》:第90期(1935年6月),第6页;李炳瑞:《现代广州》,上海:水星出版社,1936年,第142页。
③ 《拒毒月刊》:第82期(1934年),第17页。
④ 《拒毒月刊》:第78期(1934年),第15页;《人间世》:第33期(1935年8月5日),第30—32页。
⑤ 《中国评论周刊》:1936年11月28日。
⑥ 陶亢德:《鸦片之今夕》,前引书,第67页;《拒毒月刊》:第38期(1930年4月),无页码,第82期(1934年),第17页,第89期(1935年6月),第4—9页。

第六章 吸食鸦片的场所

文字,来暗示本烟馆的鸦片味道纯正且环境幽雅。①

许多烟馆的内部设置几乎都一样:底层大厅是普通烟客吸食鸦片的场所,楼上有雅间,每个雅间都装饰得十分奢华,从19世纪80年代起,上海的豪华烟馆大多采用这样的设置。②底层大厅布置得相对比较简朴,里面摆着十几张床榻,床榻之间的间隔很小。财力有限的烟客往往被带到大厅里消费,这类大厅有时候以最低消费金额来命名(比如20世纪30年代初期广州有一家颇有名气的岭南烟馆,那里的大厅名为"六角大厅"),或者干脆叫"大厅"。规模较小的厅都分布在楼上,每个厅也以最低消费金额来命名(比如在岭南烟馆里还有"八角厅""一元厅""一元六角厅")。最低消费金额越高的厅,内部装饰及摆设就越豪华。烟馆的顶层大多设置成单间,装饰也极为奢华。

使用名气大且年代悠久的烟枪是烟客们最喜欢的一种方式,即便使用这样的烟枪要花费不少银子。在北平,这类烟枪都用当红的京剧演员名字来命名。③烟馆还向烟客提供不同级别的鸦片,供他们来选择,其中有些鸦片已经陈放很久了。④

只要能满足客人的愿望,凡是能想到的全都一应俱全:让客人去品尝美食、水果、香烟、茗茶是最常见的做法。在烟馆里为客人提供水果并不仅仅是为了让他们当点心食用,而是为了让他们在吸食鸦片之后润润喉咙。如果烟馆本身没有厨房,馆主可以派伙计到外面餐馆里去叫外卖,比如在20世纪30年代,广州有这么一位烟客,正午时分来到一家豪华烟馆,让馆主派人到附近一家茶馆里去订一份糯米鸡。⑤中国的许多

---

① 《拒毒月刊》:第57期(1932年8月),第54页;第78期(1934年),第15页;第82期(1934年),第17页;第89期(1935年6月),第8页。
② 《拒毒月刊》:第43期(1930年9月),第10页。
③ 张文钧:《旧社会吸毒、贩毒琐记》,前引书,第437页。
④ 《拒毒月刊》:第57期(1932年8月),第55页。
⑤ 《粤华报》:1932年1月15日。

地区气候条件比较恶劣，于是豪华烟馆便在冬季提供暖气或棉被，夏天配置电风扇，以减轻恶劣气候给人带来的不舒适感，让烟馆里"四季如春"。烟馆还组织各种各样的消遣活动，比如让烟客们围坐在一起打麻将，让歌女来表演，把说书的、算命的请来为烟客们服务，甚至还有烟馆把按摩师也请来为大家做按摩。① 如此丰富的娱乐活动让豪华烟馆成为不出屋就能享受到典雅活动的场所。烟客在底层大厅里可以享受基本服务，再添上一点钱，他就能体验升级服务，比如订点美食，吃一种珍稀的鸦片，偶尔为之也不算太贵；或者再多添一些钱，体验一下包间，或者享用一次闻名遐迩的烟枪。

因为家具、器材及场所费用都很高，开办这样的烟馆显然需要一大笔投资。烟馆老板通常要雇用许多员工，比如汉口最大的烟馆至少要雇用30个人。② 之所以要雇很多人，是因为每个人的分工都很明确。我们随便看一个信息来源就会注意到，烟馆里要有一位熬烟膏的行家，一位厨师，或者一位会计。③ 但员工人数最多的群体在各地的叫法略有不同，比如在吉林省，他们被称为"看灯"，而在宁波或上海则被人叫作"茶房"。④ 这种称谓也反映出他们所承担的工作，因为他们确实什么都要做。客人刚来到门前，他们就赶紧迎过去，把客人引到空位上，接着给他们端来鸦片、烟具，或者端上一杯茶。清扫、整理床榻，清洗烟具，为客人到外面去买东西，这些都是他们要做的事情。同时他们还要暗中监视馆内的情况，以防有人偷盗。给客人挑烟泡的人都要掌握这项专门

---

① 陶亢德：《鸦片之今夕》，前引书，第67页；《人间世》：第38期（1935年10月20日），第19—21页；《香港工商日报》：1935年6月17日；《拒毒月刊》：第82期（1934年），第17页，第89期（1935年6月），第4—9页，第90期（1935年7月），第6页。
② 《近代中国烟毒写真》，前引书，上册，第507页。
③ 《粤华报》：1931年12月3日，1933年4月27日，1933年6月22日；《近代中国烟毒写真》，前引书，上册，第504页。
④ 《拒毒月刊》：第573期（1932年8月），第47页，第92期（1935年9月），第5页。

的手艺（参阅第一章）。①不过，为客人挑烟泡这差事往往都交给女堂倌去做，这些姑娘长得迷人可爱，她们一边和客人聊天，一边鼓动客人再点一些甜食、香烟或水果。②这些姑娘并不一定是烟花女。尽管如此，在有些人看来，在这个几乎全是男人的社交场所里，有漂亮女人陪伴就足以给烟客们带来一种强烈的色情享受。③

有些豪华烟馆每天能接待几百位烟客。假如有烟馆声称每天能接待1000位烟客，那只是一种夸张的说法，要真是那样的话，烟馆恐怕早就被盗贼给盯上了。1933年4月，广州最大的岭南烟馆发生失窃案，歹徒撬开保险柜，盗走690块大洋，要知道那个时候广州一个拉洋车的车夫每月才挣不到30块大洋。④

三、街区烟馆

所有反鸦片的人都不否认豪华烟馆的存在，不过他们还是会拿其他类型的烟馆和苦力烟馆作对比。这无疑是在否认这样一个重要事实：为普通民众量身打造的烟馆还是有市场的。与另外两种类型烟馆不同的是，这类烟馆并不引人注意，因为它们没有一个特定的称呼，人们只是将其称为"烟馆""鸦片馆"，而在南方地区，它们倒有一个十分形象的名称："老虎窝"，这个说法倒不是因为吸鸦片有危害，而是和抽大烟的另一种说法有关，有人管抽大烟叫"打老虎"。⑤这类"街

---

① 《点石斋画报》："土"卷，第7页，"巳"卷，第32页；《拒毒月刊》：第78期（1934年），第19页，第89期（1935年6月），第9页。
② 《近代中国烟毒写真》，前引书，上册，第262及524页。
③ 《拒毒月刊》：第92期（1935年9月），第11—12页。
④ 《粤华报》：1933年4月27日；冯志明：《顽强的英雄：香港和广州的人力车夫，1874—1954》，香港：香港大学出版社，2005年，第96页。
⑤ 《民俗台湾》：第三卷，第4期（1943年4月），第41页。

区"烟馆接待的烟客就是住在附近的居民,也有在附近上班的职员,他们既不是特别有钱的人,也不是贫困潦倒的苦力,通常都是下班之后,去光顾一下附近的烟馆。这类烟馆当然不会提供各种各样的服务,也不会像豪华烟馆那样讲究排场,但是烟客还是可以在里面看看报纸或吃点小点心。①

《时代》周刊驻中国的一位记者曾撰文描述过这样的烟馆,通过阅读他的文字,我们知道这类烟馆从19世纪中叶就已在城市内兴起:他在宁波走访了一家烟馆,烟馆设在一所房子里,他认为这是一家"极普通"的烟馆,只有一个小房间,内设一张床。他和烟客们闲聊起来,"他们都是城里人,比最卑贱的社会阶层稍微高一个层次",其中有轿夫、小商贩和衙门里的差役(正如我们所说过的,衙门里抽大烟的人可真多呀)。②进入20世纪之后,人们对小烟馆的面貌看得更清楚了,这类烟馆规模小,内装饰也不奢华,将烟馆周围的烟民吸引到一起,让相对较多的社会阶层有相互接触的机会,俨然成为一个街区社交活动的中心。一个殷实家庭的孩子在那里可以接触到工人。一个竹制品小作坊的老板晚饭后带着弟弟和两位员工去附近烟馆烧上一泡大烟。③在北方寒冷的冬季,烟民就躺在火炕上抽大烟,北方冬天都是用火炕来取暖的。④

1932年2月,广州出现了这么一件趣事,由此不难看出街区烟馆的烟民还是很团结的:一家钱币兑换所的楼下就是街区烟馆,而兑换所老板见自己外出时办公室里进了贼,为了抓住这家伙,老板马上来到烟馆里,招呼七八个他认识的道友,在大家的帮助下,他最终把小偷给抓

---

① 《拒毒月刊》:第57期(1932年8月),第46—47页。
② 乔治·库克:《中国与下孟加拉:1857—1858年任<时代>周刊驻华记者》,伦敦:劳特利奇出版社,1861年(第5版),第178页。
③ 《粤华报》:1931年11月16日,1932年6月20日,1935年12月14日。
④ 《近代中国烟毒写真》,前引书,上册,第255页。

第六章 吸食鸦片的场所

住了。①

那么在乡村和小镇上也有这样的烟馆吗?有关这方面的见证文字少得可怜,而且信息又极不准确,因此很难得出确切的结论,即便如此,那些文字还是让人看出这类烟馆显然是十分简陋的。有些人的证言暗示在乡下开办这样一所烟馆并不需要花很多钱;况且也不需要很多人手,更不需要什么特别的手艺,除了老板之外,雇几个茶房,再找一个会挑烟泡的,或者雇一个女堂倌就行了。有些烟馆就是一家人在打理,顶多再雇上一两个外面的人。②

在人文科学领域,任何实施分类的尝试都会在一个问题上遭遇挫折,这个问题就是人为地设定某种界限,即使出于这一原因而不接受这种分类,那也不过是虚无主义方法论的一种表现形式罢了。为各类烟馆所设定界限也会受制于这个规则。有些苦力烟馆往往想以改善内部设施,提升服务水平(用更好的家具,更周到的接待)来设法扩大自己的客户群,起码做到像街区烟馆那样的水准。同样,街区烟馆也想扩大其规模,多建几间吸烟室,甚至扩建成两层小楼,不露声色地转变成豪华烟馆。

我们同样也不能以消费群体来为各类烟馆划定特性。只有苦力烟馆具有单一消费群体的特征,因为光顾这类烟馆的人大多是苦力。单从消费群体方面看,豪华烟馆与街区烟馆的差别并不大,只不过豪华烟馆的服务项目更多,服务水准更高。光顾这两类烟馆的烟民相对来自比较多的社会阶层。我们不难想象,有些烟民往往会轮流光顾这两类烟馆,比如时不时换个口味,享受一下高档服务。

---

① 《粤华报》:1932年2月10日。
② 《近代中国烟毒写真》,前引书,上册,第311,522—523页。

第四节　烟馆里的日常生活

清末的一家街区烟馆

街区烟馆的社交功能之所以很重要，是因为这类烟馆遍布于各个街区，每个烟民随时进出，十分方便。此外，即便单从鸦片价格方面看，因时期不同，鸦片来源不够丰富，产地也略有不同，从而限制了鸦片的扩展，但从总体上看，这里的鸦片价格还是相对比较低的，普通烟民也能定期前来消费。不过，我们最好还是描述一下那里的日常活动，这样就能更好地理解常客在那里所享受的乐趣。

烟民通常都是在一天当中的同一时刻去光顾烟馆，一般是在午饭之后，但更多的时候是在晚饭之后。除了这些固定的时刻之外，烟馆在其他时间里则空无一人。①一位烟民之所以常去某家烟馆，是因为他

---

① 麦嘉湖：《中国人的生活方式》，伦敦：保罗·特伦奇/特吕布纳出版公司，1907年，第197页。

第六章 吸食鸦片的场所

在那里有自己的消费习惯，但是倘若闲逛到一个他不太熟悉的街区，他会被墙上贴的广告，或者某个烟馆的招牌吸引过去。烟馆的名字通常不会给人带来太多的联想，一般会选用两三个表示吉祥的字，比如"德""利""福""安""生"等，那时候做生意、开店铺的大多会选用这样的字。①尽管如此，有些烟馆的名字还是以委婉的方式，甚至不乏诗意地暗喻着吸食鸦片。最常见的字就是"云"或者是"霞"，霞字是指夕阳下的彩云，以此来暗喻鸦片烟。因此，在19世纪末叶的上海，就有一家烟馆名叫"绵云阁"。广州一家烟馆名为"莺歌"，这个词义有些难以理解。当然，一方面，在用烟枪吸食鸦片时，会发出丝丝尖声，这个声音确实会让人联想起鸟的啁啾；②而另一方面，这大概是暗指"莺歌燕舞"这个成语，这个成语是形容春天鸟雀欢叫的景象，其转义为蓬勃兴旺的意思。有些烟馆则采用其他方法来做广告，比如用植物来做装饰，再不然就让员工站在烟馆门前，向过往的行人吹嘘馆内环境优雅，鸦片品质良好，服务热情周到，鼓动人们进去消费。③

不管是图像，还是文字描述，在描绘烟馆时都会注意到烟馆门口都挂着帘子。有些文字一再强调这个细节，并声称这只是烟馆有别于其他社交场所的特征而已。帘子的作用是为了阻止外面的人向里面窥视，但是一个简单的大门也能起到同样的作用呀。帘子的作用也许是既能保证通风，又能防止过堂风，因为过堂风不利于吸烟。走进烟馆之后，烟客便来到柜台前，所有的烟枪都存放在柜台后面。④不管是馆主，还是经理，反正在柜台里迎候烟客的往往都是老板。他把一定量的鸦片放入小

---

① 国际联盟档案：S196卷宗；苏智良：《中国毒品史》，前引书，第217页。
② 《粤华报》：1931年6月15日。
③ 《拒毒月刊》：第38期（1930年4月），无页码，第57期（1932年8月），第46页。
④ 《拒毒月刊》：第43期（1930年9月），第11页；《近代中国烟毒写真》，前引书，上册，第505页；《点石斋画报》："甲"卷，第80页，"土"卷，第95页，"革"卷，第72页，"木"卷，第8页。

罐里（有时候要先称一下量），交给烟客，再交给烟客一支烟枪，烟客要负责保管好烟枪，直到把烟枪还回去。先消费后交费的做法极为罕见。①烟客要先把该付的钱付掉，除非作为常客他在馆里可以赊账。②同样，他要在柜台那里履行官方规定的各种手续，比如填写登记表，出示吸烟许可证等。③

接着，在门前迎候他的堂倌就会把他引领到床榻前，点燃床榻前摆放的烟灯。④不过有时候，尤其是在烟客云集的高峰期，馆主会给独享床榻的一位烟客安插一个陌生人。⑤两个人要同享一盏烟灯，这有时会引起争执，比如有一个烟客烟瘾发作，可又被安排和别人同享一张床榻，这人就发起火来，因为对方不让他马上使用烟灯。但是共用一盏烟灯往往也会让烟客们结下交情。鸦片让他们有共同的体验，还有相同的话题，这也让他们的交往变得简单起来。两人初次见面寒暄时会问："您是第一次来这儿吗？"或者问："您一天烧几泡烟？"两人也许会对吃烟上瘾叹息不已，对那么多道友依赖于毒品，成为鸦片的奴隶而扼腕；但或许也会回想起鸦片毒品给他们带来的乐趣，并安慰自己这是生活当中唯一不用费力就能享受到的乐趣。⑥要是两个人结伴前来，那就不可能把他们分开：他们俩肯定要面对面在一起吃烟。要是三个人结伴前来，堂倌就再加一个枕头，其中的一个人横卧在罗汉床里面，形成一个U字型，又称"大伞型"。

在床位安顿好之后，烟客会在床榻上看到一个瓷制枕头，还有抽大

---

① 《拒毒月刊》：第57期（1932年8月），第47页。
② 法国外交部档案：国际联盟案卷，秘书处分卷，第1642号卷宗，法国驻香港总领事于1935年1月15日撰写的报告。
③ 《近代中国烟毒写真》，前引书，上册，第256页。
④ 《粤华报》：1931年12月13日。
⑤ 《粤华报》：1931年2月9日，1933年11月15日。
⑥ 《拒毒月刊》：第57期（1932年8月），第47页。

第六章　吸食鸦片的场所

烟需要的工具：烟灯、烟针和铁条。床榻前还放了一个茶壶和几个茶杯供他使用。如果不需要堂倌帮他备烟，他就自己动手烧烟泡，接着就开始抽起来。进门时订好的鸦片量吸完之后，他还可以再要。烟客借躺在床榻的机会，可以睡个午觉。① 只是当有其他烟客等待床位时，他的午觉就睡不成了，这种情况通常只会在中低档烟馆里出现。假如烟馆里客人不多，这位烟客可以中途离开，出去买点东西，再回来继续抽大烟。他在烟馆待的时间长短不等，要看他打算吸多少鸦片，当然也要看他有多少空闲时间。在离开烟馆之前，他要先把烟枪退还掉。

如果不讲述烟馆里的声音和味道，那么对这个社交场所的描述就是不完整的。许多走访过烟馆的人都会回想起鸦片烟味，这股烟味是馆内气氛当中最让他们感到震惊的因素。所有的叙述都不会忘记描述这股味道浓重的烟气，依照当时有些人的说法，这股味道让人感觉烟馆的气氛既郁闷，又昏暗。② 一位见证者不无夸张地写道："那里昏暗得真是伸手不见五指。"③ 但烟民对此并不感觉不适。④

最令人感到意外的是，烟馆里的嘈杂声闹哄哄地响成一片，噪声也算是烟馆气氛的典型特征吧：

> 烟民东倒西歪地躺在床榻上，你压着我，我压着你，大声地吸着鸦片。在鸦片的作用下，烟民们坐在床边上，相互之间说着不着边际的怪事情，说出的话前言不搭后语。他们喉咙沙哑，各种嘈杂声在耳畔回响，而眼前看到的人个个都像在演戏似的。⑤

---

① 《拒毒月刊》：第57期（1932年8月），第4页。
② 《申报》：1872年8月26日；《拒毒月刊》：第57期（1932年8月），第5页。
③ 《拒毒月刊》：第43期（1930年9月），第10页。
④ 西晴云：《广州百问》，东京：富山房，1940年，第56页；《拒毒月刊》：第89期（1935年6月），第8页。
⑤ 《粤华报》：1932年1月7日。

高档烟馆与其他烟馆的不同之处之一是安静。
图为清末的一家高档烟馆

在这些噪声当中,既有吸鸦片时从烟锅里发出的吱吱声,也有烟民聊天时发出的喧哗声。①只有待在豪华烟馆包间里的烟客不受喧闹声的干扰,除此之外,乱哄哄的喧闹声总是响个不停。不过,不能按西方人的标准将此视为令人厌烦的东西,因为在中国的社交场所里,安静并不一定意味着对他人的尊敬。到中国来访的西方人往往都会提到中国无所不在的嘈杂声,比如有一位西方人在1898年写道:"一位欧洲人要是猛然间来到广州的大街上也许会感到十分惊愕。他以为自己身处一股暴动的洪流之中,主干道上尽现各种喧闹声和熙熙攘攘的人群。"②对噪声以及对气味的容忍尺度是某种特定历史文化环境的产物。③况且,我们注

---

① 《论语》杂志:第68期(1935年),第987—989页。
② A.拉盖兹:《塔之故乡》,上海:东方出版物印刷厂,1900年,第19页。
③ 阿兰·科尔班:《瘴气与黄水仙》,巴黎:奥比耶出版社,1982年,第68—72页。

意到，中国古典文学，乃至最完美的文学形式——唐诗都对各种声音大加赞美，有些声音在我们听来既刺耳又粗俗，比如马的嘶鸣、猴子的啼鸣，甚至连带有沉思及内省烙印的作品里都有各种叫声的描述。①上面引文当中所提到的"前言不搭后语"的话无非是和毒品有关的话题，再不然说的就是日常琐事。而其他一些反鸦片的人在上海和成都走访过烟馆之后，也声称烟民聊天的话题大多和鸦片给人带来的乐趣或折磨有关，接着再说长道短地闲扯些其他东西。②尽管如此，最好还是不要轻信这些人的证言，比如在1884年，包天笑的父亲虽然不吸鸦片，但还是来到上海的一家烟馆里和其他商人谈生意。③直到20世纪50年代之前，香港商人就非常喜欢到高档烟馆里面谈生意。④人们不难想象，在从事某种行当的人常去的烟馆里，烟客们所谈的话题大多与他们所关注的事情，或与当时的时事有关。

无论是描述烟馆嘈杂的环境，还是讲述烟客们聊天的内容，倘若我们撇开其主观评判意义，单独来看的话，这些描述恰好表明烟民之间有一种亲和关系。而另一些见证文字虽然刻意着重讲述各种无聊的流言蜚语，但还是明确地将烟馆描述为一个大家聚在一起开心聊天的场所。⑤晚清时刻画上海烟馆内景的画像也展现出另一种场景：许多客人坐在床榻边上聊天，或有人站在一旁，或有人在抽水烟袋。⑥

最后这个细节展现出烟客们是如何把烟馆的空间据为己有的。空间

---

① 何如：《法译唐诗百首》，北京：外语教学与研究出版社，2003年，第40，46，48，90页。
② 《论语》杂志：第68期（1935年），第987—989页；《拒毒月刊》：第57期（1932年8月），第47页。
③ 包天笑：《钏影楼回忆录》，载于马模贞：《中国禁毒史资料》，前引书，第320页。
④ 迈克尔·威森：《表象掩盖之下：香港的吸毒问题》，前引书，第26，100页。
⑤ 《人间世》：第38期（1935年10月20日），第19—21页；《近代中国烟毒写真》，前引书，上册，第257页。
⑥ 《点石斋画报》："土"卷，第7，95页。

其实是一个很重要的问题，只有理解了空间的重要性，才能弄明白为什么这些地方会如此吸引人。在所有的城市里，大部分居民自家的空间都非常狭窄，住所狭小、潮湿、拥挤。于是宽敞的烟馆就成为一种逃避烦恼，逃避平庸的家庭生活，躲避无聊职场的理想场所。正如21世纪的欧洲人并不是因为口渴才去咖啡馆享用咖啡一样，20世纪的中国人并不仅仅是因为有烟瘾才去烟馆。烟馆给他一个可以躺下来的空间，既可以独自一人享用，也可以结伴前来，躺在床榻上，让人完全放松下来，甚至还可以睡个午觉，恢复一下体力。我们不妨想象一下，对于烟客来说，这样一个场所是任何其他娱乐场所不能给予的。在舒舒服服地安顿下来之后，烟客可以脱掉鞋子，随意坐卧。①如果遇上炎热的天气，烟客甚至可以脱掉上衣，光着膀子。②

任何事情都是相辅相成的，当身体得到休息时，人的精神面貌也会焕然一新。只要在人文层面上稍微关注一下烟客的实际感受，就会意识到心理是需要借助于各种复杂渠道才能得以恢复的。

除了社交方面的吸引力之外，即便是最卑微的烟民也会在烟馆里看到社会划分依然如故，因为社会的差异性同样体现在烟馆上，只不过烧上几泡大烟，这种差异也就被他们弃之脑后了，这让他们感到很满意。实际上，即使身无分文的小工在吸烟的那会儿工夫也会有这样的感觉：他甩开了自己的社会阶层，不但遁入假想的人间天堂，而且还享受着被人服侍的惬意，而不是由他去服侍别人；享受着发号施令的威严，而不是听命于他人。迪迪埃·努里松在描述19世纪法国乡村酒专卖店时这样说过："他（指农业工人）在店里喝葡萄酒，喝烧酒或喝利口酒，在此感

---

① 《近代中国烟毒写真》，前引书，上册，第257页。
② 《民国日报》：1931年7月27日。

第六章　吸食鸦片的场所

觉赢得一种尊严。"①在烟馆里抽大烟的工人又何尝没有这样的感受呢？

此外，烟民虽然时常去鸦片烟馆，但在烟馆里的感受却极为短暂，除了自身的约束之外，这种感受只有他自己能体验到。喜爱抽古巴哈瓦那雪茄的人在点燃雪茄的那一瞬间感觉极为惬意，他知道该如何让自己的乐趣消失得慢一点，知道待雪茄烟抽完时，他又将回到现实生活之中。在烟馆里吸鸦片的烟客也有类似的体验。烟民到烟馆里来，就是想撇开日常生活的种种烦恼，他感觉有一层薄膜将其与世隔绝开来，这个过程十分短暂，恐怕只有短短的个把小时，但他确实需要这段时间去备烟，烧烟泡，再慢慢地把当天购买的鸦片吸下去。作为支配当天鸦片量的主人，他甚至在享受延展这一过程的乐趣，因为他可以不紧不慢地消磨自己的时间。

虽然鸦片烟馆的首要使命是消费鸦片，但这并不是烟馆所从事的唯一活动，因为烟馆老板总要设法想出创意，以吸引更多的客人。②1936年夏，沈镇烟馆的老板请来围棋冠军，来烟馆的客人可以向冠军发起挑战，但他们要缴纳一点酬金。如果挑战者获胜，将获得由烟馆奖励的鸦片，其价值是那笔酬金的十倍。③另外一个吸引烟客的小把戏就是烟馆组织抽奖活动，所有的烟民都能免费参加抽奖。烟馆老板在收银台前放上一些小玩意儿，每个玩意儿上标着一个号码，每个消费六角以上的烟客都能领取一个抽奖号码。只要抽奖号码能和小玩意儿上的号码对上，烟客就能把那小玩意儿领走了。④

最后，我们还要重申一点，烟馆并不仅仅是当堂消费的场所。有些人想在自己家里抽大烟，烟馆也可以把鸦片零售给他们。在19世纪40

---

① 迪迪埃·努里松：《19世纪的饮酒客》，巴黎：阿尔班·米歇尔出版社，1990年，第102页。
② 《拒毒月刊》：第23期（1928年7月），第28页。
③ 《拒毒月刊》：第102期（1936年7月），第21—22页。
④ 《粤华报》：1931年11月21日。

年代，一位传教士注意到，福州有些抽大烟的有钱人派用人去豪华烟馆里买鸦片，他们把鸦片装在小盒子里，给主人带回去；要是购买的量不大，他们便用竹叶将鸦片包裹起来（这样也许便于计算总共买回家多少鸦片）。[1] 烟馆的另一个作用就是熬烟膏，即便这并不是一种普遍现象。一家烟馆的名气并不仅仅取决于其舒适的环境，热情的服务，往往还取决于馆内熬烟膏师傅的手艺。

在解释光顾烟馆的重要性时，反鸦片斗士常常提到的理由之一就是，烟馆与妓院及赌场一样，是少有的几个民众所能出入的娱乐场所。[2] 他们的说法很有道理。在鸦片彻底禁绝之前，烟馆的成果从未得到任何人的质疑，不管这些烟馆是奢华大气的，还是破烂不堪的；也不管是合法的，还是非法的，这是一个难以回避的事实，因此有必要去分析其中所包含的各种意义。合法烟馆因环境舒适，设备精良，服务上乘而一直兴旺不衰，但另一个原因就是当地居民的居住条件相对较差，住房也不够宽敞。相反，光顾非法烟馆倒是有一定风险，因为吸鸦片闹出的声响以及散发出的气味，很容易被人发现。然而，尽管如此，报界还是强调指出，非法烟馆在全国各地不但数量繁多，而且很有活力。对于这种现象，唯一解释得通的理由是，烟民需要有这样的聚众消费场所，吸食鸦片的乐趣与道友的交流同样重要。

---

[1] 施美夫：《访问中国各设领事馆城市及香港和舟山群岛记事》，前引书，第435页。
[2] 《拒毒月刊》：第77期（1934年），第28页。

结 论

鸦片难道确实曾是"中国的磨难"吗？

在1750—1950年，鸦片在政治、经济、社会方面给中国打下深深的烙印，甚至在某种意义上成为中国的象征。在其他也能看到鸦片踪迹的

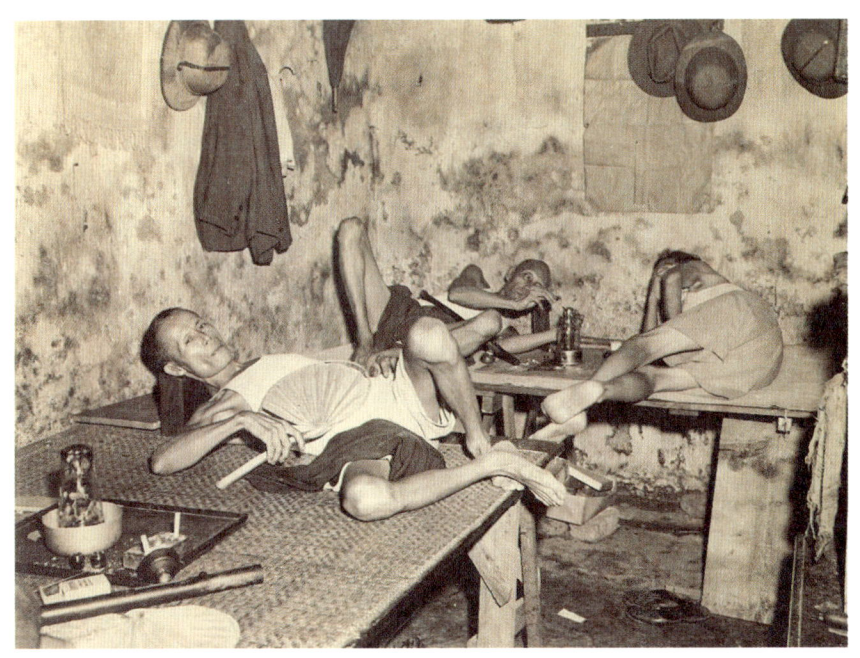

20世纪初的几位烟片吸食者，他们形销骨立，面黄肌瘦，身体羸弱

国家里，鸦片不过是一种更边缘化的现象。在远东地区，比如在泰国、印度尼西亚、越南或马来西亚等国，中国移民当中吸食鸦片的人要比当地抽大烟的人多许多。鸦片在中国的这两百年显然已成为鸦片世界史的

鼎盛时期，如今阿富汗的山区又成为鸦片发展的最新舞台。

尽管鸦片在中国极为流行，但其巅峰期还是很短暂的。从吸食纯鸦片的新技艺问世时起，再到其迅猛发展的阶段，这中间仅仅相隔了几十年，鸦片的迅猛发展与19世纪的发展趋势相吻合。在1890—1906年，鸦片再发淫威，但在随后50年间很快就衰落下去了。

我们在此还是想回到那两个基本问题上，正是这两个问题决定了这段历史的轮廓：为什么从19世纪起鸦片会在中国如此流行（而非在其他地区，或至少不在同一水准上）呢？这样一种深深融入中国人生活的物质又是如何被彻底根除的呢？

要想解释清楚鸦片为何在18世纪末叶到19世纪初叶会如此盛行，没有哪一种理由是令人感到完全满意的。由于中国出口茶叶的数量巨大，当时从中国购买茶叶的英国需要平衡双边的贸易额，这是不争的事实。但有一件事值得考虑，1729年，就在雍正皇帝颁布第一个禁烟诏令时，清政府打击毒品走私的举措很不得力。虽然中国在陆地方面军力很强盛，但在海洋方面的力量却十分薄弱，外国走私势力便因此乘虚而入，借势发展起来。清政府对中国经纪人的非法活动几乎完全束手无策（要是没有这些经纪人，那些走私毒品的外国商人很难把鸦片卖掉），毫无疑问，从这个角度来看，是清政府治理不力。

尽管如此，如果市场上有一种高品质的走私商品，而需求又很强烈，但政府却无力抵制这种商品，这只是鸦片在中国获得突破的必要条件，但单凭这一点还是不够的。为什么有这么多中国人能够接受这种商品呢？这确实是需要解释清楚的事情，不过又是最难解释的。鉴于这种商品价格昂贵，国家的财富问题便由此显现出来，或确切地说是那个有支付能力的精英阶层对洋货趋之若鹜造成的。从更广泛的层面上看，就在鸦片强势打入中国之际，中国是整个亚洲最富有的国家，中国最发达的省份堪与欧洲最繁荣的国家相媲美。①

不过在此还应指出中国的另一个典型特征，即科举制度，这种以考试来选拔官吏的制度所造成的后果就是制造出一群群总也不能中举的考生，他们穷尽毕生精力，去参加科举考试。当然没有任何证据能证明

科举制度自隋朝形成后，千百年来一直是中国读书人进入仕途的主要通道。图为科举考试中的最后一次考试：由皇帝主持的殿试

他们当中烟民的比例高于其他人，但是衙门里的小官吏和衙役却总是被描绘成饱受鸦片侵蚀的社会阶层。因此，还应从更广阔的角度去看待科举制度对各界民众的影响。实际上，科举制度是在鼓励这样一种基本观念，这一观念贯穿于整个社会，而且明白无误地体现在民间格言当中，

---

① "富有"这个词显然是最省事的说法，但这个词义并不精确。要想了解更详细的分析，可参阅彭慕兰：《大分流：欧洲、中国及现代世界经济的发展》，前引书，第69—86，204—255页。

比如："无限朱门生饿殍，几多白屋出公卿。"①换句话说，凭借个人才华跻身于社会精英行列不但是可能的，而且是合情合理的，这一观念在中国得到民众的认可要早于西方。不过，我们还是要注意这样一个事实：这种看似通俗的观念让我们难以看到它的现代性，甚至难以看出它在19世纪初叶的新颖之处。靠仕途升迁来提升自己的价值是中国与其他种姓等级社会（如印度）的最大差别，而且与那种贵族与平民相互对立的社会结构也不尽相同。鸦片的另一个功能就是可以缓解人的失落感，只有在社会里看不到前途，或感觉升迁无望的人才会萌生出这种感觉，这就是为什么在现代社会里毒品会变得那么重要。这恐怕就是鸦片在中国如此流行的关键因素之一。

现在我们就要来解释为什么只有中国人对鸦片情有独钟。换句话说，为什么当中国对鸦片喜爱有加时，其他邻国没有步其后尘呢？这个问题被历史编年学给忽略了。不过我们还是可以猜测，其他国家之所以没有效仿中国，说明在19世纪，中国对邻国的影响已逐渐衰落下去，而西方则呈现出取代中国之势，西方人所推行的殖民策略也让他们变得更加咄咄逼人。日本的例子特点鲜明：从1868年起，日本当局严令禁止鸦片消费。这一政令之所以能很容易地推行开来，是因为鸦片消费在日本人看来是中国落后文明的象征。②从更广的角度看，大概在19世纪中叶，自"吸食鸦片中国人"的形象曝光之后，鸦片在中国就有了一层新的含义。这就是为什么在那段时间里，在华居住的外国人很少有吸食鸦片的，因为他们当中大多数人在面对中国普通民众时都有一种优越感。

至于说第二个问题，即鸦片为什么会在20世纪衰落下去，解答这

---

① 《增广贤文》（杨丹译），巴黎：雄鹿出版社，2006年，第111页（我们对译文作了润色），亦可参阅第119页。
② 若林正：《从风险到盈利：江户后期至明治时期的鸦片》，载于卜正民（编）：《鸦片政权》，前引书，第70—73页。

个问题要相对更容易些。我们在前文看到，在19世纪末叶，中国日益崛起的民族主义再次挑起新的论战。那时这样一种观念逐渐被公众接受下来：鸦片就是中国所面临的所有问题的死结，或至少是国力渐衰的主要原因之一。然而更糟糕的是，正是鸦片让中国变得落后、软弱、衰落，这也恰好是西方人所看到的中国形象，因此鸦片被人看作是一种民族耻辱，从而激起许多人的愤怒，他们在20世纪初叶把"振兴"中华当作自己的理想。这种看法一直流传至今，人们相信，解放前中国国力衰落在很大程度上是鸦片造成的，鸦片给中国带来灾难性的后果。

毫无疑问，从20世纪初叶，鸦片是造成国力衰竭主因的论点让许多中国人猛醒，尤其是让社会精英阶层醒悟，他们感觉应该禁绝毒品。不过，这种论点也深深地影响着国家的政治策略。民众一致认为彻底根除鸦片是振兴中华的首要目标，基于这样的共识，在20世纪上半叶，中国在全国范围内先后掀起三场禁烟运动。第一场禁烟运动就是自1906年推出的十年禁烟计划，这场运动的冲击力十分强大，其效果一直延续到20世纪20年代初期。在推行六年禁烟计划（1934—1940）之后的十年当中，毒品一直是非法的。这两场运动为1952年向鸦片发起的总攻铺平了道路，而共产党对社会各阶层前所未有的控制，是这场总攻取得决定性成果的根本保障。

民众的抗议是导致鸦片消失的第三个因素。禁烟宣传可以被看作是这类抗议活动的典范。在20世纪初的几十年当中，禁烟宣传运动成功地刻画出烟鬼的模样：一个衣衫褴褛、瘦弱不堪、皮包骨头的穷光蛋。毫无疑问，这种丑化烟鬼的宣传取得巨大成功，同时很快让社会精英们对鸦片失去了兴趣。所有烟民都因吸毒而变得贫困，因此从1906年起，对鸦片的痛斥变得更加猛烈，用禁烟宣传运动所推介的模式来改变社会现实。

有一点人们从未明确地强调过：鸦片之所以能很快销声匿迹，更多的是因为在19世纪末的民族主义者看来，鸦片代表着一个贫穷落后的中国，他们希望不惜一切代价来彻底根除鸦片，而不完全是因为鸦片给社会带来可怕的灾难，这种灾难或许让人感觉鸦片到了必须被彻底铲除的地步了。

尽管如此，有一点也是不容否认的：鸦片曾是一种极其重要的现象，它在两百年间深深地影响着整个中国。对鸦片在政治、经济、人文等方面进行彻底清算的时候已经来临。

在整个19世纪，吸食鸦片的人越来越多，从政治角度看，难道这是中国衰落的主要原因吗？当时的行政官员们似乎都认为，鸦片正是造成国家崩溃的因素。尤其是鸦片被认为是腐败的温床，是削弱部队战斗力的罪魁祸首，是让衙门官吏懒政的元凶巨恶。然而，早在18世纪末叶，帝国官僚机器就已经开始运转不灵了，鸦片并不应被认作是唯一的元凶。鸦片只是对一小部分清军产生过影响，但影响的程度还是略有不同。有些官员确实想贪婪地从鸦片贸易中谋取私利，他们当然是受捞取好处的私欲所驱使，但地方税收长久不足，他们只好利用非法手段去弥补，而鸦片只是这类非法手段的其中之一罢了。从19世纪中叶，鸦片甚至成为犯罪团伙的一项重要的收入来源，其中最大的犯罪团伙就是青帮。因此，在19世纪上半叶，鸦片渗透到各个领域，带来不良影响，这恰好是国力衰落的症状（尤其是国家无力去制止鸦片消费，甚至无法禁止官员和将士吸食鸦片），而非是国力衰竭的原因，只有这样去看待鸦片才显得更合理。

然而接下来，鸦片的作用却发生了微妙的变化，它甚至一度扮演着增强国力的角色。从19世纪50年代，鸦片被用来增加税收，与此同时，它还用来资助与税收相关的项目。少数民族在边远地区种植罂粟之后，也能出产一种可以卖得出去的商品，不管它是好还是坏，它毕竟加快了少数民族融入中华大社会的进程。还有另外一种现象也加快了这一趋势：在禁烟运动推行禁种罂粟时期，有些汉民为躲避严厉的禁种政策，便跑到少数民族地区，他们来到这里之后，改变了当地的人口结构，无形中也为中央政府后来更好地控制这一地区奠定了基础。在20世纪30年代，正是禁烟斗争让国民党完成一统大业，这场斗争让国民党得以动员民众，并将民众召集在其麾下，从而巩固了国民党在中国的合法地位，并让民众接受蒋介石的个人权威。对于巩固中央政权，掐断军阀的鸦片收入来源，六年计划是一件极为有效的武器。

鸦片问题也有出人意料的后果，那就是突然冒出一个平民社会阶层。在19世纪最后几十年当中，禁绝鸦片的问题（或确切地说，是为鸦片制定的限制性规定，因为所有人都相信鸦片必须彻底禁绝）在全国范围内一直是各方争论的焦点。异军突起的报界显然在其中发挥着重要作用：在像《申报》那样的报纸上，读者会看到长篇专题文章，论述鸦片的影响，以及所应采取的对策。①然而，那些枯燥乏味、絮絮叨叨的文章却不会改变这样一个事实：有些人已经习惯于就某些公众感兴趣的话题公开发表自己的看法，甚至大胆地抨击当局所采取的决策。从19世纪80年代，民间禁烟组织就已在广州崭露头角。而在1906年，清政府甚至鼓励民间成立禁烟协会。当地的士绅对能亲身参加禁烟运动而感到非常高兴，他们以极大的热情去响应清政府的号召，而这类民间协会的结构也呈现出多种多样的形态。所有人都可以参加这些民间组织，而它们的内部结构也显得格外民主。在民国时期，和其他民间协会一样，中华国民拒毒会也都具有这些特性，但与其他协会所不同的是，拒毒会代表着遍及全国的公众力量，在批评国民党有关禁烟政策时，公然与国民党对抗（有时表现得极为勇敢）。由于这个毒品激起各界民众的极大敌意，它

---

① 《申报》：1906年2月12日，1906年2月20日，1906年3月16日，马模贞：《中国禁毒史资料》，前引书，第380—382页。

不仅是执政当局所掀起一系列运动的抨击目标，而且还成为促使民众出谋划策的动力。

从印度进口的洋药给中国带来巨大的贸易逆差，尤其是在19世纪上半叶，贸易逆差数额巨大，这就是鸦片所引起的经济后果，也是人们反复说起的经济后果。由于白银流失而引起银币短缺，并造成通货紧缩的后果，这一后果确实危害不浅，即便这个过程仅持续了几十年。罂粟和其他农作物抢占耕地，这也是不应忽视的后果，因为它给中国局部地区的农村经济带来深刻的影响，甚至引起或加重了当地的饥荒。不过，这一现象引发的另一个结果就是，这些地区往往被融入到区域间贸易渠道当中，促进了全国经济一体化。虽然拿出证据证明鸦片销售渠道的重要性并不是什么难事，但是要想确定这些渠道的作用还是很难的。尤其是，鸦片是否给资本主义经济发展带来一定的积极影响，这还真的很难说。不管鸦片究竟发挥什么样的作用，在上述两种情况下，其作用或许并没有那么重要。

从1842年，中国被迫签署一系列不平等条约，并向外国开放了部分口岸，在不平等条约各项条款的作用下，毒品得以让财富快速积累起来，由此产生深远持久的影响。正是鸦片交易的利润给香港带来今天这一繁荣景象，鸦片利润也同样让上海脱颖而出，如今上海已跻身于世界大都市的行列。

如果对鸦片在政治经济方面的影响进行客观公正的评价显得十分棘手的话，那么对其在社会方面所产生的影响进行评价就更加难了。

在一段时间里（1860—1910），鸦片成为社会成员亲密交往的工具而被人接受下来，烟馆也由此成为朋友们时常约会的场所，若送给他人一支烟枪，则被看作是殷勤客气的表示。即便如此，正如我们在前文论述的那样，从社会和地域层面上看，鸦片在精神上给人带来的影响还是有很大差别的。在描绘烟毒所造成的凄惨场景时，抨击鸦片的人往往将其攻击目标放在遭受烟毒侵害的重灾区,比如北方几个省份里的"鸦片村"。尽管如此,人们还是可以避开这个人间灾难的幽灵,因为鸦片并未阻止人口的迅猛增长(只有19世纪中叶除外,那时农民起义使人口增长停滞不前,尤其是在华中一带)。

正如我们所阐述的那样,并非所有的烟民都是禁烟宣传所描绘的那种穷困潦倒的人。所有能控制鸦片消费量的烟民,虽然把钱花出去了,但却没有遭受任何严重的损害。在不损害身体健康,不危害家庭物质条件的前提下,鸦片给烟民增加了多重感受,让他们的生活更丰富、更惬意。

然而,滥用鸦片的现象确实存在,而且在两百年间给千百万中国人的身体健康带来损害。然而,即使说起这个话题,在评判这个毒品所产生的影响时,高估其对健康造成的损害,或许也不过是一种过时的做法。因此,在1836—1838年,对这个问题一直争论不休的清廷命官无时无刻不在关注这个问题的焦点。从19世纪六七十年代起,人们确实越来越关注烟民的健康,然而这不过是在西方人影响之下所采取的举措罢了。

然而这却促使我们重新考虑鸦片消费的问题,并用心去思考21世纪初发达的医疗事业所取得的成果。

比如,1900年的一位中国苦力该是什么样子呢?他可能会染上各种传染病(比如肺结核),这些疾病很有可能在其正当英年之时就夺去他的生命,他只能去过一种艰难困苦的生活,没有钱去成家,甚至连成家的奢望都不敢有。对于一个拼死拼活卖苦力的人来说,忠告他"注意身体"又有什么意义呢?吸食鸦片可以减缓他的疲劳,有助于让他恢复体力,这短暂的时刻就是他每天的希望,让他能活下去。这些不幸的人从毒品里获得慰藉,并将痛苦抛在脑后,这不正是他在一天当中感觉最惬意的时刻吗?他们当中有些人也坦言承认这一点。对于一个生活本身就是痛苦的人来说,选择一种短暂、直接的乐趣是完全正常的(我们还是应该敢于把这样的话说出来），而且是合情合理的，而不应为了一个不切实际，甚至茫然的未来，而牺牲这一乐趣。

因此，从人文层面对鸦片进行清算，不但要考虑有些人是如何利用鸦片的，还要考虑他们是如何看待其价值的。这就意味着，我们不但要考虑鸦片确实有坏的一面，如致人死亡，引发出许多人间悲剧等，而且还要相信它曾给烟民带来乐趣，有时甚至带来慰藉。

与鸦片相关的纪年表

下文粗体字为重大历史事件,一般字体为与鸦片相关的事件。

1644年	**明朝灭亡,清朝宣告立国**
1650年前后	与烟草混合在一起的鸦片吸食法引入中国
1729年	清政府颁布第一个禁止鸦片的诏令
1750年前后	吸食纯鸦片(不掺烟草)的方法问世
1736—1795年	**乾隆皇帝执政,清朝的黄金时代结束**
1835年	从印度进口的鸦片已超过3万箱(约1800吨)
1839年	钦差大臣林则徐(6月)在广州销毁外国商户囤积的鸦片
1839—1842年	第一次鸦片战争
1850—1864年	**太平天国起义**
1856—1873年	**云南少数民族大起义**
1856—1860年	第二次鸦片战争
1870年前后	中国本地出产的鸦片产量超过鸦片进口量
1876—1879年	**华北地区大饥荒**
1876年	**中英签订《烟台条约》(9月13日),英政府于1885年批准该条约**
1879年	鸦片进口量达到峰值(9.5万箱)
1884—1886年	**中法战争**
1894—1895年	**中日甲午战争**

1901年	光绪皇帝推行新政（1月29日）
1906—1916年	十年禁烟计划
1907年	中英两国签订《中英禁烟条约》（12月）
1911年	中英两国签订《中英禁烟条件》（5月）
1912年	清朝被推翻，中国迈入民国（1912—1949）时期
1916年	袁世凯去世（6月），中央政权解体，中国进入军阀混战期
1919年	在中英两国签订《中英禁烟条约》和《中英禁烟条件》期间所进口的印度鸦片存药全部彻底焚毁（1月）
1925年	孙中山去世（3月12日），蒋介石在国民党内掌权，后又将统治国家的权力掌控在自己手中
1926年	北伐战争开始
1928年	北伐军攻占北京（6月），国民党完成对中国的统一，虽然这并非真正意义上的统一
1935—1940年	六年禁烟计划
1931—1945年	抗日战争
1949年	毛泽东宣告中华人民共和国成立（10月1日）
1950年	新政府决定禁绝鸦片（2月24日）
1952年	中国共产党掀起禁烟运动

参考文献和参考书目

这部涵盖两个世纪的鸦片史并未仅局限于政治和外交层面上。因此，有必要去参阅大量的各类资料。我们不可能把所有的文献都完美地列出来，在此仅列举其中最主要的参考文献。

一、参考文献

档案

我们查阅了三个最主要的档案

1.英国档案局（伦敦裘园）

如果说在我们所论述的这个年代，英国是在华西方列强当中最强大的国家，在对华关系中，从印度进口鸦片起着很重要的作用，那么英国外交档案无疑是最丰富的。在19世纪下半叶，英国所有驻华领事都极为关注中国地产鸦片的增长态势。在中英双方签署《中英禁烟条约》和《中英禁烟条件》之后，英国驻华各地的外交官受命定期提供罂粟种植量的情报，以核实中方是否履行自己的承诺，削减罂粟产量。

英国外交档案415号案卷（英国外交部机密文件：与鸦片有关的外交信函）于1974年公开，并以《1910—1941年间的鸦片贸易》为标题出版（威尔明顿学术资源，六卷本）。凭借这个文本，我们就可以查阅那一时期的许多外交报告。

英国驻华各地的领事每季度要撰写一份季度报告（情报报告），从19世纪80年代起，他们将领事辖区的情报每季度（或每半年）汇总一次，这些报告引起我们极大的注意，这是非常有价值的参考资料，只可惜没有被研究机构仔细挖掘利用，或许是因为需要反复查阅，由此会花费很多时间。

同样，在《英国议会文件》（香农：爱尔兰大学出版社，1971年）当中，

第31卷（《1840—1885年间议会针对在华鸦片贸易所发出的信函、复函、指令及其他文件》）包含有大量的外交信函，信函所涉及的内容都与鸦片有关。第22卷（探险卷）则包含多篇外交人员在1870—1880年间到边远地区（西南地区，东北地区）旅行时所写的札记，我们从中找到一些很有价值的资料。

2.法国外交部档案（拉库尔讷沃）

总的来说，法国的档案资料远不如英国档案那么丰富。有关19世纪鸦片的档案可谓寥寥无几，有关这方面的文献从1900年起才逐渐丰富起来，其中有两方面的因素在起作用，而这两个因素都与法国在印度支那的殖民地有关。

首先，法国外交官担心中国鸦片走私贩子会在与殖民地接壤的省份从事走私活动，因为殖民地实行鸦片专卖制度，这是当地税收的主要来源之一。他们密切注意云南省鸦片贩卖渠道的动向，同时适当关注四川和广西的鸦片贩卖状况。其次，法国梦想将昆明至海防的运输线（1910年开通，受法国管控）变为向云南施加影响的渠道。法国驻华领事认为假如能让云南的主要经济来源，即生鸦片经铁路运往东京①，再从东京出口到中国其他地区，他们就可以控制云南地方当局。从物流角度看，这是一个很理想的方案，而且也是云南地方当局最希望看到的局面，尽管如此，这个方案会在政治层面上引发一系列问题。起码英国就会反对，英国将以国际条约为借口，反对这个让法国人捞取好处的方案。因此，经东京转运的问题就成为印度支那总督府、法国驻云南领事以及法国外交部所关注的焦点问题，形成在两次世界大战间歇期时法国最丰富的外交函件往来期。在海外档案馆里也能找到一些文献，但对于我们的研究课题来说意义不大，这些文献保存在埃克斯档案馆里。

能给我们提供相关信息的并非仅仅是与这两个问题有关联的档案文献。在特定的时间段里，法国驻各地的领事依照大使馆的指令，去了解领事所在地区的鸦片局势，比如使馆分别在1924年（1924年1月24日通函，载于法国外交部档案：1918—1929亚洲案卷，一般事务分卷，第55号卷宗）和1928年（1928年9月18日通函，载法国外交部档案：1918—1929亚洲案卷，一般事务分卷，第57号卷

---

① 这里的东京是指越南北部地区。

宗）年就下达了类似的指令。

但总体来说，法国外交代表在南方人数相当多，法国对当地的影响也较为明显，但在北方，无论是鸦片问题，还是其他类型的问题，法国外交部档案所能提供的信息要少得多。

3.国际联盟档案（日内瓦）

有关鸦片的档案现收藏于国际联盟秘书处社会藏品馆。所有与远东鸦片调查委员会（埃克斯特朗委员会，参阅本书第二章）有关的文件都划归到编号S190至S211的档案里，这些文件很有意思，因为档案所涉及的内容超出纯外交的范畴，是鸦片文献当中的精髓。不过，该委员会并未获许在中国进行调查。尽管如此，调查委员会在途经香港和澳门时所作的采访报告被收录于S196和S197文献中。他们在香港和澳门两地采访了对鸦片有过切身经历的人，而受访对象也爽快地说出了自己对中国大陆这方面局势的看法。

报刊杂志

因拥有庞大的通信员网，有两家杂志社所提供的信息极为丰富，成为我们研究中国鸦片史的重要资料来源。从信息所涵盖的时间范围上看，两家杂志社互为补充。因此，有必要对这些信息进行完整的分析。一家是《中国之友》杂志（在1875—1917年由英国废除鸦片贸易协会在伦敦出版），另一家是《拒毒月刊》（在1926—1937年由中华国民拒毒会在上海出版）。

我们还参考了其他许多杂志，在此仅列举出最主要的几份杂志。其中有传教士办的杂志，如《传播信仰》《伦敦传道会报告》《外交领域》《教务杂志》，以及《伦敦传道会年鉴》；还有以报道中国时事为主的一般性杂志，其中最主要的有《中国评论》《中国丛报》《中国评论周刊》，以及《皇家亚洲文会北中国支会会刊》。

为了熟悉烟民的烟具和吸食方法，并以更明确的方式来展现烟馆的内部构造和装饰，图画就成为必不可少的手段。其中有两份画报很有名气，它们分别于19世纪末叶和20世纪初叶在上海问世：一份是《点石斋画报》，另一份就是《图画日报》。

这两份画报清楚地展现出鸦片是如何伴随众人日常生活的，而参阅华文报纸,尤其是阅读报纸的社会新闻又会让人得到更多的信息。有两份报纸在本专著成书过程中发挥出很重要的作用,一份是《粤华报》(广州:1927—1938年以及1945—1950年),另一份是《申报》(上海:1872—1949年)。

印刷刊物

在所有印刷刊物当中,我们仅列举三个最重要的,随后再单独列举见证人的证言。

首先,海关总税务司署所发布的《十年期报告》概括性地陈述了各开放口岸的政治经济活动,对鸦片在成为合法商品之后,洋药进口量的变化也作了阐述,并提供了大量其他信息,让人清楚地看到其发展前景(比如看其在贸易量当中所占比重,或看其在地方税收方面所发挥的作用)。另外,海关总税务司署还每年发布一期《中国各通商口岸年度贸易报告》。

皇家鸦片委员会于1894年发布了一份七卷本的报告(伦敦:埃尔和斯波蒂斯伍德出版社),这份报告对于我们来说意义重大。1893年,英国首相格莱斯顿主导下的议会任命该委员会去作调查,就结束鸦片贸易提出看法。委员会虽然没有去中国,但在1894年第一季度通过英国驻华领事机构向各界散发一份调查问卷,调查问卷的问题都十分明确。调查报告的第五卷汇集了来自各界见证人的证言(其中也有中国见证人的证言)。报告第一卷当中的有些文本也值得参考,这一卷本刊载着1894年9月委员会在伦敦所组织的会谈纪要。调查报告其他卷本主要和印度有关。为了解调查委员会更多的细节,我们后来还查阅了大卫·欧文的《英国在中国和印度的鸦片政策》(纽黑文:耶鲁大学出版社,1934年,第311—328页),从中获益匪浅。

十几年过后,万国禁烟会于1909年在上海召开(参阅本书第二章),万国禁烟会报告展现了中国推行十年禁烟计划之初的局面,既有罂粟种植方面的信息,也有民众对鸦片消费所采取的态度:《国际反鸦片委员会报告》,上海:《字林西报》,1909年,上下卷。

西方见证人的证言

虽然日本见证人的证言有一定的借鉴意义,但我们还是弃之不用,仅采用西方见证人的证言。这其中有两类人员,一类是在华居住多年的西方人,他们通常都会讲汉语。他们当中大部分人都是传教士,不过他们并未把心思都花在传教事业上,他们用好奇心记录下的文字为历史学家留下珍贵的见证。其中有两部作品读起来既好看,又有教育意义:一部是卢公明的《中国人的社会生活》,纽约:哈珀出版社,1865年,上下册;另一部是格雷牧师的《中国:一部律法,民众风俗习惯史》,伦敦:麦克米兰出版社,1878年。另外一类就是前来中国旅行探险的人员,他们将自己的经历写成旅行札记。但许多札记读来枯燥乏味,而且文笔也很拙劣,因为撰写札记的大多是附庸风雅的人物,他们对能在20世纪初叶到远东旅行而自鸣得意。他们在中国的旅行路线也都大同小异(几乎都是走香港、广州、上海、北京一线)。他们走马观花地看上一遭,但离开中国时却和踏上中国国土那一瞬间没有什么太大差别,依然对中国不甚了解。如果一位旅行者对中国有所了解,或者带着强烈的好奇心,有一种钻研精神,尤其是还有到边远地区探险的情趣,那么你沿着他所走过的路线,看他记录下的文字,说不定会有所收获。

在这类旅行者当中,古伯察神父的旅行札记最值得一读,他对中国了如指掌,凭借勇敢精神克服了重重困难;他目光敏锐,才思敏捷,文笔细腻。他的旅行札记让19世纪下半叶的法国人以一种全新的视野去感受中国,他的札记对法国人产生了一定的影响。

《文史资料》

著名的《文史资料》是在编辑及编纂历史的过程中所搜集到的原始资料,这类资料既有特色,也很重要,是一部很值得查阅的资料。这其中有自20世纪60年代初期在中国各行政级别(镇、县、省乃至中央)所发表的各类资料。这份刊物是在中国政府的推动下,学者们花费了许多心血将所搜集到的文献及回忆录汇编成册,回忆录都是讲述1949年之前的往事。这份刊物的编辑手法是不收录共产党史诗般的英雄人物,相反却把注意力放在那些未投身革命,甚至是反革命的历史人物身上。这些历史见证人在那个时代或多或少都肩负着一定的社会责任,比如有企业家,有记者,有国民党的下级军官,有地方行政官员,还有军阀等。一个典型的例子就是本书多次引用了广西军阀黄绍竑的回忆录,这篇回忆录刊载在

《近代中国烟毒写真》上册里（第570—589页）。

《文史资料》的出版要求是，所有回忆录都应与历史事实相吻合，不应有革命口号式的表述，或意识形态方面的论述（当然并不完全是这种情况）。各类资料涉及面最广的还是与政治史和经济史有关。有关社会史的资料并不丰富，而关于鸦片方面的资料大多以概述的形式来表述。有关鸦片的文字短的只有一页，长的有几十页。

到浩瀚的文海里去查找资料实属不易，有些汇编则为研究人员提供了便利条件，它就某一特定主题，将全国各地相关的文章汇集在一起。有一份汇编是我们引用最多的，里面包含178篇与鸦片有关的文章，内容涵盖全中国的所有地区，包括内陆省份。这份汇编查询起来很方便，但依然不太详尽（比如缺少《文史资料》里所发表的有关广东省鸦片问题的文章）。这本汇编就是李秉新、徐俊元、石玉新所编写的《近代中国烟毒写真》，石家庄：河北人民出版社，1997，上下册。

有关《文史资料》更详细的内容，可以参阅一篇短小精悍的文章：胡志希（音译）："半个世纪的集体回忆：《文史资料选辑》"，载于《中国研究》杂志，第四卷，第1期（1985年春），第113—120页。

原始资料汇编

正是由于马模贞的全力研究，我们才能看到一部有关鸦片问题的鸿篇巨制，马模贞是中国最主要的鸦片问题专家之一，而这部鸿篇巨制竟有1655页。这就是马模贞所编的《中国禁毒史资料，1729年—1949年》，天津：天津人民出版社，1998年。这部著作很有价值，非常值得仔细研究，因为它将许多与鸦片有关的历史文件汇编在一起，而且编注得非常完美。在这部著作中可以看到中国自1729年以来所颁布的主要禁烟律法文件。尤其是我们可以看到，自18世纪初叶直至清末许多朝廷命官呈送给皇帝的奏折，这为我们的研究提供了非常宝贵的资料。对于清朝以后的那段时期，这部著作也选编了许多报刊（《申报》《大公报》）和杂志（《东方杂志》）上发表的有关鸦片的文章，另外还选编了许多民国时期的档案资料。

另外还有一部原始资料汇编，虽然比马模贞所编写的著作逊色许多，但看不懂中文的读者可以去查阅此书，这就是包安廉所编写的《现代中国与鸦片》，安阿伯：密歇根大学出版社，2001。

二、参考书目

有关鸦片的参考书目极为丰富。下面这份书目清单并不完整。建立这份书目清单的目的是让读者在阅读本书的过程中,可以深入地了解有关方面的内容,或者就当时的历史背景作更详细的研究。本书目清单是按照主题来编排的,但并未把注解当中所列举的书目都收录在此。想要了解所列举书目的读者可以去参阅更完整的介绍资料。

设立这份书目清单的宗旨是尽量列举最新出版的著作,便于普通读者去查阅。

明朝以降的中国史

Marie-Claire BERGÈRE, Lucien BIANCO et Jürgen DOMES, La Chine au XXe siècle, Vol. 1, D'une révolution à l'autre, 1895—1949, Paris, Fayard, 1989.

Timothy BROOK, The Troubled Empire. China in the Yuan and Ming Dysnasties, Cambridge, Belknap Press of Harvard University Press, 2010 (à paraître en français aux Éditions Payot en 2012).

John FAIRBANK et LIU Kwang-Cheng (dir.), The Cambridge History of China, Vol.10 et 11, Late Ch'ing 1800—1911, Cambridge, Cambridge Univesity Press, 1978 (Vol. 10) et 1980 (Vol. 11).

John FAIRBANK et Albert FEUERWERKER (dir.), The Cambridge History of China, Vol.12 et 13, Republican China 1912—1949, Cambridge, Cambridge University Press, 1983 (Vol.12) et 1986 (Vol.13).

Frederick MOTE et Denis TWITCHETT (dir.), The Cambridge History of China, vol. 7 et 8, The Ming Dynasty, 1368—1644, Cambridge, Cambridge University Press, 1988 (Vol.7) et 1998 (Vol.8).

William PETERSON (dir.), The Cambridge History of China, Vol.9, The Ch'ing Empire to 1800, Cambridge, Cambridge Univesity Press, 2002.

William ROWE, China's Last Empire. The Great Qing, Cambridge, Belknap Press of Harvard University Press, 2009.

中国之外的鸦片史

Paul BUTEL, L'Opium, histoire d'une fascination, Paris, Perrin, 1995.

David COURTWRIGHT, Dark Paradise : Opiate Addiction in America before 1940, Cambridge, Harvard University Press, 1984.

Chantal DESCOURS-GATIN, Quand l'opium finançait la colonisation en Indochine. L'élaboration de la Régie générale de l'opium (1860—1914), Paris, L'Harmattan, 1992.

Annie HUBERT et Philippe LE FAILLER (dir.), Opiums, les plantes du plaisir et de la convivialité en Asie, Paris, L'Harmattan, 2000.

Philippe LE FAILLER, Monopole et prohibition de l'opium en Indochine : le pilori des chimères, Paris, L'Harmattan.

Rudi MATTHEE, The pursuit of Pleasure. Drugs and Stimulants in Iranian History 1500—1900, Washington, Mage publisher, 2005.

Ami-Jackques RAPIN, Opium et société dans le Laos précolonial et colonial, Paris, L'Harmattan, 2007.

Emmanuelle RETAILLAUD-BAJAC, Les paradis perdus. Drogues et usagers de drogues dans la France de l'entre-deux-guerres, Rennes, PUR, 2009.

Carl TROCKI, Opium, Empire and the Political Economy, a Stady of the Asian Opium Trade 1750—1950, Londre/New York, Quai Voltaire, 1992.

鸦片在中国的历史

综合性研究

Frank DIKÖTTER, Lars LAAMANN et ZHOU Xun, Narcotic Culture : a History of Drugs in China, Chicago, University of Chicago Press, 2004.

Johnathan SPENCE, Opium in Jonathan Spence, Chinese Roundabout, Essays in History and Culture, New York, Norton & Company, 1992, pp. 228—256.

苏智良：《中国毒品史》，上海：上海人民出版社，1997年。

王宏斌：《禁毒史鉴》，长沙：岳麓出版社，1997年。

ZHENG Yangwen, The Social Life of Opium in China, Cambridge, Cambridge University Press, 2005.

朱庆葆、蒋秋明、张士杰：《鸦片与近代中国》，南京：江苏教育出版社，1995年。

18和19世纪的鸦片以及鸦片战争

David BELLO, Opium and the Limits of Empire, Drug Prohibition in the Chinese Interior, 1729—1850, Cambridge, Harvard University Press, 2005.

Peter WARD FAY, The Opium War 1840—1842 : Barbarians in the Celestial Empire in the Early Part of the Nineteenth Century and the War by which they forced her Gates Ajar, Chapel Hill, University of North Carolina Press, 1997.

Alain LE PICHON, Aux origines de Hong Kong, aspects de la civilisation commerciale à Canton : le fonds de commerce de Jardine, Matheson & Co. 1827—1839, Paris, L'Harmattan, 1998.

Keith MAC MAHON, The Fall of the God of Money, Opium Smoking in Nineteenth-Century China, Laham, Rowman & Littlefield, 2002.

Melissa MACAULEY, Small time cooks : Opium, migrants, and the war on drugs in China 1819—1860, Late Imperial China, Vol. 30, N.1 (juin 2009), pp.1—47.

R.K. NEWMAN, Opium smoking in late Imperial China : a reconsideration, Modern Asian Studies, Vol. 29, N.4 (octobre 1995), pp.765—794.

James POLACHEK, The Inner Opium War, Cambridge, Harvard University Press, 1992.

J.Y. WONG, Deadly Dreams : Opium, Imperialism and the Arrow War (1856—1860) in China, New York, Cambridge University Press 1996.

鸦片与20世纪的政治史

Alan BAUMLER, The Chinese and Opium under the Republic. Worse than Floods and Wild Beasts, Albany State University of New York Press, 2007.

Timothy BROOK et Bob TADASHI WAKAAYASHI (dir.), Opium Regimes, China, Britain and Japan, 1839—1952, Berkeley, University of California Press, 2000.

CHEN Yung-fa, The blooming poppy under the red sun : the Yan'an way and the opium trade , in Tony Saich et Hans Van de Ven (dir.), New Perspectives on the Chinese Communist Revolution, Londres/New York, M.E. Sharpe, 1995, pp.263—298.

John JENNINGS, The Opium Empire : Japanese Imperialism and Drug Trafficking in Asia. 1895—1945, Londres, Praeger, 1997.

刘增合:《鸦片税收与清末新政》,北京:三联书店,2005年。

Jonathan MARCHALL, Opium and the politics of gangsterism in Nationalist China, 1927—1945, Bulletin of Concerned Asian Scholars, N8 (juillet-septembre 1976), pp. 19—48.

Brian MARTIN, The Shanghai Green Gang : Politics and Organized Crime, 1919—1937, Berkeley, University of California Press, 1996, Chap. 2 : The role of opium, pp.45—63.

Edward SLACK, Opium, State and Society. China's Narco-Economy and the Guomindang, 1924—1937, Honolulu, University of Hawaï Press, 2001.

ZHOU Yongming, Anti-Drug Crusades in Twentieth-Century China : Nationalism, History and State Building, Lanham, Rowman & Litlefield, 1999.

区域性研究

Henrietta HARRISON, Narcotics, Nationalism and class in China : the transition from opium to morphine and heroin in early twentieth-century Shanxi, East Asian History, N. 32/33(décembre 2006/juin 2007), pp.151—176.

LI Xiaoxiong, Poppies and Politics in China, Sichuan Province, 1840s to 1940s, Newark, University of Delaware Press, 2010.

Joyce MADANCY, The Troublesome Legacy of Commissioner Lin : The Opium Trade and Opium Suppression in Fujian Province, 1820s to 1920s, Cambridge, Harvard University Press, 2003.

Xavier PAULÈS, Histoire d'une drogue en sursis. L'opium à Canton 1906—1936, Paris, Editions de l'EHESS, 2010.

Michael, WHISSON, Under the Rug : The Drug Problem in Hong Kong, Hong Kong, South China Morning Post, 1965.

肖红松:《近代河北烟毒与治理研究》,北京:人民出版社,2008年。

译后记

袁俊生

在鸦片战争爆发150～160年之后，西方的部分学者再次把目光投向鸦片，投向这种让中国人民蒙受巨大苦难的毒品。先有著名汉学家卜正民于2000年编纂出版了《鸦片政权：中国、英国和日本，1839—1952》，此书收录了多篇有关鸦片的学术研究论文，研究的重点也放在了更全面地探究鸦片贸易的代价和利益上，看鸦片贸易是如何在政治背景中产生和发展的。后有美国汉学家包安廉博士分别于2001年和2007年发表了《现代中国与鸦片》以及《民国时期的中国人和鸦片：比洪灾和野兽更险恶》，这两部学术著作详细地阐述了近代中国的发展进程与鸦片之间的关联。更有英国汉学家蓝诗玲因在2015年推出《鸦片战争》而名声大噪，此书自2015年7月出版之后，曾多次登上各媒体好书榜的榜首。

其实早在这之前，即在20世纪八九十年代，许多西方学者就已经开始研究鸦片在中国的历史了，其中比较著名的学者有罗凯玲、特罗基、波拉切克等人。波拉切克的研究更是别具一格，他将目光投向清朝宫廷内部的斗争，以此来探究清政府是如何处理鸦片这个重大危机的。几年过后，当时光跨入新世纪之后，又有两位重量级的学者分别推出自己的学术研究，一位是荷兰学者冯客教授，他于2004年发表了《毒品的文化：中国毒品史》，这是一部详细论述中国毒品史的专著；另一位是美国历史学家贝杜维教授，他在2005年出版了自己的专著《鸦片与帝国之界限：1729—1850年中国内地之禁烟活动》。

所有这些专著都与本书作者包利威的研究遥相呼应，同条共贯。法国汉学家包利威并不是研究中国鸦片问题的新手，而是多年潜心于这项研究的学者，他不但在2010年和2011年分别出版了《一种垂危的毒品史：1906—1936年间广州的鸦片》和《鸦片在中国：1750—1950》，而且在许多刊物上发表了有关鸦片的论文。研究鸦片在中国的历史确实不是一件很容易的事情，正如卜正民在序言中所说的那样："大部分明智的历史学家对此题材宁愿避而远之"，但包利威却迎难而上，洋洋洒洒写出一部将近15万字的著作，他仅以较短的篇幅讲述了两次鸦片战争，而将浓重的笔墨用来描述鸦片在近代中国发展进程中所起到的作用，卜正民为本书所作的导读言简意赅："鸦片实实在在所带给我们的，恰好是让我们得以勾勒出一部浓缩的现代世界史，包利威正是通过这部鸦片在中国的编年史，倾心将一部浓缩的世界史奉献给读者。"

本书作者不但参考了国内著名学者就鸦片及禁毒问题所编写的论著，还参阅了大量的英国外交部及法国外交部已解禁的文件，这对全面了解鸦片问题的来龙去脉很有帮助。本书共有六章，在每一章里，作者都作了近百或一百多条注解，其参阅的书目之多，列举的题材之广令人钦佩不已。

以经济问题为切入点，借助于经济史学家的研究成果去探究历史的发展进程，这是当代史学家所常用的手法，包利威也不例外，他在整部论著当中用了很大的篇幅去探讨各地的经济问题，其中既有北方省份的农耕经济，也有南方省份借通商口岸之便利条件，靠鸦片贸易来促进经济发展的实例，更有沿海省份及长江流域仰仗鸦片买卖所带来的利润，走民族资本主义发展之路的艰难历程。

对于我来说，整个翻译过程也是一个学习的过程，尤其是对中国的近代史有了更进一步的了解。在查阅历史资料的过程中，看到英国牛津大学沈艾娣教授就乾隆皇帝于1793年写给英王乔治三世的信函所作的解释，感觉她的解释极有新意，因为正是由于这封信，乾隆皇帝被西方人看作是傲慢自大的君主，感觉他以为中国是世界的中心，进而拒绝了英王的通商要求，导致中国错失主动打开世界大门的机会，西方的许多学者都曾引用过乾隆皇帝的这封信，其中给法国读者造成影响最大的专著就是阿兰·佩雷菲特所撰写的《当中国觉醒时……世界将为之颤抖》，佩雷菲特在这本书里恰好引用了乾隆皇帝的这封信，而这部著作在1973年出版之后不久，销量竟高达两百万册之多。

一般情况下，翻译汉学家的作品非常有挑战性，因为要准确地还原已译成外语的汉语极为困难，只要能查到引文的出处，一定要采用原文，在获悉自己的作品要翻译成汉语之后，作者也有这方面的担心，还特意发来邮件，询问译者是如何处理引文的，他对自己作品认真负责的态度着实令人敬佩。本书有两段文字，实在查不到原始资料，只好模仿当时惯用的行文口吻来翻译，一是康有为在"公车上书"里所撰写的一小段文字；二是古伯察神父在对19世纪40年代的中国观察时所撰写的那段文字。在本书的第五章里，作者还引用了一首在20世纪30年代流传于北平的儿歌，这首儿歌先由波兰汉学家夏白龙翻译成波兰语，后由法国学者翻译成法语，经过多种语言翻译之后，儿歌原有的韵味已荡然无存。我查了许多资料，都找不到这首儿歌的出处，只好按儿歌的风格再译回汉语，美中不足的地方就是不押韵。在介绍这首儿歌之前，作者写的文字比较零散，感觉译出来韵味不足，但译成绝句与儿歌前后呼应，过渡顺畅，读来倒十分有趣，同时也准确地表达了作者的原意："吸毒成瘾家境危，败家毁业路难归，瘦骨嶙峋遍体痛，生不如死悔莫追。"

最近为一个援非项目的培训活动做翻译，活动之余与一位授课老师（他也是公安干警）就中国社会发展的变化交换了意见，我和他谈起包利威先生的这部专著，尤其提到过去中国大家族依赖族谱道德规范来管理族人的做法，授课老师感触颇深，认为这种做法如今已很难实现，在经济大发展的局势下,流动人口占全国总人口的比例越来越高,而吸毒现象又呈死灰复燃之势,再凭借大家族的力量去管理已经很不现实了。好在我们有警觉的"朝阳群众",让那些依然沉迷于毒品的瘾君子们无处藏身。

值此《鸦片在中国:1750—1950》中文版出版之际,出版社想请作者包利威先生为本书中文版写序,我把这一想法告诉给作者时,他欣然答应下来,并在很短的时间内将中文版序言交给出版社。包利威先生是中国通,中文造诣非常高,有些论文是直接用中文撰写的。在翻译本书的过程中,碰到他所撰写的另一篇学术著作,其标题很难翻译成中文,最后还是选用了包利威先生推荐的译文,在此谨向他表示感谢。

作者为中文版所撰写的序对本书作了一个精炼的概述,其主旨是学术研究不能人云亦云,没有代表性的个别事件不应成为学术研究的立足点。作为历史学家,尽可能地还原历史原貌是一项非常艰巨的工作。不管怎么说,但愿历史家们的研究能让我们时刻警醒:决不能让毒品再次在中国泛滥!禁毒之路,任重道远!

2017年1月12日
浙江越秀外国语学院